A. von (August) Heyden

Blätter für Kostümkunde: Historiche und Volkstrachten

Neue Folge, Bd. 1-3

A. von (August) Heyden

Blätter für Kostümkunde: Historiche und Volkstrachten
Neue Folge, Bd. 1-3

ISBN/EAN: 9783743605732

Hergestellt in Europa, USA, Kanada, Australien, Japan

Cover: Foto ©Andreas Hilbeck / pixelio.de

Weitere Bücher finden Sie auf **www.hansebooks.com**

BLÄTTER

FÜR

KOSTÜMKUNDE.

BLÄTTER

FÜR

KOSTÜMKUNDE.

HISTORISCHE UND VOLKS-TRACHTEN.

NEUE FOLGE, ERSTER BAND.

BESCHREIBENDER THEIL.

Unter Mitwirkung von

Otto Brausewetter, Ludwig Burger, C. E. Doepler, Alois
Greil, Friedrich Hiddemann, Vinc. St.-Lerche, Jean Lulvès, Franz
Meyerheim, B. Nordenberg, Bernhard Plockhorst, Rudolph Schick,
Norbert Schroedl, Franz Skarbina, Paul Thumann, Joseph Watter,
Carl Werner, Constantin von Wiersheim u. A.

herausgegeben von

A. von HEYDEN.

BERLIN.
FRANZ LIPPERHEIDE
1876—1878.

Pierer'sche Hofbuchdruckerei. Stephan Geibel & Co. in Altenburg.

INHALT DES ERSTEN BANDES.

HISTORISCHE TRACHTEN.

DEUTSCHLAND.

V

VOLKS-TRACHTEN.

DEUTSCHLAND.

ZEIT-REGISTER

DER HISTORISCHEN TRACHTEN.

Auch innerhalb der einzelnen, nachstehend aufgeführten Jahrhunderte sind die Zahlen chronologisch geordnet.

Die schwächeren Zahlen deuten weibliche Trachten an.

Indem ich von den *Blättern für Kostümkunde*, deren neue Folge ich vor nun drei Jahren in's Leben rief, hiermit den Schluss des ersten Bandes vorlege, statte ich zunächst Allen, die mich bei dem Unternehmen durch ihre Mitwirkung unterstützten, meinen lebhaften Dank ab. Besonders gern gedenke ich dabei des Herrn *A. von Heyden*, der vom dritten Hefte ab in hervorragendem Maasse seine Kräfte dem Werke widmete und dasselbe, — ich darf sagen, immer schöner, — gestalten half.

Der hiermit erscheinende Inhalt des ersten Bandes wird einigermaassen im Stande sein, übersichtlich zu zeigen, was unser Werk bietet. Hinzufügen darf ich, dass die Fortsetzung noch durch eine Reihe neuer Mitarbeiter wird gefördert werden.

In Darstellung und Methode suchen die *Blätter für Kostümkunde* einen Anschluss an *Hefner* (Trachten des christlichen Mittelalters. Nach gleichzeitigen Kunstdenkmalen von J. H. von Hefner-Alteneck, 3 Abtheilungen, Frankfurt a. M. 1840—54), an *Mercuri* (Costumes historiques des XIIe, XIIIe, XIVe et XVe Siècles, tirés des monuments etc. Dessinés etc. par Paul Mercuri avec un texte etc. par Camille Bonnard [Erste Auflage: Rom 1827]. Nouvelle édition etc. par M. Charles Blanc, 3 tomes, Paris 1861), sowie an dessen Nachfolger *Lechevallier* (Costumes historiques des XVIe, XVIIe et XVIIIe Siècles, dessinés par E. Lechevallier-Chevignard etc.; avec un texte etc. par Georges Duplessis, 2 tomes, Paris 1873): in gewissem Sinne auch an die Kostümwerke von *Raphael Jacquemin* (Iconographie du Costume du IVe au XIXe Siècle, Paris 1863—68) und von *Louandre* (Les Arts somptuaires. Histoire du Costume etc. Sous la direction de Hangard-Maugé; dessins de Cl^{us} Ciappori; texte par Ch. Louandre, du Ve au XVIIe Siècle, 2 tomes, Paris 1857—58); endlich an das Werk des Engländers *Henry Shaw* (Dresses and Decorations of the Middle Ages, 2 vols., London 1843).

Wir geben, wie die hier Genannten es in der Regel thun, die Trachten in farbigen Einzeldarstellungen mit Einzelbeschreibungen. Statt der bei ihnen angewandten leichten, bisweilen aus kaum mehr als Contouren bestehen-

den Darstellung in Stahlstich, *Louandre* und *Shaw*
wandten Farbendruck an, — wählten wir dagegen eine etwas
ausgeführtere Manier, vom dritten Hefte an zugleich dem
weicheren und ausdrucksvolleren Holzschnitt den Vorzug
gebend. In der Anwendung des Holzschnittes folgen wir
einigen älteren Kostümwerken, wie *Weigel's* Trachtenbuch:
Habitus praecipuorum populorum (Nürnberg, Hans Weigel,
1577); *Jost Amman's* Gynaeceum oder Vom Frauen-
zimmer (Frankfurt, Feyerabend, 1586); *Cesare Vecellio,*
Degli habiti antichi et moderni (Venetia, Damian Zenaro,
1590), und Des habits, moeurs etc. du monde (Liège, Jean
de Glen, 1601).

Während *Hefner* hauptsächlich die deutsche Tracht
berücksichtigt, — von seinen 420 Tafeln behandeln nur
70 ausländische Trachten, unter diesen 36 Tafeln
italienische und 20 französische, — bringt der Italiener
Mercuri auf seinen 200 Blättern 155 italienische und 20
französische, endlich *Lechevallier* auf seinen 150 Blättern
74 französische, 25 italienische und 18 deutsche Trachten
etc.; *Jacquemin* und *Louandre* behandeln gleichfalls hauptsächlich das französische Kostüm, *Shaw* das englische.
Trotz des universellen Charakters, den diese Werke auf
ihren Titeln beanspruchen, pflegt also jeder der Herausgeber
vorwiegend sein Land. Hiernach wird man es uns nicht
verargen, wenn auch wir der deutschen Tracht einiger-

maassen den Vorrang geben; im Uebrigen soll es unser
Bestreben sein, in grösserer Gleichmässigkeit den verschiedenen Völkern Rechnung zu tragen.

Da nach der Anlage unseres Unternehmens andererseits es uns nicht vergönnt sein wird, in gleicher Ausdehnung, wie manche der vorhergenannten Werke, das
historische Kostüm zu behandeln, so haben wir uns die Be-
schränkung auferlegt, im Allgemeinen nicht in die Zeit vor
dem späteren Mittelalter zurückzugehen. Aus dieser Epoche
aber und den nachfolgenden liegen noch so zahlreiche, bisher ungehobene Schätze vor, dass wir unsern, am Schlusse
des zweiten Heftes angenommenen Grundsatz, nur bisher
anderweit noch nicht Veröffentlichtes zu bringen, mit gutem
Gewissen aufrecht erhalten können.

Der Umfang unseres Werkes ist auf 24 Lieferungen
oder 4 Bände berechnet. Es wird also beinahe 150 historische
und ebensoviel Volkstrachten enthalten.*) Die Volkstracht,
obschon sie manche wahrhaft mustergültige Darstellung
erfahren, ist in der Kostümliteratur bisher meist nur als eine

---

* Der Preis des ganzen Werkes mit 288 Blatt wird sich, bei 24 Lieferungen zu je 4½ Mark, auf 108 Mark stellen. Nicht unerwähnt wollen
wir hierbei lassen, dass die oben aufgeführten Werke ungleich höhere Preise
haben, dass beispielsweise Mercuri und Lechevallier mit 350 Blatt 500 Francs,
Hefner mit 420 Blatt 980 Mark kosten, im Verhältniss berechnet also vier
bezw. acht Mal so theuer sind, als die Blätter für Kostümkunde.

genrebildartige Illustration behandelt worden, und es wird deshalb nicht ungerechtfertigt erscheinen, dass wir ihr den gleichen Raum, wie dem historischen Kostüm widmen. Wenn auch Manche vielleicht dem letzteren ein grösseres Interesse abgewinnen, so liegt doch andererseits die dringende Pflicht vor, nicht länger zu säumen, die aussterbende Volkstracht, soweit dies nicht schon von anderer Seite in zuverlässiger Weise geschehen, im Bilde festzuhalten. Im Übrigen wird ihr, — gegenüber der Tracht der vornehmen Stände, — ja nur selten die Ehre, zum Nutzen späterer Sammler im Portrait durch Farbe und Pinsel verewigt zu werden, und doch hat auch sie wohl ein Anrecht auf eine ähnliche Pflege, wie wir sie dem Volksmärchen, der Volkssage und dem Volksliede widmen, die mit ihr das Schicksal theilen, mehr und mehr unterzugehen in der gemeinsamen Heimath.

Franz Lipperheide.

December 1878.

WEIBLICHE KOPFTRACHTEN

ZUR ZEIT DER RENAISSANCE IN FLORENZ.

MIT 51 ILLUSTRATIONEN.

Von *A. von HEYDEN*.

„Kein Mensch scheut sich davor, aufzufallen, anders zu scheinen
und zu sein, als die anderen," sagt Jacob Burckhardt über die Italiener des XIV. Jahrhunderts in seiner „Cultur der Renaissance in
Italien". Er weist darauf hin, dass sich in Folge davon um das
Jahr 1390 gar keine herrschende Mode feststellen konnte, weil
jeder seine Subjectivität und Individualität ungeschmälert auch
in seiner äusseren Erscheinung auszudrücken bestrebt gewesen sei.
Als aber im XV. Jahrhundert der mächtige Modeeinfluss von
Burgund fast in ganz Europa geltend wurde, ist derselbe auch
in Italien nicht ohne Bedeutung gewesen, um gewisse Kostümformen
zu festigen, obwohl auch hier immerhin der individuelle Geschmack
sich seine Rechte nicht wesentlich schmälern liess, um so weniger
als derselbe, getragen von dem überall erwachenden Natur- und
Schönheitssinn und veredelt durch die fast alle Schichten der Bevölkerung mächtig erfassende Kunst, fast nirgend Beispiele jener
maasslosen Modethorheiten bot, denen wir gleichzeitig in Frank-

reich, Burgund und Deutschland begegnen. Eine Mode, welche die Erweiterung der Thüren nöthig machte, um diese für die Hörner des Kopfschmuckes der Damen passirbar zu machen, wäre in Italien niemals möglich gewesen, wieviel auch italienische Novellen jener Zeit die Geckenhaftigkeit der jungen Welt geisseln, und wie sehr zahlreiche Luxusgesetze davon Zeugniss ablegen, dass Extravaganzen in Kleid und Gewohnheit auch in Italien nicht fehlten. In Florenz stellte sogar der Staat für Männer eine eigene Tracht fest, was weniger auffallend erscheint, wenn man bedenkt, dass die überaus grosse Zahl der Municipalbeamten jener so künstlich organisirten Republik bei ihrer verfassungsmässig oft nur kurzen Amtsdauer einer Amtstracht nicht entbehren konnte, welche schliesslich nur in einem Abzeichen an der ihrem Stande vorgeschriebenen Kleidung zu bestehen brauchte.

Die gewaltige Kunstthätigkeit der Italiener hat uns früher, als dies in anderen Ländern geschehen, ein so vollkommenes und so detaillirtes Bild der Erscheinung dieser für die Cultur Europa's so wichtigen Nation hinterlassen, dass eine Hauptschwierigkeit für eine vollkommene Kostüm- und Modekenntniss des späten Mittelalters und der Renaissance in der Bewältigung des massenhaft vorhandenen Materials liegen dürfte.

Wenn ich daher aus dieser Fülle nur ein Detail, die Tracht des weiblichen Kopfes, und auch dieses nur einer Localität von geringem Umfange, dem Staat Florenz, entnommen, herausgreife, so muss ich selbst hier auf Vollständigkeit verzichten und mich auf Hauptformen beschränken. Der Besuch jeder Gallerie, jede Durchsicht der jetzt so reichlich vorhandenen Handzeichnungs-Publicationen bringt dem von mir gesammelten Material, dessen vollständige Wiedergabe ohnehin den Raum dieser Blätter übersteigen würde, Neues hinzu.

Auf der anderen Seite aber dürften die in Florenz gebräuchlichen Trachten wohl annähernd ein Bild des in Italien überhaupt Ueblichen geben, weil die staatliche und kulturhistorische Bedeutung dieser Republik im XV. Jahrhundert, zeitweise sogar auch

Sitz des Pontificats unter Eugen IV., kaum hinter der von Rom
zurückstand, aber durch das Naturell ihrer Bewohner und den von
ihnen getriebenen Handel, — sie waren die Banquiers von ganz
Italien, — wohl geeignet war, ihren Gewohnheiten in Tracht und
Sitte allgemeine Bedeutung zu geben.

Die Renaissance übernahm aus dem Mittelalter eine Anzahl
ziemlich einfacher und natürlicher Arten, das Haar der Frauen zu
gestalten. Wir finden langes, wallendes Haar, oft durch einen
einfachen Schapel von verziertem Metall oder ein Band befestigt;
die Enden des Bandes mischen sich unter die natürlichen Wellen
des herabhängenden Haares, oder sie sondern zwei Strähne ab, welche
sie leicht und ohne Schürzung umwinden. Wir finden vielfache
Beispiele dieser Formen in den Fresken des Camposanto zu
Pisa und der Capella degli Spagnuoli bei S. Maria Novella zu
Florenz. Dann werden die Haare zu Flechten vereinigt und fallen
in zwei Zöpfen oder auch nur als ein einziger über den Rücken,
oder ein Theil der Haare wallt frei unter einem dicken, rund um
den Kopf gelegten Zopfe vom Nacken herab. Hefner-Alteneck:
Trachten des christl. Mittelalters, zeigt im zweiten Bande, Blatt 143,
eine Dame mit langem Haar und
Schapel, nach einem Bilde von Pintu-
ricchio in Araceli; auf Blatt 144
finden wir tanzende Mädchen von
dem grossen Bilde der Capella
degli Spagnuoli „die streitende und
triumphirende Kirche", um 1355
gemalt; wir sehen hier wallendes
Haar bei der Einen, bei der Anderen zwei lange Zöpfe, bei der
Dritten wallendes Haar unter dem
um den Kopf gewundenen Zopfe.
Einem Fresco von Fra Angelico
da Fiesole, also in der ersten Hälfte
des XV. Jahrhunderts gemalt,

XXI

haben wir die Darstellungen 1 und 2 entlehnt. Bei 1 deckt den Kopf eine glatt anliegende rothe Kappe, über deren Ränder seitwärts das Haar gestrichen wird, um sich zu dickem, kurzem, dreisträhnigem Zopfe im Nacken zu vereinigen.

2

3

Bei Nr. 2 ist der Zopf zweimal um den Kopf gewunden; das Haar an der Stirn ist in der Mitte gescheitelt. Es ist natürlich, dass der einfache Zopf, bald mehr, bald weniger künstlich um den Kopf gelegt und verknotet, sich durch das ganze XV., XVI. und theilweise auch im XVII. Jahrhundert erhalten hat, bis das Rococo ihm für die höheren Stände zeitweilig ein Ende machte. Die Zeit der Kunstblüthe bringt eine Fülle von Darstellungen der reichsten und kleidsamsten Arrangements der Flechten, und wir fügen hier, um ein Beispiel zu geben, nur eine der Verklärung Christi von Rafael entnommene Zeichnung (3) bei. Scheinbar zu den reichsten und geschmackvollsten Haar-Arrangements scheinen die von Michelangelo seinen Weibern verliehenen zu gehören; allein dieselben ergeben sich bei näherer Prüfung als absolut unausführbare, phantastische Schöpfungen seines zum Absonderlichen neigenden Geschmackes. Seiner Rahel z. B. wachsen aus den Schläfen ganz unvermittelt ein Paar Flechten von solcher Stärke hervor, wie solche aus den Seitenhaaren bei dem stärksten Haarwuchse nimmermehr zu bilden sein würden. Wohl zum Theil auf diese phantastischen Gestaltungen Michelangelo's und seiner Nachahmer zurückzuführen sind die Haartrachten, welche uns ein gewisser Giovanni Guerra in einem ziemlich seltenen Kupferwerkchen ohne Druckort und Jahreszahl giebt. Das kleine Buch führt den Titel: *Varie acconciature di*

testa usate da nobilissime dame in diuerse cittah d'Italia. Es
enthält nach Nagler 48 (im Exemplar des Berliner Kupferstich-
kabinets nur 40) Blatt verschiedene Kopftrachten der aller-
abenteuerlichsten Art. Ich war geneigt, diese Radirungen, welche
augenscheinlich nicht von Einer Hand herrühren, für phantastische
Schnurren sehr mittelmässiger Künstler zu halten, allein der
Ausdruck „usate" scheint die Behauptung von Hermann Weiss,
dass solche Tollheiten in der That ausge-
führt seien, zu bestätigen. Bei näherer
Prüfung findet man zudem, dass die Mög-
lichkeit der Herstellung dieser Coiffuren,
davon einige der Merkwürdigkeit halber hier
hinzuzufügen ich mir nicht versagen kann
(4, 5, 6), nirgends ausgeschlossen ist, zumal
auch die Plastik die Beweise liefert, dass
schon in der Mitte des XV. Jahrhunderts
überaus künstliche Haargebäude, welche nur
durch Einflechten von feinem Drahte, durch
Toupirung und Anwendung stark erhär-
tender Pomaden
möglich gewor-
den sein können,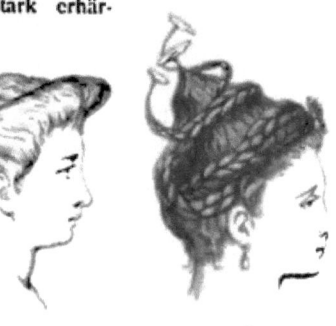
gebräuchlich wa-
ren. Ich kann
zudem der Frisur
Nr. 4, welche den
Kopf einer „Ge-
novese amorosa"
darstellt, gewisse
Kleidsamkeit
nicht absprechen.

Neben dem Zopfe erscheint eine andere, ebenfalls ziemlich
complicirte, aber meist sehr kleidsame Art, das Haar zu gestalten, indem es nur in ein oder mehrere Strähne getheilt

und mit schmalen, farbigen Bändern so gefestigt wird, dass es der Flechte analog auf dem Kopfe geordnet werden kann.

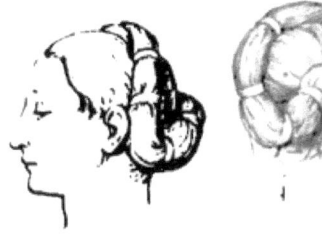 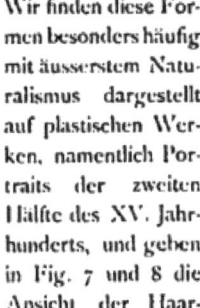

Wir finden diese Formen besonders häufig mit äusserstem Naturalismus dargestellt auf plastischen Werken, namentlich Portraits der zweiten Hälfte des XV. Jahrhunderts, und geben in Fig. 7 und 8 die Ansicht der Haartracht einer besonders schönen Portraitbüste: einer Dame der Familie Strozzi von Desiderio da Settignano († 1485) im Besitze des Berliner Museums. Das Haar, in zwei Strähne gesondert und mit schmalen Bändern umwunden, ist von beiden Seiten über den Scheitel gelegt. Ganz ähnlich scheint etwa fünfzig Jahre später das Haar der heiligen Catharina (9) auf dem Bilde Nr. 246 der Berliner Gallerie von Andrea del Sarto gedacht zu sein. Eigenthümliche Form der Haarwülste finden wir bei der Haartracht der Gattin des Herzogs von Urbino Montefeltro, Baptista Sforza, von Domenico Ghirlandajo (Fig. 10). Das lange Seitenhaar ist in einem starken Strähn vereinigt, der mit breiten, weissen Bändern umwunden ist. Aus dem Strähn ist über dem Ohre eine

grosse Schnecke gewunden, aus deren Mitte unter einem kostbaren Kleinod das freie, künstlich gekräust erscheinende Ende der Haarwulst bis an den Hals herabhängt, während die gekrausten Schläfenhaare an der Wange als Locke heraustreten. Ueber dem Scheitel, von einer Schnecke zu der entsprechenden der anderen Seite, läuft ein breites Goldband mit einem Kleinod in der Mitte, vielleicht gleichzeitig zur Befestigung der jedenfalls falschen Haare dienend, denn es bedarf kaum der Erwähnung, dass die Sitte, falsche Haare zu tragen, zur Zeit der Renaissance so wenig geruht hat, wie früher und später. Ueber den Schleier am Wirbel ist später zu reden.

11

Wie auch diese Tracht zeigt, liess man also mitunter einen Theil des Haares ungebunden neben den gefestigten Strähnen herabfallen. Noch bedeutungsvoller erscheint dies bei einer, von Andrea Civitali (†1501) in Relief gefertigten Pietas (jetzt im Bargello zu Florenz) in Fig. 11. Die grosse Masse des Kopfhaares ist, wie es scheint, in einem Strähn, durch verschiedene Bänder zusammengefasst, über den Scheitel gelegt. An der Stirn fällt eine grosse Haarpartie frei zur Seite, während das Haar des Vorderhauptes, beiderseits

12

durch die Strähne gezogen, frei auf den Rücken herabgleitet.
Ein noch grösserer Reichthum der Erscheinung entsteht durch
Combination von freiem Haar in geordneten Strähnen und von
Zöpfen, wie es der Holzschnitt Fig. 12 darstellt, wo seitwärts
ein frei herabhängender, jedenfalls falscher, mit Perlen kunstvoll
durchflochtener Zopf unter dem Seitenhaar, welches von der
Theilung auf den Scheitel herabfällt, hervortritt und sich über das
Hinterhaupt legt, von dem wahrscheinlich ebenfalls von fremdem
Haar gebildete Strähne aus einem Haarknoten auf den Rücken

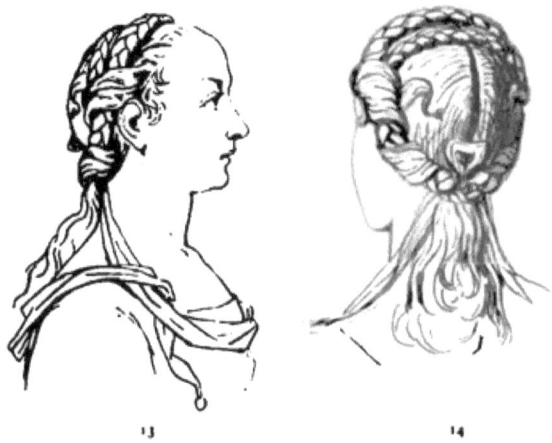

13   14

herabfallen. Die ganze Tracht hat, unerachtet ihrer künstlichen
Anordnung, etwas gesucht Wildes, Unordentliches, was freilich ja
auch unserem heutigen Geschmacke nicht fremd ist. Das Original-
bild des Holzschnittes von Sandro Botticelli († 1510) befindet sich
in der Berliner Gallerie.

Als ganz besonders anziehend erscheint die Coiffure einer
Dame, deren Portraitbüste von Desiderio da Settignano das könig-
liche Museum zu Berlin besitzt (13, 14). Zopf, freies Haar, Wulst sind

XXVI

sehr zierlich combinirt; das die Frisur im Nacken befestigende Band
wird vorn über Schulter und Busen gelegt, während ein zweites
Band, shawlartig vom Rücken über die Schulter aufsteigend, in der
Gegend des Schlüsselbeines mit einer kleinen Quaste endend, sich
in das Haarband einwindet. Merkwürdig bleiben die beiden dünnen
Strähne, welche, vom Schläfenhaare abzweigend, sich um die beiden
Zöpfe winden, bis zum Ohre der anderen Seite aufsteigend, in
zwei durch Pomade befestigten dünnen Haarwellen sich an den
Seiten des Hinterkopfes anlegen und mit einem Haarknötchen enden,
während ein Theil der Hinterhaare frei in den Nacken fällt.

Eine der sonderbarsten Bildungen zeigt Fig. 15, nach einem
Bilde aus der Schule des Dom. Ghirlan-
dajo, also wohl den letzten Jahren des
XV. Jahrhunderts angehörend. Wir finden
die Schläfenhaare über das Ohr herunter
gekämmt und hinter dem Ohre eine kleine,
toupirte, eiförmige Haarwulst, alles von
goldblondem Haare, während der Scheitel
und die Nackenwulst graublondes Haar
aufweisen. Wir haben hier vielleicht ein
Beispiel jener gebleichten Haare, von
denen Vecellio bei den Venetianerinnen

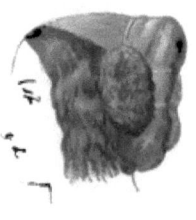

15

spricht, indem wir uns nach jenem, in seinem Trachtenbuche,
1. Theil, pag. 119 (Ed. Firmin Didot), gegebenen Bilde vorstellen können, dass die längeren, graublonden Haare über
die „Solana" gebreitet und gebleicht wurden, während die kürzeren
unteren Haare ihre goldblonde Farbe behielten. Anderen Falles
müssten die graublonden Haare unecht sein; aber mir ist ihre
Befestigung auf dem Scheitel schwer zu erklären, wenn man den
ganzen Haarputz nicht für eine Perrücke halten will.

Das einfache Band, die Perlenschnur genügten dem Geschmacke
der Damen aber damals eben so wenig wie heute. Ich brauche
nicht zu erwähnen, wie ausgiebigen Gebrauch man auch zu der in
Rede stehenden Zeit von den lebenden Blumen als Kopfschmuck

machte. Der Blumenkranz, die einzelne Blume im Haar durften
kaum jünger sein als das Menschengeschlecht. Aber die schmalen
Bänder erweiterten sich zu Binden und Schleiern aller Art. Die

16

17

überaus kleidsame und in
keiner Weise fremd anmu-
thende Form, Fig. 15, einem
Bilde des Luca Signorelli im
Louvre entlehnt, ist wohl die
denkbar einfachste und geschmackvollste Art, das offene
Haar durch ein breites Band
zu schürzen. Ebenfalls aus
einem Bilde im Louvre von
einem unbekannten Floren-
tiner Meister des XV. Jahrhunderts ist die Tracht Fig. 17.
Wir finden hier das Haar
durch ein Band, das über die
Stirn läuft, zu einem Strähne
vereinigt; dieser aber wird in
einer reichgezierten Stoffhülse,
welche vom Scheitel her die
Mitte einer den Kopf decken-
den Kappe von durchsichtigem
Schleierstoffe bildet, auf den
Rücken fallen gelassen, so
zwar, dass die freien Haare
als kurze Büschel unter dem
Ende der Hülse hervortreten.
Um die Mitte des XV. Jahrhunderts zeigen uns zwei
Köpfe, Fig. 18 und 19, von
Benozzo Gozzoli (Campo-
santo zu Pisa) das Haar fast

ganz von kunstvoll gelegten Schleiern verdeckt; nur bei dem einen, Fig. 19, erscheint an der Schläfe ein dünner Haarzopf.

Ganz im Gegensatze hierzu finden wir bei Fig. 20, einem Marmorrelief des Berliner Museums entlehnt, den Kopf, den nur ein Haarknoten von ungeflochtenen, in bekannter Weise mit zwei schmalen Bändern umwundenen Strähnen schmückt, noch durch ein ganz kleines Schleierläppchen auf dem Scheitel geziert, welches vielleicht, wie dieses bei der folgenden Fig. 21, von einem Bilde des Francesco Granacci aus den letzten Jahren des XV. Jahrhunderts, der Fall ist, auch die Haarwülste des Hinterhauptes bedeckt. Bei beiden Köpfen zeigt sich um die Wende des Jahrhunderts moderne Art, die Schläfenhaare zu tragen. Dieselben sind kurz gewellt und werden unter dem zurückgekämmten Haare frei hervortreten gelassen, sodass sie wenig unter die Linie der Ohrläppchen herabfallen. Ebenfalls spärlich deckt ein Schleier bei Fig. 22, 23 und 24 (Portraitbüste des Desiderio da Settignano im Berliner Museum) nur den Hinterkopf und spannt sich scharf über die Ohrläppchen, so dass er jedenfalls in einer Art von Kappe be-

18

19

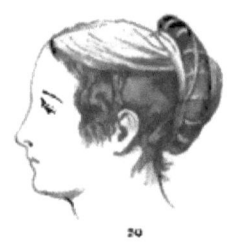

20

21

22

23

24

standen haben muss. Das Hinterhaupt-
haar ist als freier Strähn über den Kopf
gelegt und wird nur durch ein schmales
Band, das an der Schleierkappe festzu-
sitzen scheint, und eine feine Perlenschnur, welche bis auf die Stirn fällt, gehalten, sodass, von vorn gesehen, der
Kopf eine kahle, ganz unsymmetrische
Erscheinung bietet. Auffallend erscheint
hier wie bei anderen Portraitbüsten und
-bildern die Neigung, das Vorderhaupt so
sehr vom Haar zu entblössen wie möglich,
(siehe Fig. 22), was bei Vorhandensein so
mächtiger Zöpfe und Haarsträhne wiederum
auf den Gebrauch falschen Haares hinweist.

Der folgende Holzschnitt (Fig. 25)
nach einem Bilde von Lorenzo di Credi
(Berliner Gallerie) bringt um das Jahr 1500
einen Kopf, dessen, wie es scheint, ganz
freies Haar ebenfalls fast durchaus in ein
durchscheinendes, weites Schleiertuch eingehüllt ist; aber wir finden ähnliche Formen
bereits bei den Meistern der gothischen
Epoche im XIII. und XIV. Jahrhundert,
während andererseits geschmackvolle Art,
den Kopf in Schleier zu hüllen, den Italie-
nerinnen heutiger Tage noch geläufig ist.
Schon kunstvoller und eigenartiger ist
der dem jüngsten Gerichte von Orcagna
(also zweite Hälfte des XIV. Jahrhunderts)
im Camposanto zu Pisa entlehnte Kopf
(Fig. 26), wo wir einen breiten Schleier
von feinem, weissem Stoffe über den Kopf
gewunden finden, so dass die Stirnhaare

kleidsam frei bleiben,
während ein mächti-
ger Zopf ungedeckt
den Hinterkopf
schmückt. Es ist dies
gewissermaassen der
erste Anfang der
Haube.

Auf demselben
Bilde finden wir bei
Fig. 27 den Schleier
kunstvoll über einer
Frisur arrangirt, bei
welcher starke Flech-
ten, wahrscheinlich
beiderseits vom
Nacken her, unter
dem Ohre weg, über
den Scheitel steigen.
Der Schleier ver-
hüllt den Hinterkopf,
wendet sich dann, den
Scheitel freilassend,
gegen die Stirn, deckt
dieselbe, geht aufs
rechte Ohr zurück,
über welchem das
freie Ende, sich ein-
schlingend, wie die
Zeichnung Nr. 28
deutlich ersehen lässt,
unter dem Kinne
durchgeht, um über
dem linken Ohre

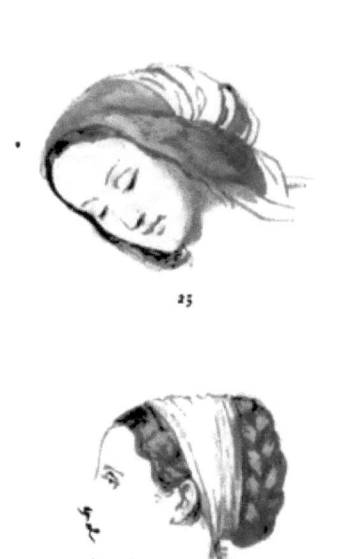

25

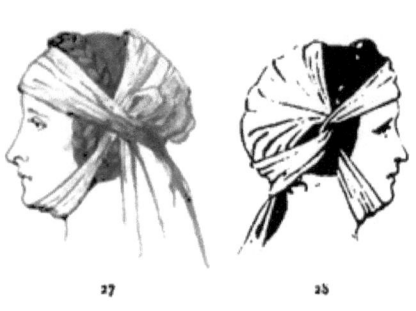

26

27   28

unter das Stirnende sich unterzuschieben und mit dem Schleier-
anfange über den Nacken zu fallen. Die Construction, so
complicirt sie scheint, ist einfach und ähnelt der im XIII. Jahrhundert in Deutschland getragenen Rise, welche erst später ein

Abzeichen der verheiratheten Frau
wurde. Fast ganz der deutschen
Rise entsprechend ist die Figur 29
nach einem Bilde von Fiesole. Allein
die Sitte, das Kinn zu verhüllen,
scheint in Italien im XV. Jahrhundert
ziemlich zu schwinden; wir begegnen
ihr allerdings noch mitunter, z. B.
auch bei dem später zu erwähnen-
den Kopf von Mantegna (1485 gemalt);
aber bei Florentiner Meistern der Renaissance finden wir die freien Enden
der jetzt oft sehr kunstvoll auf den
Kopf gebreiteten Schleiertücher meist
frei herabhängend oder über dem
Busen schmuckvoll gefaltet. Die
Schleier sind dann über den Scheitel
gebreitet, so dass sie mit einem
Zipfel als Spitze (Schnebbe) an die
Stirn reichen und durch Unterschieben
unter den grossen Zopf oder die Haarwulst gehalten werden, wie uns das
Fig. 30 (nach Filippo Lippi, † 1469,
Orig. Berliner Gallerie) und Fig. 31
(aus der Schule des Andrea Verrocchio,

zweite Hälfte des XV. Jahrhunderts, ebenfalls der Berliner Gallerie
angehörend) in schönster Weise zeigen, wo der doppeltgelegte Schleier
in reicher Entwickelung von Falten sich über den Zopf und die
langen Locken des Nackens legt. Obwohl nicht florentinischen
Ursprunges, geben wir dennoch in Fig. 32 das Bild eines in eben

gesagter Weise besonders deutlich dargestellten Schleiertuches nach einem Bilde von Mantegna (Nr. 27 der Berliner Gallerie). Die freien Enden sind über dem Busen in stilvoller Weise durch ein Kleinod zusammengehalten. Höchst eigenartig finden wir auf

31

32

33

34

XXXIII

Fig. 33, dem Portrait der Margaretha Colleoni, Gemalin des Feldherrn Trivulzio, das Schleiertuch, welches über eine gewöhnliche Zopffrisur gebreitet ist, ebenfalls im Nacken unter den Zopf geschoben und die freien Enden, sowie den ganzen hinteren Theil des Schleiers zu einer Wulst zusammen gerollt, so dass deren spiralfederartig gedrehte Zipfel über die Schulter herabfallen, eine Form, der wir später noch einmal zu erwähnen Gelegenheit haben werden. Es bedarf endlich wohl nur der Erinnerung an die reizenden und mannigfaltigen Gestaltungen des Schleiers, welche della Robbia, Sandro Botticelli, Pietro Perugino und Rafael mit ihren Schulen den Köpfen ihrer Madonnen und Engel gaben, und ich will nur noch durch den Kopf der Mona Lisa von Lionardo da Vinci eine der einfachsten und vornehmsten Arten den Schleier zu tragen, anfügen (Fig. 34). Im Gegensatze hierzu zeigt uns der Kopf Fig. 35 den immerhin nicht geschmacklosen, aber doch möglichst anspruchsvollen Gebrauch des Schleiers. Die Zeichnung ist dem schon erwähnten Buche von Giovanni Guerra entlehnt. Während die Haare theilweise nach dem Wirbel gekämmt, theilweise zu zwei mit Hilfe von Draht sich

35

schlangenartig erhebenden Zöpfen vereinigt sind, deren Spitzen kleine Blümchen oder Schmuckstücke tragen, fällt vom Wirbel, daselbst mit den Haaren und einer Perlenschnur zu einer Puffe gefasst, ein Schleier in symmetrischem Bogen zum Ohre, über dem ihn die vom Wirbel herkommende Perlenschnur nochmals befestigt, um ihn in strengen Falten an den Seiten des Halses und auf den Rücken herabgleiten zu lassen. Man kann nicht leugnen, dass der ganze Aufputz dieser „Parmegiana honesta" etwas ungemein Festliches, wenn auch sehr Affectirtes habe.

Nur um den Uebergang von dem Schleier zur Haube zu zeigen,

als welche wir übrigens bereits den
Schleier auf Fig. 10 und 24 ansprechen
dürfen, füge ich den Holzschnitt Fig. 36
bei, einer Figur aus der Kirche S. Mariä
dei Frari in Venedig entlehnt. Wir finden
hier einen am Nackenende mit starkem
Saume versehenen, kleinen, viereckig
länglichen Schleier über eine Frisur gebreitet, deren lange Locken wohlgeord-
net in den Nacken fallen, während die
Erhöhung auf dem Scheitel andeutet,
dass hier eine Flechte oder Haarwulst
unter dem Schleier liegen muss. Wenn
wir „Haube" ein für die Kopftracht ein-
gerichtetes Stück Zeug nennen, welchem
durch Schnitt und Naht eine unveränder-
liche Form gegeben ist, so dürfte auch
bereits die Art, wie Ghirlandajo die
Gattin des Montefeltro, Fig. 10, ihren
Schleier tragen lässt, einen Uebergang
zur Haube bilden. Ich glaube, dass
wir hier einen für die Haarwulst con-
struirten Sack mit einer Zugschnur vor
uns haben, an dessen unterem Ende die
Behänge des Nackens, wie an einer
Haube befestigt sind; vielleicht ist aber
auch nur durch Verdecken der Wulst mit
einem freien Schleier diese Form hergestellt, zu deren kleiner Fältelung die Anwendung von Haarnadeln unabwendlich
erscheint. Der Schleier reicht übrigens
auf dem Kopfe bis zu dem breiten
Scheitelbande. Bei Fig. 37, dem grossen
Marienbilde des Dom. Ghirlandajo in

36

37

38

S. Maria Novella entlehnt, ist jedenfalls der faltige, über Kopf und
Nacken fallende Schleier an einen Haubenkopf angenäht. Unzweifelhaft ist das bei dem Portrait Fig. 38 des Sandro Botticelli der
Simonetta Vespuccia, der Geliebten des Giuliano Medici, der Fall,
ebenso wie bei den Köpfen Fig. 40 und 41 von dem oben erwähnten
grossen Freskobilde des Dom. Ghirlandajo in S. Maria Novella,
Damen der vor-

39   40

41   42

nehmsten Gesell-
schaft darstellend,
welche eine Wo-
chenvisite bei der
Mutter der heili-
gen Jungfrau ma-
chen. Allein schon
viel früher begeg-
nen wir einer
Haube, welche so
modern in der
Form ist, dass
man sie nimmer-
mehr auf einem
Kopfe zu Anfang
des XV. Jahrhun-
derts suchen wür-
de. Unter den
Bildern der ehe-
maligen Samm-
lung Gampana im
Louvre findet sich

ein Kopf mit der Haube Fig. 39 bekleidet, wo an einen Haubenkopf
eine doppelte Rüsche angesetzt ist. Eine ähnliche Haube mit
Schleierenden, die kleidsam verschlungen sind, giebt uns Fig. 40
nach Sandro Botticelli (Berliner Gallerie). In der zweiten Hälfte
desselben Jahrhunderts zeigt ein Kopf von Mantegna, Fig. 43. neben

Schleier und Rise einen Rüschenansatz, wie er übrigens in Deutschland bereits im XIII. Jahrhundert vorkommt.

Die Neigung der Damen der Renaissance, schneckenartige
Windungen bei der Kopftracht anzubringen, haben wir bereits
genugsam bei der Behandlung des Haares gefunden. Wir begeg-
neten ihr bei der Art, wie Margaretha Colleoni (Fig. 33) ihre Schleierenden behandelte. Wir finden die-
selbe Windung bei den Hauben-
flügeln (Fig. 41), wo dieselben, mit
Gold gesäumt, sich wie Hörner
über die Schultern legen (siehe das
ganze Kostüm auf Blatt 26 dieses
Werkes). In den Fig. 44 und 45
geben wir Darstellungen von
Schleierhauben, deren Construction ziemlich verwickelt ist und
überall Wülste und Hörnchen
zeigt, welche nur durch Polste-
rung über einem Drahtgestell
hergestellt sein können. Die einfachste und schönste Form (Nr. 44)
gehört dem Filippo Lippi an und ist,
da er bereits 1469 gestorben, die
früheste. Die Mode scheint, wie
das der gewöhnliche Gang ist,
immer capriciöser geworden zu
sein, und so finden wir bei Verrocchio, der 1488 starb, den bereits
sehr complicirten Kopfputz Nr. 45
mit Wülsten, gewundenen Seiten-
hörnchen und Schnebbe, während
die Köpfe von Ghirlandajo, deren
einer (Fig. 46) eine sehr complicirte Construction mit dreifachem

43

44

45

46

47

Schleier und aufsteigender Rüsche neben den Hörnchen am Schopfe zeigt, nach dem Jahre 1490 gemalt sind, wobei natürlich neben diesen Absonderlichkeiten die einfachere Form von Fig. 47 nicht aus-geschlossen war, denn auch dieser Kopf gehört der Zeit nach 1490 an.

Zu allen Zeiten aber bemerken wir neben den von mir erwähnten eine Menge eigenartiger Trachten, welche ausser Gold und Edelsteinen, Bändern, Schleiern noch andere Schmuckformen sich aneignen. Die helmartige Haartracht von dem Bilde der Kreuzigung in der Capella degli Spagnuoli, welche also noch der gothischen Periode angehört (Fig. 48), ist vielleicht auf Rechnung einer Maler-phantasie zu stellen; allein eine Tracht, welche eben so häufig als kleidsam erscheint, der sogenannte Balzo, muss genauer betrachtet werden.

Der Balzo ist eine wulstartige Mütze, nach Vecellio: *„fatto di rame, et rotondo à guisa di diadema; et sopra questo mettevano una cuffia tessuta d'oro et di seta"*; und später bei einem anderen Kostüme sagt Vecellio: *„il balzo in testa, molto variato di colori; et era à opera, tessuto d'oro et di seta con fogliami di rose et altri lavori"*. Dieser Kopfputz entspricht auch nach der von Vecellio (I, pag. 77 und 79)

XXXVIII

gegebenen Zeichnung genau jener
Coiffure, welche die Herzogin von
Urbino auf Tizian's Portrait in den
Ufficien ziert, nachThausing's neueren
Untersuchungen wohl unzweifelhaft
dieselbe Frau, wie die Bella di Tiziano
und die Venus der Tribuna. Hefner-
Alteneck, Trachten des christl. Mittelalters, III. Abth., Blatt 103, giebt
eine Zeichnung dieses schönen Bildes
mit der sehr deutlichen Darstellung
des Balzo. Ebenso zeigt die schöne
Handzeichnung des Lionardo da
Vinci in den Ufficien den Balzo von
einem Netze überzogen auf gewell-
tem Haarscheitel (Fig. 49). Ganz
dieser Wulst ohne jeden Schmuck,
vielleicht nur ein zusammenge-
wundenes Tuch, aber dem Balzo
ähnlich, erscheint die Kopftracht der
Gattin des Andrea del Sarto, Fig. 50,
auf deren Portrait in der Berliner
Gallerie. Wir finden aber bereits
den Balzo in besonders grosser Form,
vielleicht wohl ohne das Gestell aus
Metall, nur als Wulst, auf den Bildern der gothischen Periode in Florenz, Pisa und Siena.

Auch ohne Unterlage wurden
vielfach Haarnetze getragen. Vecellio, I. Band, pag. 78, giebt uns ein
Kostüm mit der lächerlichen Angabe
des Jahres 1100; die Dame trägt ein
kostbares Netz aus Goldfäden *(una*

48

49

50

rete doro di molta valuta). Ein feines Goldnetz über dem ungeflochtenen Haare finden wir an der Portraitfigur der Stifterin des Bildes von Lorenzo Lotto, Abschied Christi von seiner Mutter, im Berliner Museum (Fig. 51). Das Bild ist mit der Jahreszahl 1521 bezeichnet, also einer Zeit, in welcher auch in Deutschland das Haarnetz und die Calotte bei beiden Geschlechtern

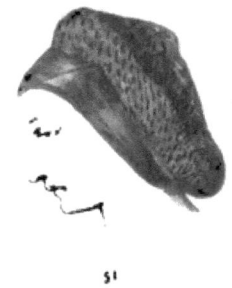

51

eine grosse Rolle spielte. Allerdings ist das Bild der lombardischen Schule angehörig, die Tracht aber zu charakteristisch, um ihre Darstellung zurückzuweisen. Erwähnen will ich ferner das reizende, mit Perlen gezierte Goldnetz auf einer Unterlage von Gaze, mit welchem Lionardo da Vinci jene Dame, vielleicht Eleonore von Arragonien, abbildet (Orig. Ambrosiana, eine kleine Copie bei Racinet). Mit dem XVI. Jahrhundert tritt eine sehr grosse Menge neuer Formen auf, welche in den Kreis

unserer Betrachtung zu ziehen der Mangel an Raum uns um so mehr verbietet, als dieselben nicht mehr durchaus italienische sind; ich erinnere nur an die mannigfaltigen und bekannten Formen des Frauenhutes und ·Barettes, welche im XVI. Jahrhundert fast allen Nationen gemeinsam waren.

Nur die Unsitte des Haarbleichens blieb den Italienern allein; wenigstens habe ich bei keiner anderen Nation eine Erwähnung derselben gefunden, und sie scheint sich durchaus nicht bloss auf Venedig beschränkt zu haben, wie vorhandene Portraits beweisen. Es liegt nahe, hierbei an die Manie der Römerinnen der Kaiserzeit zu denken, deren Neigung für blondes Haar sie ihren eigenen, dunklen Hauptschmuck unter Perrücken germanischen Haares bergen liess.

XI.

BLÄTTER
FÜR
KOSTÜMKUNDE.

HISTORISCHE UND VOLKS-TRACHTEN.

NEUE FOLGE, ERSTES HEFT.

(1. 12. BLATT.)

NACH AQUARELLEN

UND MIT EINEM BESCHREIBENDEN TEXTE

VON

CARL EMIL DOEPLER.

GROSSH. SÄCHS. PROFESSOR.

ZWEITE AUFLAGE.

BERLIN.
FRANZ LIPPERHEIDE.
1877.

INHALT.

HISTORISCHE TRACHTEN.

VOLKS-TRACHTEN.

—

EDELMANN

AUS DER ZEIT KAISER FRIEDRICHS I. BARBAROSSA'S,
1152 — 1190.

Im Gegensatze zu früheren Zeiten des Mittelalters besteht
die Kleidung aus langen Gewändern, nämlich einem etwas längeren Untergewande mit halbengen Aermeln (der langen dalma-
tischen Tunica) und einem ärmellosen Uebergewande, welches
faltig den Körper bedeckt und, über dem Gürtel sich bauschend,
bis etwa zur Mitte des Unterschenkels herabfällt. Der Aermel
des Unterkleides ist reich mit Stickerei verziert, ebenso die
Säume und der Einsatz des Uebergewandes, und zwar nicht in
althergebrachter Weise, als Nachahmung antiker, namentlich
griechischer Muster, sondern selbständig in romanischem Stil,
und dies in reichster, üppigster Anwendung desselben, als breite
Borten und Besätze, die nicht selten bei den Vornehmsten, wenn
auch nicht so vielfach wie während der Herrschaft der frän-
kischen Tracht, mit kostbaren Steinen verziert wurden. Mit dem
emporblühenden Frauen-Cultus und dem daraus sich entwickeln-
den Schönheitssinne wurden namentlich in der zweiten Hälfte des
12. Jahrhunderts die Zierraten an der Gewandung einfacher und
beschränkten sich auf schmale Umsäumungen der Tunica und
des Mantels. Dieser, der früher besonders bei der männlichen

Tracht stets auf der rechten Schulter befestigt war, wurde nunmehr, ähnlich dem Frauen-Mantel, auf beiden Schultern getragen und entweder mitten auf der Brust durch eine Agraffe zusammengehalten, oder durch zwei kostbare Spangen mit einer reichen Kette, Borte oder Schnur verbunden. Auf unserer Darstellung zeigt sich der Uebergang zu der eben erwähnten Tragweise des Mantels, und noch deckt derselbe die ganze linke Seite der Figur. Eine reich gemusterte, breite Borte umzieht den Mantel, der entweder mit Pelz oder einem, der Farbe des Gewandstückes entsprechenden, weicheren Stoffe gefüttert wurde. In Betreff der Farben ist zu bemerken, dass mit dem Frauen-Cultus auch in dieser Hinsicht ein feinerer Geschmack sich geltend machte, und dass man statt der bisher üblichen, ganzen Farben feinere Töne wählte und gern schreiende Gegensätze vermied. Am oberen Saume des Untergewandes sehen wir das Hemd hervortreten, welches zumeist von Leinewand, häufig aber auch von Seide getragen wurde. Das Schwert, gross und wuchtig, bildete mit der Parirstange die Form des Kreuzes und wurde an einem starken, weissen Gehänge getragen. Die Kopfbedeckung gleicht der phrygischen Mütze und ist ohne Zweifel byzantinischen Ursprungs. Eine enganliegende, bis an die Hüften reichende Hose und reich verzierte und gestickte Schuhe aus Leder oder starkem Stoffe vervollständigen die Tracht, welche den Vornehmen, nachdem er Brünne (Panzerhemd) und Schild abgelegt, würdig machte, das Frauen-Gemach oder den Festsaal zu betreten.

EDELFRAU

AUS DER ZEIT KAISER FRIEDRICHS I. BARBAROSSA'S,
1152 — 1190.

Der Kopfputz ist von einer doppelten Reihe von Goldmünzen
umsäumt; ebenso bestehen die Ohrgehänge aus solchen, deren
Anordnung einen entschieden orientalischen Charakter trägt, der
wohl den Einflüssen von Byzanz zuzuschreiben ist, die damals
so mächtig waren, wie heutzutage die Gesetze, welche Paris in
Tracht und Mode vorschreibt. Die Haare, stets lang herunter-
hängend, wurden ebenso oft lose, wie in Zöpfen geflochten getragen. Das Gewand, welches bis auf die Füsse, die mit reich
verzierten Schuhen bekleidet waren, aber nach damaliger Sitte
kaum sichtbar sein durften, herabfällt, besteht aus kostbarer,
byzantinischer Leinewand, ist oft sorgfältig gefältelt, mit oben
engen, nach unten sehr weit werdenden, mit Pelz gefütterten
Aermeln versehen, Aermel, mit denen es unmöglich war, zu
arbeiten, die also deshalb schon auf die Vornehmheit der Trägerin
hinwiesen. An den Seiten ist das Gewand offen und mit kleinen
Spangen zusammengefasst; darunter sieht man das Untergewand,
dessen Aermel unter den weiten Aermeln des Obergewandes
sichtbar werden. Eine reiche Borte am Hals-Ausschnitt und eine
kostbare Stickerei auf farbigem Grunde in romanischem Stil auf

dem unteren Theile des Gewandes, sowie bandartige Verzierungen am Oberarme geben dem Ganzen ein sehr reiches Gepräge, das noch durch den kostbaren Gürtel vervollständigt wird, der, die Hüften eng umschliessend, mit dem langen Ende nach vorn herabfällt. Doch fing man um diese Zeit an, die Gewänder mehr durch ihren Schnitt, der am Oberkörper durch engen Anschluss die Schönheit der Formen zeigte, am Unterkörper durch sehr künstliche Schnitte einen schönen Faltenwurf bewirkte, als durch vielen Ausputz zur Geltung kommen zu lassen, und so fielen nach und nach die reichen Besätze mehr und mehr fort, um einfachen Umsäumungen durch schmale Borten Platz zu machen; oft liess man die Gewänder auch ganz unverziert nur durch Form und Farbe wirken. Der Mantel von rothem, kostbarem Stoffe wird auf beiden Schultern getragen und vermittelst des Fürspanns gehalten, welcher zwei kostbare Spangen oder Rosetten (Tassel, auch Tessel genannt) verbindet. Es gehörte in jener Zeit zur Wohlanständigkeit, mit der linken Hand das Obergewand oder den Mantelsaum zu heben und zugleich mit der anderen Hand die Schnur oder Borte des Fürspanns auf die Brust herabzuziehen. Der Mantel war durch eine breite, gestickte Borte oder auch nur durch einen schmalen, aber kostbaren Saum verziert. Das Futter war entweder buntes Rauchwerk, wie hier, oder ein weicherer Stoff, bei den Vornehmsten Seide, deren Farbe mit der des Mantels übereinstimmte oder ganz weiss war. Ein Schleier von feinem, durchsichtigem Gewebe vervollständigt eine Tracht, die an Würde und Schönheit nichts zu wünschen übrig lässt.

SCHOTTISCHER EDELMANN

ANFANG DES XVIII. JAHRHUNDERTS.

Es war das Wiedererwachen des schottischen National-Ge-
fühls, welches, nachdem die Union mit England 1706 unter der
Königin Anna vollzogen worden, den unglücklichen Versuchen
des Chevaliers St. George, des Pretenders, durch Hülfe der
Schotten und der dort starken Partei der Jacobiten die Krone
Englands wiederzugewinnen, Vorschub leistete und auch in der
äusseren Erscheinung der nationalen Bewegung Ausdruck verlieh.
Wir sehen den schottischen Edelmann bekleidet mit dem Bonnet
(Mütze) von dunkelblauem, stark gefilztem Zeuge, geschmückt
mit einer Adler- oder Falkenfeder an silberner, meist mit der
schottischen Wappen-Distel verzierter Agraffe. Den Oberkörper
bedeckt die Jacke und darunter die Weste, welche zu jener Zeit
etwas länger als die erstere getragen wurde. Die Oberschenkel
umhüllt der „Kilt", der bis an die Kniee herunterfällt, und über
welchem vorn die „Purse", eine Tasche, hängt, die gewöhnlich
aus Dachsfell, seltener aus Otter- oder Marderfell, getragen
wurde, und die reich mit an Schnüren herabhängenden Quasten
verziert war. Die Kniee blieben nackt; dagegen waren die Unterschenkel mit carrirt gemusterten Strümpfen bedeckt, denen sich
der Schuh, nach damaliger Mode mit hohen, rothen Absätzen

versehen, anschloss. Jacke (Filibeg oder Philabeg genannt) und Kilt wurden aus carrirt gemustertem Tartan getragen, ebenso der über das Ganze drapirte Plaid, der gewöhnlich auf der linken Schulter mit einer silbernen schottischen Broche, die auch häufig mit der schottischen Distel verziert ist, befestigt wurde. Die Farbenzusammenstellung des Tartan-Musters hatte ihre besondere, gewissermassen heraldische Bedeutung, indem die einzelnen Farbenzusammenstellungen die eigenthümlichen Abzeichen der verschiedenen Clans bildeten. Doch ist diese Bedeutung des Musters und die Farbe desselben eine ziemlich späte und dürfte nicht höher, als bis zum Anfang des 17. Jahrhunderts verfolgt werden können. Der Name Tartan bezeichnete übrigens früher weniger die Musterung des Stoffes, als diesen selbst in seiner Eigenart, sowie der Plaid seiner Form wegen so bezeichnet wurde. Der Name „Shepherdsplaid" hingegen schliesst die Bedeutung der zwei Farben, schwarz und weiss, aus denen er besteht, ein.

An einem reichen Bandelier sehen wir das, mit reich durchbrochenem Korbgriff versehene Schwert befestigt, das gewöhnlich „claymore" genannt wird, obgleich nach neueren archäologischen Begriffen dieser Name einer älteren und einfacheren Schwertform zukommt. Im Hintergrunde sehen wir an der Wand eine jener, vormals den Schotten so eigenthümlichen runden Tartschen (target), welche, mit Büffelhaut überzogen, durch Metallreifen, reich mit Eisen- oder Messingnägeln beschlagen, verstärkt wurden.

Der junge Edelmann, den wir auf unserem Bilde sehen, trägt der herrschenden Tracht seiner Zeit Rechnung, indem er gepudertes Haar, den Haarbeutel, Spitzen-Jabot, wie auch weite, auf die Hände herabfallende Manchetten cultivirt. An den Schuhen sehen wir neben den Absätzen jener Zeit den hoch hinaufgehenden Spannlatz und die Schnallen. Der Filibeg wurde namentlich früher noch kürzer getragen. Nach einer Beschreibung von Lesley aus dem Jahre 1578 heisst es: „Alle, sowohl Edelleute wie das Volk, trugen Mäntel von einer und derselben Art, nur dass die Edlen solche in Farben gemustert vorzogen. Diese Mäntel waren lang und faltenreich, ausserdem hatten sie (wohl nur die aus dem Volke) flockige, flauschige Ueberwürfe, wie die Irländer sie zu tragen pflegen. Im Uebrigen trugen sie kurze, wollene Jacken mit unten geschlitzten Aermeln, um den Arm behufs des Speerwerfens leichter entblössen zu können." Ein anderes Bekleidungsstück müssen wir hier erwähnen, nämlich den truis oder trowse, eine Hose, welche vom Fusse bis zum Gürtel reichte und häufig getragen wurde. Ueber dieses Kleidungsstück lässt sich bemerken, dass es bis 1538 in Schottland zu verfolgen ist, aber ebenso gut sehr alten Ursprungs sein kann, den man bis zu allen Stämmen celtischer Race zurückzuführen das Recht hat, weshalb man wohl annehmen darf, dass es auch von den alten schottischen Hochländern getragen wurde. Die Highlandgarb oder Hochlandstracht ist heutzutage nur noch selten anzutreffen, sie fristet noch ein kümmerliches Dasein bei den schottischen Regimentern als Uniform und bei den Bediensteten der Edelleute, vornehmlich solcher, die mit dem Hochland-Sport zu thun haben. Im Uebrigen ist der Hornpipe-Bläser in voller Hochlandtracht mit lustig bebänderter Hornpipe (Dudelsack) bei allen festlichen Anlässen Liebling des Volkes; aber es gehören schottische Nerven dazu, dieser Musik, nach welcher meist der sogenannte Reel getanzt wird, Geschmack abgewinnen zu können.

SCHOTTISCHE EDELFRAU

ANFANG DES XVIII. JAHRHUNDERTS.

Die schottische Edelfrau kennzeichnet sich als solche nur durch den Plaid, der über die Schultern nach vorn herabfällt und, durch eine schottische Broche von oft sehr kunstreicher Arbeit auf der Brust befestigt ist. Im Uebrigen trägt sie das Unterkleid und das gebauschte, geraffte Oberkleid ihrer Zeit und gepudertes, von einer Spitzenhaube bedecktes Haar. Fächer, Spitzen, Manschetten und Taschentuch sind ebenfalls der Zeit entsprechend. — Die alte schottische Frauentracht war derjenigen der normännischen, dänischen und britischen Frauen ähnlich. Sie bestand aus einem langen Gewande, welches oberhalb der Hüften gegürtet wurde, und aus einem vollen und faltenreichen Mantel, der auf der Brust mit einer grossen Broche von Bronze, bei den Reicheren und Vornehmen von Silber oder Gold, befestigt war. Häufig war diese Broche mit Krystallstückchen, oder, je nach dem Range der Trägerin, wohl auch mit kostbaren Steinen verziert. Von Boadicea, der Witwe des Prasutagus, Königs der Icener in Britannien, im ersten Jahrhundert nach Christi Geburt, wird erzählt, dass sie ein langes, carrirt gemustertes Gewand mit goldenem Gürtel getragen, dazu eine Schmuckkette, Armringe und darüber einen grossen Mantel mit grosser, silberner Broche befestigt. Der

16

Mantel der schottischen Frauen war gestreift oder carrirt und hiess „arisad". Die carrirten Stoffe hiessen auf celtisch „breacan", und die Hochländer gaben ihnen den poetischen Namen „cath dath", was den Kampf der Farben bedeutet. Im Anfange des sechzehnten Jahrhunderts trugen nur die höheren Klassen carrirt gemusterte Zeuge: das gemeine Volk scheint die Stoffe meist braun getragen zu haben, ähnlich der Farbe des Heidekrautes, wie Moniepennie*) angiebt.

*) Moniepennie, John, The Abridgement or Summarie of the Scots Chronicles, with a short description of their originall &c. London, Printed at Brittaines Burse by John Budge, 1612.

POLNISCHER EDELMANN.

ANFANG DES XVII. JAHRHUNDERTS.

Nachdem die Tracht der Polen im Mittelalter vorzugsweise deutschen Einflüssen sich hingegeben hatte, nahm sie in der zweiten Hälfte des sechzehnten Jahrhunderts einen mehr in sich abgeschlossenen, nationalen Charakter an, der unter der kurzen Regierung des schwachen Valois und selbst unter dem strengen Scepter Stephan Bathori's nur wenig Fremdes und das sehr vereinzelt annahm. Spätere Versuche, Sitten und Tracht zu germanisiren, fanden ebensowenig Anklang und waren bei den Eingeborenen nur zwangsweise und vorübergehend durchzusetzen. Dagegen lassen sich russische und ungarische Einflüsse zu dieser Zeit nicht verkennen, doch gingen diese in der Eigenart der nationalen Bestrebungen auch auf diesem Gebiete auf, und die polnische Tracht kam als solche zu voller Selbstständigkeit und Geltung. Bei der, den Polen eigenen Prunkliebe gestaltete sich denn auch diese Tracht, namentlich bei den Vornehmen, reich und üppig, und selbst die Volkstracht war reich an malerischem Detail und trug namentlich dem kriegerischen Charakter des Volkes Rechnung. Bei dem polnischen Edelmanne haben wir zunächst den Rock (zupan) zu betrachten, der lang getragen wurde und mit mässig weiten Aermeln, die bis über die Handwurzel herabfielen, versehen war. Der Stoff desselben war Tuch, gestreifte oder reich gemusterte Seide, bei den Grossen selbst Gold- oder Silber-Brocat mit reichem Muster. Dieser Rock wurde kaftanartig, vorn mit eng aneinander gesetzten Knöpfen, bis unter den Gürtel oder die Schärpe zugeknöpft getragen: oft wurden die Schoss-Enden des Rockes umgeschlagen und nach rückwärts befestigt, theils der Bequemlichkeit beim Reiten halber, theils wohl auch, um mit dem kostbaren, farbigen Futter zu prunken. Ein Gürtel, an dem der Säbel hing, oder eine breite Schärpe, die meist in schwerer Quaste endigte, umschloss den Körper oberhalb der Hüften. Die Hose, eine Langhose, war von Stoff, auch wohl von Leder, und schloss sich den Gliedern eng an oder war mässig weit und fiel etwas über den Rand des Stiefels herab. Dazu trug man Schuhe oder Halbstiefel von reich und bunt gestepptem Leder mit Absätzen. Als Umhang diente ein Gewand in Form eines Mantels, dessen russischer Ursprung sich nicht verkennen lässt. Derselbe, aus Tuch oder Sammet, wurde häufig ohne Aermel, manchmal mit den kurzen Halbärmeln des polnischen Rockes, oft aber mit lang herabhängenden getragen; er war reich mit Pelz gefüttert und mit breitem, nach hinten übergeschlagenem Pelzkragen versehen. Befestigt war dieser Umhang meist mit Schnüren über der Brust, ausserdem war eine Verschnürung oder ein Besatz mit Borten, auch zum Knöpfen eingerichtet, an beiden Seiten des vorderen Randes angebracht. Die Kopfbedeckung war verschieden, in der Form flach oder spitz zulaufend, fast immer aber mit breiter Verbrämung von kostbarem Pelze und meist mit einem Reiherstutz oder sonstigem Federschmuck an reicher Agraffe versehen. Das Haupthaar wurde meist nach tartarischer oder türkischer Sitte geschoren und nur ein Büschel auf dem Scheitel stehen gelassen, ein stattlicher Schnurrbart hingegen sehr gepflegt und mit lang herabhängenden Enden getragen. Der polnische Edelmann ging fast nie unbewaffnet, und auch die Waffen trugen einen entschieden orientalischen Charakter. Nicht selten finden wir auf gleichzeitigen Bildern polnische Grosse mit einem Stocke, dessen Krücke, einem Spitzhammer ähnlich, wohl zugleich als Waffe gedient haben mag.

POLNISCHE EDELFRAU.

ANFANG DES XVII. JAHRHUNDERTS.

Unsere Polin trägt ein farbig gestreiftes und ebenso bordirtes Untergewand, dazu ein Obergewand aus reich gemustertem Stoffe, welches auf einer Seite ein wenig aufgenommen ist. Rock und Leibchen sind, im Gegensatz zur Tragweise des Mittelalters, vollständig getrennt; das Leibchen oder Mieder wurde, sowohl in Bezug auf den Halsausschnitt, als auch die Verzierung und Verbrämung, sehr verschieden getragen, von dem begüterten Adel insbesondere in sehr reicher Ausstattung. Der Ausschnitt des Leibchens am Halse erforderte häufig das Tragen eines reich verzierten Brustlatzes, oder es schloss sich dieser Ausschnitt einer Art reich verzierten, dick benähten und besteppten Mieders an. Die Aermel dazu trug man gewöhnlich eng. An der Seite sehen wir die Tasche und die Schlüssel der waltenden Hausfrau; auch der Rosenkranz fehlt nicht, der die fromme Tochter der Kirche kennzeichnet. Als Umhang dient eine kurze, mit Pelzwerk gefütterte und verbrämte, kurzärmelige Jacke von Tuch oder Sammet, die ausserdem noch mit Borten und Knopfwerk reich verziert ist. Ein goldenes Kreuz an blauem Bande ziert Hals und Busen; häufig wurde auch reicher Kettenschmuck getragen; eine schmale Krause, oft mit feiner Spitze besetzt, umschliesst den Hals, und eine nach oben sich verjüngende Haube von Sammet, mit Pelzverbrämung, bedeckt den Scheitel der jungen Frau, deren Haar sich darunter verbirgt, während junge Mädchen das Haar gern, in lange Zöpfe geflochten, herabhängen liessen. Die Schuhe waren meist von weichem, reich und bunt gestepptem Leder und wurden mit und ohne Hacken getragen.

20

VOLKS-TRACHTEN.

UNGARISCHER MAGNAT.

Die National-Tracht eines ungarischen Magnaten, wie sie unser Bild vorführt, ist gewiss höchst malerisch und kleidsam. Sie ist heute noch bei den Grossen des Ungar-Landes üblich und wird namentlich bei festlichen Gelegenheiten, besonders wo es gilt, die nationale Seite herauszukehren, angelegt und mit Stolz und Bewusstsein getragen. Wir sehen zunächst einen halblangen Rock (Attila) von schwarzem Sammet mit schwarzseidener Verschnürung und grossen, aus Türkisen zusammengesetzten Knöpfen; die Nähte und der untere Rand des Attila sind mit seidenen Borten besetzt; dazu eine enganliegende Hose von Tuch und halbhohe, besporrnte Stiefel oder Csizmen, deren oberer Rand ebenfalls mit dicker, schwarzseidener Borte besetzt ist. Als Uebergewand trägt der ungarische Magnat die sogenannte Mente, welche gleich dem Attila reich mit schwarzseidenen Schnüren und grossen Türkisen-Knöpfen besetzt ist. Eine reiche Verbrämung von kostbarem Zobel-Pelz umzieht den Rand der Mente, erweitert sich oben zu einem grossen Ueberschlag-Kragen, und fasst die weiten, herabhängenden Aermel ein. Eine Kette mit reichen Schliessen aus zusammengesetzten grösseren und kleineren Türkisen hält die Mente über beide Schultern befestigt, und ein ebensolcher Gürtel mit Wehrgehänge trägt den krummen Säbel, der am Griff wie an der Scheide ebenfalls reich mit Türkisen verziert ist. Ein schwarzseidenes Halstuch mit schwarzseidenen Franzen fällt vom Hals-Ausschnitt auf den Attila herab. Die Kopfbedeckung besteht aus reich mit Zobel verbrämtem, schwarzem Sammet und wird Kucsma genannt. Eine zierlich gearbeitete Agraffe aus Türkisen hält eine lange, aufwärts stehende Adlerfeder, die nicht wenig dazu beiträgt, der ganzen Erscheinung ein martialisches und unternehmendes Gepräge zu verleihen. In Farbe und Stoff ist dem Träger je nach seinen Mitteln oder seiner Laune die grösste Mannigfaltigkeit überlassen. Attila und Mente sind häufig von verschiedenem Stoffe, der erstere oft nur von Tuch und die letztere von Sammet; die Pelz-Verbrämung richtet sich ebenfalls nach dem Geschmacke des Trägers; bald ist sie von Zobel, wie hier, bald von Astrachan, Silberfuchs oder einem anderen kostbaren Rauchwerke; ja wir haben bei einer festlichen Gelegenheit sogar Schwan als Besatz der Mente gesehen, wenn wir auch gestehen müssen, dass der Eindruck ein wenig theatralisch war. Im Schnitt sind jedoch die Abweichungen geringer, nur dass der Attila je nach Belieben kürzer oder länger getragen wird. In Bezug auf den Ausputz herrscht die grösste Mannigfaltigkeit. Gold, Silber, beides oft mit kostbaren Steinen besetzt, Perlenstickerei und alle anderen erdenklichen Zusammenstellungen in kostbarer Fassung werden getragen. — Wir haben als die geschmackvollste, welche wir gesehen, die hier vorgeführte gewählt.

UNGARISCHE EDELDAME.

Die ungarische Edeldame, welche wir vor uns sehen, ist im Begriffe, ihre Wohnung zu verlassen, um ihre Equipage zu besteigen, die sie zu einem jener glänzenden Feste tragen soll, wie solche bei besonderen Gelegenheiten der ungarische Adel im Vollbewusstsein seiner nationalen Bedeutung in prunkvollster Weise zu veranstalten pflegt. Sie trägt ein Schleppkleid von schwerem, weissem Atlas, dazu ein vorn offenes Leibchen von rothem, goldbesetztem Sammet mit weisser Atlas-Einlage, über welche Goldverschnürung mit orientalischen Perlen gezogen ist. Von dem spitz zulaufenden unteren Rande des Leibchens, von dem prächtigen, mit Smaragden und Perlen gezierten Goldgürtel fällt eine mit Spitzen-Einsätzen und reicher, in Falten gezogener Spitzenkante garnirte Schürze auf das Kleid herab. Die Spitzenärmel am Leibchen sind offen und bedecken nur einen Theil des Oberarmes. Um den Hals sehen wir ein schweres Perlen-Halsband, an den Ohren ebensolche Ohrringe, das Haupt bedeckt mit einer der Kucsma (siehe vorige Seite) ähnlichen Kopfbedeckung mit reicher Agraffe von Perlen und Smaragden, von einem Reiherstutz zierlich gekrönt. Auf den Schultern ruht, mit Schliessen von Gold und kostbaren Steinen über der Brust befestigt, die mit Gold und goldenem Knopfwerk verschnürte und gestickte Mente, welche mit Zobel oder einem anderen kostbaren Rauch-

werke an den Kanten verbrämt ist. Der Stoff der Mente ist,
wie beim Leibchen, rother Sammet. Häufig fällt von der Spitze
des Leibchens, welches ein Perlen-Gürtel umgiebt, das Ende desselben in reicher Verkettung auf die Spitzen-Schürze herab. —
Manche der ungarischen Edeldamen tragen bei festlichen Gelegenheiten keine Mente und statt der hier dargestellten Kopfbedeckung
ein kostbares, juwelenfunkelndes Diadem, von welchem ein bis
zur Erde reichender Spitzenschleier herabwallt. Die Kaiserin von
Oesterreich erscheint bei national-wichtigen Anlässen gleichfalls
in der National-Tracht ungarischer Damen, die nicht wenig stolz
sind, ihre schöne Monarchin darin zu sehen.

PIFFERARO AUS CALABRIEN

(NEAPEL).

Unser Bild zeigt uns einen jener Calabresischen Pifferari,
wie sie in ihrer Volkstracht Italien durchziehen und in den Strassen
Roms, vorzugsweise auf der Piazza di Spagna, dem Modell-Markte,
auf der spanischen Treppe und in der Kirche Trinita de' monti
häufig zu finden sind. Von den Malern als Modelle gesucht,
haben sich kleinere Gesellschaften derselben auf die Wanderschaft
begeben und die Städte Deutschlands, Frankreichs und Belgiens
besucht, wo Akademien und Kunstschulen ihnen Arbeit und reichen Lohn genug bieten, um die weite Reise der Mühe werth
zu machen. Unsere Figur verdankt ihr Entstehen einer Studie,
die wir in München, im Atelier der Piloty-Schule, nach einem solchen herumziehenden Calabresen zu malen Gelegenheit hatten.
Ein runder, nach oben spitz zulaufender Hut, der mit Bändern und
Quasten phantastisch umwunden und mit Pfauenfedern geziert ist,
bedeckt keck das von wirrem, dunklem Haar umgebene Haupt.
Ueber einem groben Leinewand-Hemde, das mit farbigem Halstuch geknüpft ist, trägt dieser Sohn des Südens eine rothe Weste
mit grüner Einfassung. Der Leib ist von einer rothen Schärpe
umwunden, deren Enden nach vorn ein wenig herüberfallen.
Ueber eine blaue, engärmelige, grobe Tuchjacke ist eine Art

halblanger, ärmelloser Pelzrock von Schafpelz (den Pelz nach aussen) gezogen, an dessen vorderem Rande ein zackenförmig verzierter Vorstoss von rothem und blauem Tuche sich befindet. Hellbraune Kniehosen von Tuch oder jenem schmalgestreiften, unverwüstlichen Manchester, unterhalb des Knies mit einer Art gestricktem, braunem Stoff umwunden, verbinden sich mit ziemlich primitiver Bedeckung der Unterschenkel aus filzigem Wollenstoff, welche in höchst malerischer Weise mit den zur Befestigung der Sandalen dienenden Riemen umschlungen sind. Die Beinlinge decken zugleich den Fuss, und die Sandalen bestehen aus starkem, durch Riemen zusammengehaltenem Leder. Eine pelzüberzogene, häufig mit Drahtarbeit und Metallbeschlägen verzierte Tasche hängt an einem starken, braunen oder schwarzen Riemen mit grosser Messingschnalle und eingenieteter Messingnägel-Verzierung von der Rechten zur Linken auf den Rücken herab. Neben der Tasche befindet sich gewöhnlich eine Kürbisflasche, die in ihrer satten Farbe vortrefflich zum Uebrigen passt und ein höchst malerisches Ensemble vervollständigt. Ein grober Mantel von dunkelblauem oder grünem, grobem Leinewand-Gewebe, meist mit einer kleinen Pelerine versehen, wird bei schlechtem Wetter umgehängt. Der Dudelsack, dessen ohrzerreissende Töne manchem unserer Leser nicht unbekannt sein dürften, erschallt sowohl zu fröhlichem Tanze, wie auch vor den Madonnen-Bildern in den Strassen zu religiöser Erbauung und Verehrung.

MÄDCHEN AUS ALVITO

(NEAPEL).

Unsere Zeichnung führt uns ein junges Mädchen aus Alvito vor, welches an einem jener monumentalen Brunnen, wie sie in Italien so häufig zu finden sind, Wasser zu holen im Begriffe ist, um dasselbe dann in dem kupfernen, zweihenkeligen Gefässe von gefälliger, antiker Form auf dem Kopfe stolz dahin zu tragen. Bei aller natürlichen Grazie und classischer Abrundung in Haltung und Gang, entbehrt dieses Kind des Südens doch der selbstbewussten, imponirenden Grandezza der Römerin, die jeder Bewegung Adel und Grösse zu verleihen weiss. Dem südlicheren Neapel angehörend, deutet die ganze Erscheinung auf grössere Beweglichkeit und eine Neigung zur Koketterie, welche die Römerin verschmäht. Wie die ganze Bevölkerung Süd-Italiens, je südlicher, je mehr den Charakter des Lazzaronenthums annimmt, so neigt auch das Mädchen von Alvito mehr zur Ungezwungenheit als die Römerin, welche sich stets bewusst bleibt, dass sie eine Römerin, ein Kind der ewigen Stadt ist. Das Haupt unserer Figur ist beschattet von jenem malerisch geordneten Kopftuche, welches, an den unteren Enden mit eingewebten, durchbrochenen Einsätzen verziert und mit geknüpften Franzen versehen, in schweren Falten auf Schultern und Rücken herabfällt. Ein weites, mit durchbrochenen Einsätzen an der Brust und den weitbauschigen Oberärmeln verziertes Hemd wird von einem farbigen, oft goldbordirten Mieder umschlossen, an welchem sich schmale, meist rothe Achselbänder mit zierlichen Band-Rosetten befinden. Der Ausschnitt des Hemdes ist halbweit und zeigt ein Halsband von Korallen oder bunten Perlen, welches auf der, von einem leichten Bronze-Ton angehauchten Haut einen reizvollen Contrast mit dem Weiss des Hemdes bildet. Zwischen dem oberen und unteren Theile des Hemdärmels sehen wir eine Art Halbärmel von dunklem, rothem Tuche, am unteren Ende mit einer Goldborte geschmückt. Ein reich verziertes Band umschliesst ein viereckiges Tuch, welches den hinteren Theil des Rockes, einem geschürzten Kleide gleich, bedeckt; die grobe, meist dunkelblaue, aus filzartigem Stoffe gewebte und mit zwei reich und in grellen Farben gestickten Einsätzen versehene Schürze fällt lang nach vorn herab. Ein grober Rock von braunem oder schwarzem Stoff, mit blauem oder grünem Besatz versehen, reicht etwa bis zu den Knöcheln herab und zeigt uns die Füsse, welche in ebenso primitiver Weise, wie bei dem Pifferaro des vorhergehenden Blattes, mit durch Riemen festgehaltenen Leder-Sandalen bedeckt sind. Ohrringe ganz eigener Form vollenden das Kostüm, welches reicher und bunter in den Niederungen, dürftiger und ernster in den Farben im Gebirge getragen wird. An Festtagen sieht man dieselben Gestalten, die am Morgen in der Kirche ganz Busse, Reue und Zerknirschung gewesen, zum Klange des Tamburro unter dem Klappern der Castagnetten sich in leidenschaftlichen, doch stets graziösen und decenten Tänzen winden. Glückliches, leichtlebiges Volk des Südens, dem der ewig blaue Himmel Alles gegeben, was das Leben zu verschönen im Stande ist!

RUTHENISCHER BAUER

AUS MARMAROS (UNGARN).

Hier haben wir es mit einer Erscheinung in der Tracht zu thun, die im Total-Eindrucke, je mehr wir südöstlich gehen, um so häufiger anzutreffen ist und von der farbig mehr nüchternen Art und Weise in der Tracht der mittel-europäischen Völker gewissermassen den Uebergang zum bunten, farbenprächtigen Orient bildet. In einer von Fremden wenig besuchten Gegend Ungarns ist die hier vorgeführte Volkstracht bei den ruthenischen Bauern in Marmaros üblich, und danken wir einer genauen Studie des Historienmalers Ludwig Burger die Anregung zu unserem heutigen Bilde. Der charakteristische Kopf des ruthenischen Bauern, von ziemlich langem, dunklem Haare umwallt, ist mit einem beinahe flachen und breitkrämpigen Filzhute bedeckt. Ein dunkelblaues Halstuch aus Wollenstoff schützt den Hals und umrahmt in Verbindung mit Haar und Hut in ernster Weise das echt slavische Gesichtsoval. Den Körper bedeckt ein bis zur Mitte der Oberschenkel reichendes Hemd, das über den Hüften von einem breiten, reich mit Riemen und Schnallenwerk verzierten Gürtel aus Juchten zusammengehalten wird und mit Aermeln versehen ist, die nach dem Handgelenke zu immer weiter werden; darüber trägt der Ruthene einen ärmellosen, kurzen Pelzrock (den Pelz nach innen), der, etwas kürzer als das Hemd, dasselbe noch etwa handbreit hervorkommen lässt. Zu beiden Seiten des vorderen Randes sehen wir am Rocke einen Streifen mit Hasenpelz ausgeschlagen; der ganze Rand, wie auch die ziemlich weiten Aermellöcher, sind mit dem, für den ungarischen Bauer so charakteristischen, roth und grünen Zickzack-Ornament benäht und bestickt. An einem breiten Gurte von gestreiftem, farbigem Muster hängt nach hinten eine geräumige Tasche von grau und roth carrirtem Stoffe, die zweifelsohne ausser anderem Mundvorrath auch eine Flasche des beliebten, aus Pflaumen gebrannten Sliwowitza zu bergen hat. Ziemlich weite, dunkelblaue Beinkleider, von starkem und dichtem Stoffe, fallen bis auf die groben Lederstiefel herab; ein dicker, knotiger Stock dient dem Träger zur Stütze und wohl auch, wenn es sein muss, zur Wehr in einem Landstriche, welcher nicht zu denjenigen gehört, deren Cultur-Zustände als mustergültig in erste Reihe zu bringen sind.

RUTHENISCHE BÄUERIN

AUS MARMAROS (UNGARN).

Die ruthenische Bäuerin auf unserem Bilde schliesst sich im Charakter der Tracht dem letzten Blatte genau an, nur dass diese sich malerischer und farbiger gestaltet, als bei der Tracht des Mannes. Der von schwarzem Haare umrahmte Kopf ist mit einem rothen oder auch blauen Tuche umwunden, dessen Enden, nach hinten geknüpft, über den Rücken herabfallen. Zwei rothe Binde-Bänder vom Nacken ausgehend, gehen nach vorn herunter bis etwa zum Gürtel. Den Oberkörper bedeckt ein weites, faltiges, weisses Hemd, dessen Aermel an den Handgelenken durch einen schmalen Bund geschlossen erscheinen. Ueber dem Hemde trägt die ruthenische Bäuerin eine kurze, armellose Pelzjacke mit schwarzem Pelzvorstosse und denselben Zickzack-Ornamenten in grün und roth, wie bei der vorhergehenden Figur. Ein carminrother Leibgürtel umschliesst unter dem etwas überbauschenden Hemde den Körper oberhalb der Hüften und lässt zwei rothe Binde-Bänder auf die breite, dunkelblaue, mit breiter Goldborte und rothem Vorstosse besetzte Schürze herabfallen. Der Rock ist ebenfalls dunkelblau und mit rothem, handbreitem Besatze versehen, unter dem die schwarzen, langschäftigen Männer-Stiefel sichtbar werden. Ein reiches, vielreihiges Halsband von weissen,

rothen und braunen Perlenschnüren vervollständigt diese Volkstracht, die im Ganzen einen sehr malerischen und festlichen Eindruck macht. Auch dieses Blatt haben wir einer Studie Ludwig
Burger's entnommen, der dieselbe auf einer Reise in Ungarn zu
machen Gelegenheit hatte.

Alle Volkstrachten Ungarns, Slavoniens, Kroatiens und Sieben-
bürgens haben ein entschieden eigenartiges und höchst malerisches
Gepräge und sind dort noch ziemlich erhalten zu finden, während
bei uns nach und nach die charakteristischen Merkmale der Volkstrachten immer mehr schwinden und sich nur sehr vereinzelt, wie
z. B. im Altenburg'schen, in Dachau bei München und einigen
anderen Landstrichen in ihrer unverfälschten Ursprünglichkeit zu
erhalten gewusst haben. Die Alles nivellirende Zeitströmung lässt
auch das Volk auf dem Lande nicht unberührt und assimilirt
deren Tracht nach und nach dem durch die Städte gegebenen
Vorbilde, ob zum Vortheil, das glauben wir mit vollem Rechte
bezweifeln zu dürfen, wenn wir auch im Geiste unserer Zeit wünschen müssen, dass manche Barbarei in Tracht und Sitte abge-
schafft werden möge für alle kommenden Zeiten.

‑◄►‑

BLÄTTER

FÜR

KOSTÜMKUNDE.

HISTORISCHE UND VOLKS-TRACHTEN.

NEUE FOLGE, ZWEITES HEFT.

(13.—21. BLATT.)

NACH AQUARELLEN

VON

C. E. DOEPLER, JEAN LULVÈS

UND

FRANZ MEYERHEIM.

MIT BESCHREIBENDEM TEXTE.

BERLIN.

FRANZ LIPPERHEIDE.

1876.

INHALT.

DEUTSCHER EDELMANN.

ANFANG DES XVI. JAHRHUNDERTS.

Von C. E. DOEPLER.

In dem deutschen Edelmanne aus dem Anfange des sechzehnten Jahrhunderts sehen wir eine jener kräftigen und kernigen
Erscheinungen der bewegten Zeit kurz vor der Reformation. Zu
dem, in Form der sogenannten Kolbe geschnittenen Haare passt
der viereckig zugestutzte Bart, der in dieser Form getragen, im
Vereine mit der gleichfalls geradlinigen Haartracht, dem Kopfe
ein entschiedenes und energisches Gepräge verleiht. Das Unterwamms von gelbem Stoffe mit geschlitzten, engen Aermeln und
ebenfalls geschlitzten, bis an das Knie herabreichenden Hosen,
welche mit dem Wamms durch Nesteln verbunden sind, bedeckt
ein weitärmeliger Rock, — zur Rüstung ein Waffenrock, — mit
auffallend langem und weitem Faltenschoss, auch Schosswamms
genannt, welcher, in lange, regelmässige Falten gelegt, bis auf
die Knie herabfällt. Schwert und Dolch sind an einem sich
kreuzenden, mit orangefarbenem Stoffe überzogenen Gehänge befestigt, und Bänder von derselben Farbe, mit der auch die
Schlitzungen durchzogen sind, halten die Kniehose unterhalb des
Knies zusammen. Eine Ueberweste von Leder, mit vom Brust-

beine schräg auslaufenden Schlitzen, dient zur Unterlage für den Brustpanzer, der häufig zum Schosswamms getragen wurde. Ein breitkrämpiges Baret mit Schnüren, wohl auch häufig mit reichem, vielfarbigem Federschmucke, und die Schaube, mit Sammet- oder schwarzem Pelzbesatz, das ehrwürdige Ehrenkleid der Deutschen, vervollständigen diese Tracht, die in ihrer Breite und Ausladung trefflich mit der damals üblichen, schweren Art der Rüstung übereinstimmt. Den Fuss sehen wir mit Schuhen bekleidet, die vorn sehr breit sind und Bärentatzen, Ochsen- oder Kuhmäuler, auch Entenschnäbel genannt wurden. Das Schosswamms wurde theils rundherum geschlossen getragen, theils schlitzte man es, wenn es zur Rüstung oder für die Jagd angelegt werden sollte, vorn und hinten, damit beim Reiten die beiden Schosstheile frei herabfallen konnten. Die weiten und faltigen Oberärmel, die wir bei dieser Figur sehen, wurden auch meist zerschlitzt und zerhauen, in jeder erdenklichen Art getragen, auch wohl der eine Aermel von anderer Farbe, wie überhaupt damals die Vorliebe für das Bunte so weit ging, dass selbst zu ganz ernsten Kostümen wenigstens ein Aermel oder ein Stück Zeug bunt eingesetzt wurde. In Bezug auf die Beinlinge, die damals stets aus Zeug gemacht wurden, — denn erst in der zweiten Hälfte des Jahrhunderts lernte man die Tricots kennen, — ist noch zu sagen, dass dieselben gestreift und in allen Farben getragen wurden. Hier sehen wir sie von gelber Farbe, in Uebereinstimmung mit dem Unterwamms, mit den Unterärmeln und der Kniehose. Die Länge des Schosswammses, wie unser Bild sie uns vorführt, war nur in der ersten Zeit des sechzehnten Jahrhunderts üblich; nach und nach, in der Zeit von 1520 bis 1530, verkürzte es sich bis zur Mitte des Oberschenkels.

C. E. D.

DEUTSCHE EDELFRAU.

ANFANG DES XVI. JAHRHUNDERTS.

Von C. E. DOEPLER.

Bei der deutschen Edelfrau aus dem Anfange des sechzehnten Jahrhunderts, welche soeben einen jener, mit reichen Mass-
werk-Ballustraden versehenen Treppengänge verlässt, wie wir sie
so häufig in den Patrizierhäusern der Blüthezeit Nürnbergs finden,
wird unser Auge zunächst von dem breitrandigen Baret gefesselt,
welches mit einem kranzförmigen Federschmucke geziert, auf goldener Calotte sitzend, das Gesicht beschattet. Das Baret ist von
rothem Sammet, der Rand mit Goldschnur verziert. Dieser Kopfschmuck der Frauen war dem der Männer nachgebildet worden,
welche eine ähnliche Kopfbedeckung, häufig gleichfalls in Verbindung
mit der, das Hinterhaupt umschliessenden Goldhaube oder Calotte
zu tragen pflegten. Das Kleid besteht bei der uns vorliegenden
Figur aus Leibchen und Rock. Das Leibchen war gewöhnlich mit
einem viereckigen Hals-Ausschnitte versehen, der bald enger,
bald weiter den Hals und den oberen Theil der Büste umschloss;
es war häufig von anderer Farbe und anderem Stoffe als der Rock,
in vorliegendem Falle von rothem Sammet oder rother Seide; die
Röcke von Sammet wurden meist mit Gold- oder Silberbrocat

besetzt, wogegen man die seidenen Röcke meist, wie hier, mit zwei, auch mehr, breiten Streifen von dunklerem Sammet besetzte. Die Schleppe des Rockes war mässig und wurde, nachdem im ersten Jahrzehnt des sechzehnten Jahrhunderts der Rock am vorderen Theile bedeutend in der Länge eingeschränkt worden war, auch immer mehr gekürzt, bis gegen 1530 der Schnitt des Rockes rundum gleichmässig nur so lang genommen wurde, dass das Kleid mit dem Saume den Fussboden berührte. Auf unserem Bilde sehen wir das Kleid etwas in die Höhe genommen und darunter ein weisses Gewand aus Camelot mit einfacher Goldborte doppelt besetzt. Ein Gürtel von reicher Arbeit in Leder und Metall, mit Tasche und dem damals so vielfach üblichen Messer-Besteck, fiel seitwärts auf das Gewand herab und diente wohl auch zum Schürzen des Ober-Kleides. Die Aermel, die in jener Zeit vielfach in mancherlei Schlitzungen und Verpuffungen beliebt waren, sehen wir hier in vier grossen Puffen, viermal mit Sammet unterbunden und mit Goldborten verziert. Ein sogenannter Goller von rother Seide, mit schwarzem Sammet reich und breit besetzt und mit schwarzer Seide gefüttert und abgesteppt, bedeckt die Schultern und den Hals mit seinem hochstehenden, gesteiften Kragen. Goldene Halsketten und anderer Schmuck, dessen Werth durch die vielen sich damals folgenden Kleiderordnungen der verschiedenen Städte für jeden Stand auf das Genaueste festgesetzt wurde, kamen der Edelfrau zu und wurden vielfach getragen, so namentlich auch Fingerringe in allen Formen. Handschuhe, gestickt und gesteppt, von Zeug oder feinem Leder, wohl auch auf den Fingern mit kleinen Längsschlitzen versehen, galten für unerlässlich bei den Vornehmen und Reicheren beider Geschlechter.

C. E. D.

JUNGER FRANZÖSISCHER EDELMANN.

1430 bis 1450.

Von C. E. DOEPLER.

Nachdem die Zeit Karls VI. in Frankreich in Tracht und
Mode manches Ungeheuerliche zu Tage gefördert hatte, sehen
wir dennoch unter seinem Nachfolger und mit dem Beginne der
burgundischen Modeherrschaft ein Bestreben auftauchen, welches
bemüht war, die Unförmlichkeiten, an denen jene Periode krankte,
womöglich noch zu übertreiben. Unsere Figur stellt einen jungen
und eleganten Cavalier dieser Epoche vor. Derselbe trug seinen
Rock (pourpoint oder gipon, jupon) noch enger anliegend und
noch kürzer, als es vorher üblich gewesen, so zwar, dass der
kurze Schoss kaum hinreicht, den Unterleib zu bedecken. Man
musste damals, um der herrschenden Mode vollkommen gerecht
zu werden, sich einer äusserst schlanken Taille erfreuen; die
Hüften durften kaum sichtbar werden, dagegen sollten Brust und
Schultern von möglichst grosser Breite und Ausdehnung sein.
Die letzteren wurden durch künstliche Ansätze (mahoîtres) erhöht
und die Aermel oben sehr weit, unten dagegen enganschliessend
getragen. Ein enganliegendes Beinkleid von feinem Tuche umschloss die Beine, deren eines häufig durch ein goldnes Bändchen

dem gürtel gleich gebunden wurde. Die Enge bei Rock und
Hose wurde dermassen übertrieben, dass schliesslich das Schick-
lichkeitsgefühl das Anlegen eines Obergewandes nothwendig
machte, das nun entweder ganz kurz oder sehr lang getragen
wurde. Die langen Obergewänder lehnten sich der Form nach
an die houppelande und housse an und wurden nun mit dem
Namen robe benannt. Das kurze Gewand, wie es unser junger
Edelmann trägt, war der surcot oder die jaquette und bestand
aus Seide, Sammet oder einem anderen, oft reich gemusterten,
kostbaren Stoffe. Der scharfe Halsausschnitt, aus welchem der
hochstehende Kragen des pourpoint hervorragte, wie der untere
Saum des Schosses und die Einfassung der weiten Aermel waren
oft, wie auch hier, mit feinem Pelzwerke verbrämt. Dieser surcot
wurde durch einen, den Dolch und manchmal auch eine zierliche
Tasche tragenden Gürtel zu einer Reihe Schrägfalten zusammen-
gezogen. Dieselben waren durch einen sehr künstlichen und
genauen Schnitt hervorgebracht, nach der Mitte zu gereiht und
wohl geeignet, diesem Kleidungsstücke den Stempel grosser
Eleganz zu geben. Es war vorn offen und durch kleine goldene
Knöpfchen geschlossen; die weiten, bauschigen Aermel waren
oft reich gestickt mit Sinnbildern, Sprüchen und Ornamenten
aller Art, auch geschlitzt, so dass der Arm seitwärts hindurchge-
steckt und der Stoff des Aermels am pourpoint sichtbar werden
konnte. Eine doppelte oder dreifache goldene Kette von feiner
Arbeit, an der eine Münze oder ein Juwel hing, gehörte zur
Vervollständigung dieses Kostümes. Die Fussbekleidung bestand
in den, im fünfzehnten Jahrhundert so sehr beliebten Schnabel-
schuhen, welche sich trotz Kleiderordnungen und trotz des
Eifers der Sittenprediger bis in die achtziger Jahre erhielten, ja
in der Schnabellänge immer mehr wuchsen, so dass es nothwendig wurde, eigene Unterschuhe aus Holz, mit farbigem Leder-
überzug oder auch mit Metallbeschlägen verziert, anzulegen, um
die langen Schnäbel tragen zu helfen. Diese Unterschuhe waren
häufig an Ballen und Hacken durch hölzerne Unterlagen erhöht und

wurden mittelst Spann- oder durch Kreuzriemen am Fusse befestigt. Als Kopfbedeckung trug man in Frankreich und Burgund vielfach wulstiggeformte Stoffringe mit daran herabhängenden Streifen Zeuges, einer Binde gleich, cornette genannt, von taffeta oder sendal, einem leichten Seidenstoffe, weshalb diese Binde häufig als Sendel-Binde bezeichnet wird. Dieselbe wurde in jeder erdenklichen Weise, je nach Laune des Trägers angelegt und diente sogar zur Zeit Karls VI. als Abzeichen politischer Gesinnung; von den Armagnacs pflegte sie links, von den Bourguignons rechts getragen zu werden. Unsere Figur trägt zu vollem Haar einen grauen Filzhut. Die Formen, zu denen der Filz verarbeitet wurde, waren gerade damals sehr mannigfach, mit schmaler oder breiter Krämpe, hoch, spitz, niedrig, nach vorne übergeneigt u. s. w.; auch trug man auf dem Kopfe häufig nur die calotte, eine kleine haubenähnliche Kappe, und liess den Hut an einer Binde über den Rücken herabhängen. Den Hals umschliesst ein enganliegender, gefältelter Hemdvorstoss, der auch wohl manchmal in einem kleinen Kräuschen endigte. Die ganze Erscheinung ist elegant und zierlich in hohem Grade, aber auch zu gleicher Zeit stutzerhaft und weibisch, aus demselben Holze geschnitzt, wie die Blume französischer Ritterschaft, welche uns Shakspeare so unübertrefflich in Heinrich V., Act IV., Scene 2, 4 und 5, bei Gelegenheit der Schlacht von Azincourt, zu schildern weiss.

C. E. D.

FRANZÖSISCHE EDELDAME.

1430 bis 1450.

Von C. E. DOEPLER.

Es war eine üppige Zeit des Luxus und des Wohllebens
unter dem Dauphin von Frankreich, dem nachmaligen, unter der
Aegide der Jungfrau von Orleans gesalbten und gekrönten Könige
Karl VII. Auf den festen Schlössern des hohen Adels übte man
sich in ritterlichen Spielen, Liebeshöfe nach provençalischem
Muster erhielten den Frauendienst auf seiner Höhe, und die ver-
feinerten Sitten und Lebensgewohnheiten gediehen zu einer, durch
gesellschaftliche Regeln und Gesetze streng gegliederten Durch-
bildung, wie sie in dem Masse in der Culturgeschichte der
Völker weder vorher noch nachher kaum ähnlich wieder zu finden
sein dürfte. Auf unserem Bilde sehen wir die Herrin eines solchen Schlosses, das mit seinem stolzen Donjon, seinen Thürmen
und Thürmchen und Zinnen aus der besten Zeit französischer
Gothik im Hintergrunde sichtbar ist, auf einem Spaziergange, im
Begriffe, sich Rosen zu brechen, um sich damit zu schmücken
oder um sie in ihrem, von Wohlgerüchen erfüllten Gemache in
eine jener zierlichen Phiolen zu setzen, wie sie so häufig sich auf
alten Miniaturen jener Zeit finden. Als Kopfbedeckung trägt sie

den sogenannten hennin (corne, cornet), eine spitze, mit leichtem, golddurchwirktem Brocat umzogene Haube, deren weiter Rand von schwarzem, mit blauer Seide gefüttertem Sammet, nach unten breiter werdend, auf den Rücken herabfällt. Das Haar ist nicht sichtbar und vollständig zurückgestrichen; die Unterhaube, von durchsichtigem Stoffe, beschattet leicht das von süsser Schwärmerei angehauchte Antlitz. Es wurde damals für schön erachtet, eine hohe Stirn zu haben und möglichst wenig oder gar kein Haar zu zeigen; dieses wurde, wie schon bemerkt, zurückgestrichen und zu einem ziemlich hohen Chignon auf der Höhe des Kopfes gesammelt, wohl hauptsächlich, um den, namentlich bei vornehmen Frauen oft über sechzig Centimeter hohen cornet oder hennin besser darauf befestigen zu können. Der durchsichtige, unter dem Rande desselben herabfallende Schleier diente dazu, den kegelförmigen Aufsatz mit Nadeln daran zu befestigen. Ein weiter Schleier von leichtestem Gaze-Stoffe umwand den Kegel und flatterte mit seinen Enden frei von demselben herab. Diese hennins und andere mehr oder minder weit ausladende Kopfbedeckungen beherrschten beinahe durch volle hundert Jahre die französische und burgundische Mode. Die Frauen jener Zeit hielten trotz des Eiferns der Kirche und trotz aller Kleiderordnungen mit beharrlicher Zähigkeit daran fest, und noch heute begegnen wir ähnlichem Kopfschmucke bei den Judenweibern Algiers und bei den Frauen der Normandie. Sehr charakteristisch für die Zeit ist der tiefe Ausschnitt des Leibchens, sowohl vorn, wie auch meist auf dem Rücken, der so tief herabging, dass kostbare gestickte Einsätze als Einlagen benutzt werden mussten. Der breite Gürtel von demselben Stoffe, wie der shawlkragenartige Besatz des Leibchen-Ausschnittes, wurde sehr hoch, oft fast unmittelbar unter der Brust getragen, und von diesem Gürtel fiel die faltenreiche robe, die meist ihrer vorderen Länge und der Schleppe halber aufgenommen werden musste, über ein weniger weites Untergewand, das jedoch ebenfalls aus kostbarem Stoffe bestehen konnte. Die Aermel waren durchgängig eng und fielen mit den gesteiften

Manschetten, die von demselben Stoffe wie die Einfassung des
Leibchen-Ausschnittes waren, bis weit auf die Hand herab. Ein
reicher, oft sehr breiter Besatz in Gold- oder Silber-Brocat oder
auch in farbiger Seide umsäumte die robe, deren Schleppe
namentlich bei feierlichen Gelegenheiten sich auf mehrere Ellen
Länge ausdehnte und von einem Pagen oder einer Dienerin getragen werden musste. Um den Hals pflegte man den verschiedenartigsten Schmuck einfach, in Netzform oder auch, wie hier, in
mehrreihigen Ketten von feiner Arbeit, an denen ein Kreuz oder
ein Juwel hing, zu tragen. Lange Schnabelschuhe von Gold-
oder Silber-Brocat oder sonst einem prächtigen Stoffe, auch
feinem Leder, die oft gleich den Männerschuhen bei dem vorigen
Blatte auf den erwähnten Unterschuhen ruheten, vollendeten den
Anzug der französischen Damen, die, so unruhig und kriegerisch
die Zeit auch sein mochte, nichts von ihrem Bestreben aufgaben,
in prunkvoller Toilette mit den Damen Burgunds zu wetteifern
in der Höhe ihrer hennins und der Kostbarkeit ihrer Stoffe.

C. E. D.

ABBÉ

AUS DEM LETZTEN DRITTEL DES XVIII. JAHRHUNDERTS.

Von C. E. DOEPLER.

Wir haben es diesmal mit einer Figur zu thun, die in ihrer
vollwichtigen gesellschaftlichen Bedeutung wohl hauptsächlich in
Frankreich und zumal in Paris zu finden war. Der Abbés gab
es vor dem Ausbruche der Revolution eine solche Menge, dass
dieselben eine eigene Klasse der Gesellschaft bildeten und einen
fast nothwendigen Bestandtheil derselben ausmachten. Auf den
Promenaden, in der Oper, im Schauspiel, in den Gerichtssälen,
Kaffeehäusern, überall sah man den Abbé in elegantem, schwar-
zem Kleide mit kurzem, seidenem Mäntelchen und schwarzgrauen
Bäffchen, gewöhnlich als Begleiter der Damen der höheren
Stände, in deren Familien sie die Stellung des Hausfreundes und
Gewissensrathes einnahmen. Nicht selten erhielten sie durch den
König den Rang eines Abbé commendataire, d. h. eines welt-
lichen Vorstehers einer Abtei, von deren Einkünften der Abbé
ein Drittel erhielt, das er, die Verwaltung einem prieur claustral
(Kloster-Prior) überlassend, wo er wollte, nach Belieben verzehren
konnte. Dieser Commenden hatte der König zweihundertfünfund-
zwanzig an der Zahl zu vergeben; sie dienten als Sinecuren für

die jüngeren Söhne des Adels, oder für Gelehrte als Pensionen. Seit der Revolution, wo die Abteien in National-Güter verwandelt wurden, schwanden auch die Abbés, zugleich mit den Objecten ihres Strebens und ihres Ehrgeizes, und ihre Anzahl ist heute nur noch eine geringe. Das Kostüm dieser Weltgeistlichen und Laien, — es genügte, nur theologische Studien an irgend einer theologischen Lehranstalt gemacht zu haben, um den Titel Abbé zu führen, — bestand in dem modischen Gewande der Zeit, einem vorn abgestochenen Rock mit mässig engen Aermeln mit Aufschlägen. Dieser Rock war entweder von Tuch, Seide oder Sammet, wurde wohl auch, da sich diese galanten und eleganten Geistlichen sehr nach der Mode richteten, oft von gestreiftem oder gemustertem Stoffe getragen; nur die Farbe musste schwarz oder tief violett sein. Eine Schossweste und kurze Kniehosen von demselben Stoffe wie der Rock, schwarzseidene Strümpfe und Schnallen-Schuhe von feinem Leder vervollständigten den Anzug, zu welchem der Abbé ein feines Jabot, Spitzen-Manschetten und entweder die schwarzgrauen Bäffchen der französischen Geistlichkeit oder auch nur einen kleinen, stehenden Ringkragen derselben Farbe mit schmalem, weissem Vorstoss trug, dazu eine Perrücke mit oder ohne Tonsur. Der Haarbeutel, auch wohl das eigene, kunstreich frisirte Haar, wurde von den Abbés je nach persönlicher Laune getragen. Ein schwarzes Mäntelchen mit Kragen, meist von Seide, hing von den Schultern herab und half der, im Uebrigen recht weltlichen Erscheinung einen gewissen geistlichen Anstrich geben. Auch unser Abbé scheint sich im Augenblicke mehr mit dem Portrait irgend einer Schönheit zu beschäftigen, als mit dem Seelenheile derselben. Möbel und Hintergrund unseres Bildes sind der Zeit entsprechend und stammen aus dem Schlosse Rheinsberg bei Neu-Ruppin, wo sie sich in dem sogenannten Musiksaale des Prinzen Heinrich von Preussen befinden.

C. E. D.

DAME VON 1791.

Von C. E. DOEPLER.

Die allgemeine Umwälzung in den staatlichen und gesellschaftlichen Zuständen, in den Anschauungen und Sitten, im
Verhältniss der Stände zu einander, welche durch die grosse
französische Revolution von 1789 zunächst in Frankreich, allmälig
aber auch im übrigen Europa, hervorgebracht wurde, musste auch
in Bezug auf die äussere Erscheinung der Menschen, d. h. auf
die Form und den Schnitt ihrer Trachten nothwendig radicale
Wandelungen im Gefolge haben. Eine ungeheuere Bewegung der
Geister sprengte plötzlich die eisernen Fesseln, warf die starren
Schranken nieder, welche so lange die freie Selbstbestimmung, die
Freiheit des Denkens und Glaubens der Menschheit gehemmt und
eingeengt und letztere künstlich in feindliche Kasten gesondert
hatten. So konnte es auch nicht fehlen, dass jene Kleidertrachten
und Moden, welche so lange die menschliche Gestalt theils un-
natürlich eingezwängt, theils zu einem ungeheuerlichen Umfange
aufgebläht hatten, bald schlichteren Formen wichen, welche sich
denen des Körpers und seinen Bewegungen entsprechender an-
passten und in ihrer Einfachheit und grösseren Naturgemässheit
schon durch den sich vollzogenen radicalen Bruch mit der Vergangenheit erkennbar machten. Bis zum Jahre 1792, zum Beginn
der Schreckenszeit, hat sich besonders in den weiblichen Trachten

der französischen Gesellschaft diese Umwandlung fertig vollzogen.
Dann allerdings zeigte sich schnell genug der auf die Länge nie
ganz zu besiegende Drang zumal der weiblichen Seele, in diesen
äusseren Dingen weit über Mass und Einfachheit hinauszugehen,
nur zu mächtig und schuf die wunderlichsten und abenteuerlichsten
Bildungen, für welche die antike Frauentracht des alten Rom und
Hellas die sehr willkürlich behandelten Vorbilder hergeben musste.
Die Tracht unserer, mit dem damals beliebten modischen Jou-Jou
spielenden Dame von 1791 lässt die drei wesentlichsten Veränderungen jener gegen die der achtziger und siebziger Jahre erkennen.
Die ungeheuerlichen Excentricitäten der Coiffure haben aufgehört. Das Haar ist, aufgelockert in ziemlicher Breite rings um
den Kopf „à hérisson" frisirt, leicht gepudert und mit einem einfachen Rosabande und mässigem Blätter- und Blüthenschmuck
geziert. Vom Genick her wallt an jeder Seite eine Locke längs
des Halses nieder. Statt der eng einschnürenden, mit langer
Schnebbe tief über den Leib hinabsteigenden, steifen Schnürbrust,
ist das nur bis zu den Hüften gehende Leibchen getreten, welches
den Oberkörper nur eben anschmiegend umgiebt, statt ihn zu
unnatürlicher Schlankheit einzuschnüren. Der Reifrock ist durchaus beseitigt. Die obere, farbige Robe mit genau dem Arm anliegenden langen Aermeln, hier nur bis zur Brust ansteigend, ist
über dem Leibchen mit Rosaband geschnürt; der Rock ist vorn
breit offen, lässt von dem in schlichten Falten bis auf den Spann
niederhängenden weissen Unterkleide die ganze Vorderhälfte frei
und fliesst mit weitfaltiger, mässiger Schleppe rückwärts von der
Taille zu Boden. Brust und Schultern umgiebt das grosse, batistene
„Fichu", dessen shawlartige lange Enden einmal vor der Brust
geknotet, dann über das Leibchen nach dem Rücken hin gezogen
und dort zur Schleife geknüpft niederhängen. Der farbige, das
Fussblatt bedeckende Zeugschuh hat statt der ehemaligen hohen
„Stelzen" mässige Absätze. Das Mobiliar des Gemaches, in
welchem diese Dame erscheint, zeigt noch treu bewahrt den Stil
der achtziger Jahre, jenen Style Louis XVI., in welchem die gerad-

linigen Formen mit den ovalen und hufeisenförmigen der Rococo-
Periode einen so wunderlichen Compromiss eingegangen sind, bis
wenige Jahre später unter dem Consulat auch dieser Misch-Stil
durch den antikisirenden, in weiterer Entwickelung zum Style
Empire ausgebildeten, verdrängt wird, der dann während der
ganzen kaiserlichen Epoche und darüber hinaus eine uneinge-
schränkte Alleinherrschaft behauptet.

L. P.

DEUTSCHER EDELMANN.

MITTE DES XVI. JAHRHUNDERTS.

Von JEAN LULVÈS.

Das Original unseres Bildes ist einem Gemälde des grossen,
aber erst in den letzten Jahrzehnten wieder in seiner vollen Bedeutung erkannten und gewürdigten niederländischen Bildniss-
malers A. Mor, auch Moro genannt, entlehnt. Es befindet sich
im Museum zu Madrid und stellt eine deutsche Gesandtschaft am
spanischen Hofe dar. Man würde indess irren, wenn man in der
Tracht dieses Cavaliers ein charakteristisches Muster der eleganten
deutschen Cavaliersmode jener Epoche zu erkennen meinte. Entweder hat der Cavalier die hier von ihm gewählte Tracht von
Paris mitgebracht, oder sie sich in Madrid in Anbequemung an
den herrschenden Geschmack des spanischen Hofes anfertigen
lassen. Jedes Stück seiner Kleidung entspricht in Schnitt und
Art durchaus jener, wie sie sich während der letzten Zeiten
Karls V. zu entwickeln begann und erst unter dessen Nachfolger
zur vollständigen Ausbildung gelangte. Während mit dem Beginn
des 16. Jahrhunderts zumal in Deutschland ein völliges Abweichen
von den knappen Männertrachten der kurz vorangegangenen Zeit
zu derem äussersten Gegensatze, zu den gebauschten, „zerhauenen

und zerschlitzten" Kleidern führte, die in den phantastisch extra-
vaganten Landsknecht - Trachten der Reformations - Periode ihre
übermüthigste Consequenz erreichen, fängt in Spanien drei Jahrzehnte später wieder eine Reaction gegen diese sichtbaren Aus-
geburten des Geistes der revolutionären Zügellosigkeit der Epoche
und des deutschen Volkes an. Immer knapper und enger ziehen
sich die Formen der Tracht zusammen, bis sie gegen das Ende
des Jahrhunderts, zur Zeit des Triumphes der spanisch-jesuitischen
Reaction, überall in den Monarchien des europäischen Continents
gleichsam zu jenen Gestaltungen erstarrt sind, welche noch zwei
Jahrhunderte lang unter dem Namen der „spanischen Tracht" wenigstens im höfischen Ceremonien-Kostüm conservirt bleiben. Der
französische Adel unter Karl IX. acceptirt die Hofmode Philipps II.
in allen Theilen; und dass deutsche Fürsten und Edelleute, welche
an einem von beiden Höfen gelebt oder in spanischen, oder französischen Diensten gestanden hatten, dieselbe auch mehr und mehr
in der Heimath einbürgerten, ist zweifellos. Wir sehen: das breite,
von Straussenfedern überwallte Baret mit dem grossen, ausgezackten und geschlitzten Rande ist zu der kleinen, steifkräm-
pigen Sammetmütze mit dem kleinen Federstutz zusammenge-
schrumpft; das früher meist mittellang getragene Haar wird ganz
kurz geschoren. Wenn dieser Cavalier nicht so jung wäre, so
würde er dazu den wohlgestutzten Vollbart tragen. Aus dem
weiten Schosswamms mit seinen Bauschen und Puffen und aus dem
Rock ist dies westenartige, kurze, nur in seinen Längsstreifen geschlitzte spanische Wamms geworden, das, statt mit breitem, viereckigem Ausschnitt, dem zierlich gestickten Hemde am ganzen
Halse Platz zu einer effectvollen Ausbreitung zu lassen, nun eng
und hoch hinan bis unter das Kinn steigt und schliesst, dort nur
von einer ganz kleinen Krause gesäumt. Die früher sehr weiten,
gebauschten und geschlitzten Aermel, aus deren Schlitzen, weit
hervorgepufft, das Zeug des Hemdes, des Unterkleides oder des
untergelegten Futters hervordrang, weichen nun den an den
Schultern wattirten, sonst ziemlich knapp anschliesenden. Nur seine,

regelmässige, kleine Einschnitte erinnern an jene einstige kecke Zerschlitzung. Die sonst bis zum Knie gehende, ganz nach freier Willkür geschlitzte, mit mächtigen Puffen ausgezierte Oberschenkelhose rückte bis hoch oberhalb der Mitte des Schenkels hinauf und nahm die Gestalt von festen wattirten runden Wulsten an („trousses" oder „tonneaux"), die nur durch die regelmässig geschlitzten Oeffnungen des Oberzeugs und das darunter hervorsehende, anders gefärbte Unterzeug an jene alte Trachtform des ersten Viertels dieses Jahrhunderts erinnern. Das übrige Bein ist in seiner ganzen Länge nun mit der eng anschmiegenden Strumpfhose, „bas de chausses", „Tricot", bekleidet, welche — jetzt in Wolle und Seide, — die ehemalige, die aus farbigem Tuch in der Form des Beines zusammengenäht war, fast gänzlich aus dem Gebrauch verdrängt hatte. Die Schuhe von Seide, Sammet oder feinem Leder, fein geschlitzt und gepufft, zeigen jene frühere breite Abstumpfung vor den Zehen auf das bescheidenste Mass zurückgeführt. Die Waffe des Cavaliers ist der lange Degen, welcher sich schon bedeutend der Form des späteren, spanischen Stossdegens nähert.

L. P.

VOLKS-TRACHTEN.

FLÖSSER AUS OBERBAIERN.

Von C. E. DOEPLER.

Die Tannenwälder und Thalschluchten des bairischen Gebirges
sind Wohnstätten und Arbeitsbezirke eines Geschlechtes von
Männern, deren Wildheit und gewaltige, rauhe Kraft die auch in
die Ortschaften dieses Wald- und Hochlandes eingedrungene moderne, städtische Cultur nicht merklich zu sänftigen und abzu-
schwächen vermocht hat. Es sind die Flösser und Holzknechte,
bei denen sich, wie in Erscheinung und Sitte, so auch im Kostüm,
die meiste Echtheit erhalten hat. Die Flösser finden sich vor Allem
im Isarthal; ihr Hauptsitz ist Lenggries; die Holzknechte sind durch
den ganzen Hochwald des bairischen Gebirges zerstreut, von
Berchtesgaden bis Partenkirchen; einzelne Motive aus ihrem Leben,
wie der grosse Holzsturz am Königssee, ihr Jahrtagsfest im Dorfe
Kreuth (nunmehr in Egern), ihr Bartelmä- und Jacobi-Tag in der
Kaiserklause an der österreichischen Grenze sind allgemein bekannt geworden. Unser Flösser ist aus dem Isarthal, denn nur
dort trägt man den spitzen Hut, sonst überall einen runden oder
halbhohen. Das gegenwärtig, aber auch erst seit etwa fünfzig
Jahren allgemein verbreitete Hauptstück der Tracht der männlichen Bevölkerung ganz Oberbaierns ist die aus Tirol überkommene graue, derbe Lodenjoppe, meist mit grünem Kragen, dessen

Vorrecht sich lange Zeit die Jäger allein zu reserviren gestrebt hatten. Sie ist in der Regel grau oder bräunlich, im Lenggrieser Gebiet meist dunkelblau. Höchst charakteristisch ist auch der Wettermantel von Loden, den unsere Abbildung entbehren musste. Den Hut schmückt der „Gamsbart" und die Spielhahnfeder. Die Oberschenkel stecken bis nahe zum Knie in schwarzen, durch Abtragung oft bräunlichen, halbweiten Lederhosen. Unterhalb des Knies bis zum Knöchel umhüllt der fusslose, dicke, grauweisse Wollenstrumpf, das sogenannte Wadenhösl, mit derbem, eingewirktem oder aufgenähtem, grünem Zierrat das Bein. An den nackten Füssen sitzen die schweren Nagelschuhe. An zwei Riemen, häufiger noch an Tragbändern, über Schultern und Brust trägt unser Flösser den Rucksack aus festem, grauem Zeuge; die Holzaxt mit langem, schmalem Eisen und die Stricke sehen wir über seiner Schulter, in der Linken den langen Bergstock mit der scharfen Eisenspitze, der ihm, — sollte er einmal gleich den Holzknechten auf die steilen Pfade des Gebirges gelangen, — in der festen, starken Faust zur sicheren Stütze dient.

L. P.

MÄDCHEN AUS MIESBACH

(OBERBAIERN).

Von C. E. DOEPLER.

Miesbach, ein weit berühmter oberbairischer Marktflecken in
dem waldigen Schlierachthal, ein von Sommergästen viel besuchter
Ort, an der von München zum Schliersee führenden Eisenbahn,
giebt heute noch immer, trotzdem gerade die Eigenthümlichkeiten
seiner Bevölkerung durch den starken Fremdenverkehr mehr noch
als anderswo ausgeglichen und abgeglättet zu werden beginnen,
der beliebten, im ganzen bairischen Gebirge verbreiteten Volkstracht ihren Namen der „Miesbäckertracht", den Spitzhütchen den
der „Miesbäckerhütl".

Es ist ein vielverbreiteter Irrthum, die sogenannten National-
und Volkstrachten als uralt anzusehen. Sie sind im Gegentheile
nichts weiter als verkümmerte Ableger oder restirende Nieder-
schläge der allgemeinen bürgerlichen Moden der auf einander folgenden Jahrhunderte oder kürzeren Zeit-Epochen. Bei der so viel
langsameren, schwerfälligeren Weiterentwickelung und dem conservativen Sinne des Landvolkes dauert es nur unvergleichlich länger,
dass diese einmal von ihm angenommenen Trachten verändert
werden. Durch das Aufnehmen, Hinzufügen und Festhalten von
wieder neuen abgelegten Stücken der nächstfolgenden bürgerlichen
Mode wird dann jenes wunderliche und oft so geschmacklose
Conglomerat von kleidlichen Einzelbildungen erzeugt, welches oft
wohl für wieder ein halbes oder ganzes Jahrhundert — in welt-
verborgenen Gegenden noch länger — als „Nationaltracht"
bestehen bleibt. Die Miesbacher Tracht erfährt, wie alle bäuerlichen Volks-Kostüme in Folge des durch die Eisenbahnen so
enorm gesteigerten Verkehres, vor welchem auch die stillsten und

abgelegensten Gebirgsdörfer nicht mehr gesichert sind, ziemlich schnell vorschreitende Wandlungen. So sind jene abscheulichen Bausch- und Wulstärmel, — Ablagerungen der geschmacklosen Damenmode der zwanziger oder dreissiger Jahre, — endlich auch aus den Trachten der oberbairischen Bäuerinnen mehr und mehr verschwunden. Eine zweite neuere, aus den fünfziger Jahren datirende ähnliche Mode-Ablagerung der schlimmsten Art, die Crinoline, dankt es meist wohl der Schwierigkeit, welche ihr Tragen für körperlich stark arbeitende Frauen hat, dass sie nicht recht Wurzel in der bäuerlichen Tracht fassen konnte und ziemlich gleichzeitig aus ihr, wie aus der der eleganten und der bürgerlichen Welt verschwunden ist, wenn sie auch im Unter-Innthal noch fast durchweg getragen wird.

Trotz aller solcher, oft schnell sich vollziehender Wandlungen zeigt unser Bild eine Tracht, die der Wirklichkeit nicht entlehnt sein kann. Halten wir uns also in den wenigen nachfolgenden Worten mehr an den bestehenden Gebrauch als an dieses Bild. Das spitze, stets schwarze Hütl ist mit goldenen, in zwei Quasten seitlich niederhängenden Schnüren umwunden; das Haar darunter ist in zwei Zöpfe mit schwarzen Schleifen geflochten; um den Hals legt sich der sogenannte „Anhenker", ein silbernes Kettengeschmeid, niemals ein Sammetband mit Schnalle. Den Oberkörper umspannt das schwarze Mieder mit dem silbernen „Geschnür". Um Schultern, Brust und Rücken geschlagen, wird das weisse, geblümte Seidentuch vorn hinter den Brustfleck gesteckt. Die stets engen Aermel gehen im Festtagskleide, wie es das vorliegende Bild mit der Goldschnur am Hute unbestreitbar darstellt, ganz herab bis aufs Handgelenk. Der Rock ist fast niemals schwarz, die Schürze, das „Fürtuch", niemals weiss, sondern farbig und meistens gemustert. Die Strümpfe sind stets weiss; Wadenhöslein über denselben giebt es nicht; letztere allein werden wohl in der Alltagstracht getragen, in welcher auch der charakteristische rothe Unterrock mehr zum Vorschein kommt.

BAUERNMÄDCHEN

AUS SACHSEN-ALTENBURG.

Von C. E. DOEPLER.

Es ist eine interessante Erscheinung, dass sich in einem kleinen, durch natürliche Grenzen nicht abgeschlossenen Ländchen mitten in Deutschland eine Nationaltracht, wenn jetzt auch nur noch in ihren Resten, erhalten hat. Es deutet dies auf eine ganz ausserordentliche Zähigkeit des Charakters, wie diese allerdings den Sorbenwenden im Herzogthum Sachsen-Altenburg eigen ist. Die Tracht des Altenburger Bauernmädchens, wie sie sich uns darstellt, ist auf den ersten Anblick befremdend, allein man gewöhnt sich bald an sie und findet dann auch ihre eigenthümlichen Schönheiten heraus. Sie erfordert namentlich einen sehr graziösen Gang, ohne den sie überhaupt nicht gedacht werden kann. Der enge, nur bis in die Kniekehle reichende Rock lässt nur kurze Schritte machen, und mit diesen kleinen, trippelnden Schritten wissen die Altenburger Bauernmädchen ganz allerliebst zu kokettiren; zumal den Walzer, — der alte, nationale Zweitritt ist fast ganz verschwunden, — tanzen sie äusserst zierlich. Der Rock wird je nach dem Stande von verschiedenen Stoffen gefertigt. Die reicheren Bauerntöchter, welche der Nationaltracht noch treu geblieben sind, lassen ihn meist aus Seide fertigen, er erfordert an die dreissig Ellen Stoff. Auf der hinteren Seite wird er in ganz eng aneinander gefügte, zolldicke Falten gelegt, die mit

Bindfaden durchnäht werden; vorn, wo er ganz einfach ohne Falten herabfällt, wird er durch Knöpfe geschlossen. An seinem unteren Ende wird er mit handbreiten, schweren seidenen Bändern verziert, die saumartig um denselben herumlaufen. Diese sind meist von grüner oder schwarzer Farbe; seltener, aber nicht ungern, wird auch Blau getragen, während Rosa eigentlich gar nicht vorkommt. Eine bestimmte Farbe hat dieses Kleidungsstück nicht, doch wird es niemals in sehr hellen Nüancen getragen. Ueber den Rock fällt in der Arbeit eine einfache, an Sonn- und Festtagen eine kostbare Schürze herab, die ganz nothwendig ist, da der Rock vorn allein sehr hässlich aussieht. Den Oberkörper bekleidet die Jacke (Jäcke), deren Form jetzt schon wesentlich von der Mode abhängt; nur darin bleibt sie sich stets gleich, dass sie vorn nicht geschlossen werden kann. Die Brust bedeckt der Vorstecklatz (Latz oder Mieder), der, von Pappe gefertigt und mit seidenem oder anderem, geringeren Zeuge überzogen, durch Festschnüren gehalten wird. Die Schnüre sind an beiden Seiten der Jacke befestigt. Die Aermel der Jacke sind eigentlich kurz und reichen nicht ganz bis zu den Ellbogen herab; sie waren bis vor Kurzem Gegenstand eines ganz besonderen Luxus und wurden oft aus den kostbarsten Stoffen angefertigt. Ueber dem Latze und dicht unter dem Kinn wird immer eine Schleife von breitem, schwarzseidenem Bande, das oft bunte Kanten hat, getragen, von der aus zwei lange Bänder von gleicher Art über den Latz bis in die Taille herabhängen. Das Haar wird nicht geflochten, sondern in einen Knoten zusammengebunden getragen; bei den Mädchen bedeckt es der „Lappen", ein dicht um den Kopf geschlungenes, meist dunkelgrundiges, mit eingewirkten, bunten Blumen versehenes Tuch, an dem ein langes zweites Tuch, das, durch einen Einschlag gehalten, oben etwas absteht, auf den Rücken und fast bis in die Taille herabhängt. Dieses Tuch ist der besondere Stolz der Bauernmädchen, oft sehr kostbar und stets mit handbreiter, heller Kante versehen. An der Vorderseite des „Lappens" wird zuweilen eine schmale, schwarze Spitze, die Stirn etwa zollbreit bedeckend, getragen. Die grüne Farbe wird an dem Tuche bevorzugt. An der Kopfbedeckung unterscheiden sich die Mädchen von den Frauen. Letztere tragen nicht mehr den einfachen Lappen, sondern die Haube. Diese läuft nach hinten in eine Verlängerung aus, die man am besten mit dem aufgeschlagenen Schwanze einer Pfauentaube vergleichen kann. In der Oeffnung nach rückwärts ist ein rundes Blättchen mit glänzender Perlenstickerei eingesetzt; unter diesem sind dann die Tücher wie bei der Tracht der Mädchen befestigt. Die Strümpfe sind jetzt fast ohne Ausnahme gestrickt oder gewirkt, bei grossem Staate müssen sie in Mustern durchbrochen und vom feinsten Garne sein. Früher wurden sie von feiner, übereck geschnittener Leinewand zusammengenäht. Bei jungen Frauen und Mädchen sind sie stets von weisser Farbe, zur Trauer und bei der Arbeit aber von schwarzer Farbe, wie sie ausserdem von den älteren Frauen überhaupt getragen werden. Im Hause trägt der weibliche Theil des Altenburger Bauernstandes Pantoffeln; sonst feine, meist Sammetschuhe, die oft mit reicher Perlen- und Seidenstickerei versehen sind. Die Tracht der Braut ist nur durch den Kopfputz von der gewöhnlichen unterschieden. Das Hormt, das die Braut trägt, gleicht einem ziemlich hohen Cylinder; es ist von Pappe gefertigt und stets mit rothem Damast überzogen, doch ist von der Farbe nicht viel sichtbar, da es von Reifen goldener oder vergoldeter Blätter oder Münzen bedeckt ist, die durch Anschlagen beim Gehen ein leises Geläute ertönen lassen. Auch die Brautjungfern, Hormtjungfern, tragen diese Kopfbedeckung. Bei der Hochzeit der jetzigen Prinzessin Albrecht von Preussen, früheren Prinzessin Marie von Sachsen-Altenburg, zogen mit einer Bauernhochzeit eine grosse Anzahl solcher Hormtjungfern mit auf und erfreuten sich besonderer Aufmerksamkeit. Ueber der Kleidung tragen Frauen und Mädchen bei rauher Witterung einen weiten Mantel aus Tuch, bei Aermeren aus Kattun von dunkler Farbe. Das Hemd ist stets ohne Aermel, der kleine Stehkragen desselben mit schwarzer Seide gestickt.

35

Der Altenburgische Bauer, den unser Holzschnitt zeigt, hat sich eigentlich schon sehr modernisirt, denn er trägt eine Mütze und einen Backenbart, sonst aber ist er einer vom echten Schlage mit energischem Gesicht und von breitspurigem Gange. Auf dem Kopfe trägt der Bauer, der ganz fest an seiner Tracht gehalten hat, einen ganz kleinen schwarzen Filzhut, nicht grösser als ein Suppenteller und demselben in seiner umgekehrten Form sehr

ähnlich. Derselbe hat einen ganz schmalen, vorn schirmartig etwas herabgedrückten Rand. Die kurze Pfeife steckt stets dicht in einem der Mundwinkel, wodurch das Gesicht fast immer den Ausdruck des Malitiösen erhält. Der Spenzer, den unser Bauer trägt, ist eine bis in die Taille reichende Jacke von dunklem Tuch. Hinter demselben finden wir keine Weste, sondern ein den Namen Latz oder Brusttuch tragendes Kleidungsstück. Dasselbe wird auf der linken Seite und Achsel durch Heftel und Schlingen geschlossen und hat vorn auf der Brust keine Oeffnung. Der Latz wird stets von schwarzem Tuche gefertigt. Ueber denselben läuft „die Hosenhebe", aus schmalen, schwarzen Lederriemen bestehend. Durch diese wird die schwarze Lederhose, die jetzt viel von ihrem früheren Umfange eingebüsst hat, gehalten. In der Hose befindet sich der „Schubsack", in dem das Taschentuch, und von dem Gesinde Messer und Gabel im Futteral getragen wird. Diese Werkzeuge muss das Gesinde sich meist selbst halten. Die Hosen, die unten am Knie mit Lederriemen zugebunden werden, waren sonst so weit, dass sie ein ganzes Sippmass*) Getreide

*) = ¼ Altenburg. Scheffel.

fassen konnten. Reiche Bauern hatten früher keinen besonderen Schubsack im Beinkleid, sondern trugen die preussischen Thaler gleich in demselben, damit sie bei dem Gehen durch Klappern den Reichthum ihres Herrn anzeigen konnten. Die Stiefeln sind hoch, die Schäfte von ganz weichem Leder und werden von dem Fusse an bis zum Knie herauf aufgewickelt. Das Hemd schliesst oben in einem ganz schmalen, bortenähnlichen Kragen, der in schwarzer Seide, mit hieroglyphenartigen Figuren gestickt ist. Um den Hals wird ein schwarzseidenes Tuch geschlungen. Von der eigentlichen, jetzt fast verschwundenen Tracht der „Kappe", eines eigenthümlichen, langen, schwarzen Rockes, und der „Weissen", eines ebensolchen von weissem Tuche, zu erzählen, gestattet der Raum nicht. Eine besondere Eigenheit der Altenburger Bauern-tracht ist es, dass Knöpfe, soweit möglich, nicht angewendet werden; die Kleider werden fast nur durch Heftel und Schlingen geschlossen.

Leider verschwindet die Nationaltracht mehr und mehr. Herzog Ernst von Sachsen-Altenburg hält sie, soweit er kann, und hat sich selbst in der Tracht seiner Bauern photographiren lassen. Er wendet in einzelnen Bauernfamilien sogar selbst seinen persönlichen Einfluss an, um die Eigenthümlichkeiten zu erhalten, die dem Altenburger Bauernstande ein so eigenartiges Gepräge geben, und dadurch allein kann das Aufhören der Tracht noch auf einige Zeit verschoben werden.

K. K.

MÄDCHEN AUS GROSS-DENKTE

BEI WOLFENBÜTTEL, HERZOGTHUM BRAUNSCHWEIG.

Von FRANZ MEYERHEIM.

Wenn H. Laube in seinen Reisebildern den Braunschweigischen Bauer wegen seines stolzen und selbstbewussten Auftretens,
wie wegen seiner Tracht den Kastilier des Nordens nennt, so
enthält dieser Ausspruch jetzt nur noch in seinem ersten Theile
eine Wahrheit. Die auszeichnende Kleidung, früher der Stolz
des Landmannes, der lange, dunkle, rothgefütterte Tuchrock oder
der weisse Leinewandrock mit rothem Unterfutter aus demselben
Stoffe, beide mit einer Reihe thalergrosser, dicht aneinander-
gesetzter Silberknöpfe, die scharlachrothe, mit kleinen, silbernen
Knöpfen dicht besetzte Weste, die gelblederne Kniehose, die
langen, blauen Strümpfe und Schnallenschuhe im Sommer, die
hohen Stiefel im Winter sind verschwunden, und der Bauer ist in
seiner Kleidung von dem Städter in keiner Weise mehr zu unterscheiden. Nur in den Dörfern an den Höhenzügen Elm und Asse,
sowie an der Ocker und in den im Nordwesten von Braunschweig
gelegenen Dörfern hat der Landmann in seinem Anzuge noch
manches Altväterische beibehalten und bewahrt. Zäher noch als die
Männer haben die Frauen, namentlich die bejahrten, die ihnen von

den Voreltern überkommene Tracht festgehalten, doch auch diese
schwindet immer mehr und mehr und giebt den städtischen Moden
mit jedem Tage grösseren Raum. Und doch ist die Braunschweiger ländliche Tracht so schmuck und kleidsam und steht
in ihrer Sauberkeit und Anmuth dem Landmädchen so reizend,
dass es in der That zu beklagen ist, dass sie mit raschem Schritte
ihrem Ende naht und meist nur noch in Truhen und Kommoden
zum Andenken an die alte Zeit bewahrt wird. Begleiten wir, da
es noch Zeit ist, die jüngeren Mädchen aus dem unter der Asse
belegenen Dorfe Gross-Denkte auf ihrem sonntäglichen Kirchgange.

Die Töchter der reichen Bauern tragen das meist blonde
Haar gescheitelt und zu beiden Seiten glatt hinter die Ohren
gekämmt; die Flechte ist auf dem Hinterkopfe zusammengebunden
und wird von der kleinen, spitzen, mit schwarzer Seide überzogenen Mütze bedeckt. Diese selbst ist von so geringem Umfange, dass sie eben nur das Haarnest in sich aufnimmt und
gleichsam auf demselben hängt, den übrigen Kopf aber frei lässt;
ihrer Form wegen, weil sie einer halben Eierschale an Form und
Grösse ähnelt, wird sie gemeinhin „Eidopp" genannt. Von ihr
fallen schwere, schwarzseidene Taffet- oder Atlasbänder in reicher
Zahl über den Rücken bis zur Kniekehle hinab, sind unten mit
Franzen benäht und kehren ungetheilt und unaufgeschnitten zur
Mütze zurück, so dass der ganze Bandreichthum nur aus einem
einzigen Stücke Band besteht. Dass eine solche Mütze ihres
Schmuckes wegen, — es werden wohl oft dreissig bis vierzig
Ellen dazu verwendet, — einen beträchtlichen Werth hat, lässt
sich denken. Zu beiden Seiten des Kopfes fallen vorn gleich-
breite, schwarze Bänder auf die Brust herab, während die Mütze
selbst durch ein schmales, unter dem Kinn hindurch gehendes
Band gehalten wird. Das Mieder mit sehr kurzer Taille von
schwarzem Tuch mit Seidenstickerei wird durch das schwere, um
die Schultern geschlagene Seidentuch von schwarzer oder violetter
Farbe mit reicher Seidenstickerei in Plattstich und langen, gelben
oder schwarzen Franzen gänzlich bedeckt; über dieses Tuch legt

39

sich die schneeweisse, von feinstem Leinen verfertigte und steif
gestärkte, gefältelte Halskrause. Ein schmales Halsband von
schwarzem Sammet mit ovalen, schweren silbernen Buckeln von
der Grösse einer Wallnuss (sogenannten Bohnen) besetzt und
bei hohen Festen und besonders feierlichen Gelegenheiten ein
Halsband von starken Bernsteinperlen umschliesst den von der
Sonne gebräunten Hals. Unter dem Tuche sieht das feine, den
Oberarm bedeckende, den Unterarm freilassende, mit schmalen
Spitzen am Queder (Bündchen) besetzte Hemd hervor. Von
dem Mieder herab bis auf die Füsse fällt Winter wie Sommer
der rothe, reich gefältelte Rock von feinstem Flanell, unten in
zwei Reihen mit handbreitem, grünem Frisoletband oder mit
schwarzem Sammet besetzt. Eine lange, ebenfalls bis zu den
Füssen reichende, gewöhnlich schwarzseidene oder bunte, mit
Blumen gemusterte Schürze von feinem Kattun bedeckt diesen
Rock; breite, seidene Schürzenbänder, meistens in den Landes-
farben, blau und gelb, und an den Enden mit gelbblauen Franzen
benäht, flattern an derselben entlang. Hellblaue, baumwollene
Strümpfe mit weissen Zwickeln und blankgeputzte, ausgeschnittene
Schuhe vollenden den malerischen Anzug.

Minder kostspielig und von gröberem Stoffe ist der Anzug
der Mädchen aus den geringeren ländlichen Klassen. Die Mützen-
bänder fallen nur auf den Rücken hinab; Alles ist von derberem
Stoffe; die Halskrause legt sich in wenigen schlichten, ungesteiften
Falten auf die Schultern; unter dem Halstuche sieht das bunte
Mieder von geblümtem, mit buntfarbigem Bande eingefasstem
Kattun hervor. Die Schürze besteht aus gelbem Kattun oder
ähnlichem Zeuge, die Schürzenbänder sind schmal und von geringer
Beschaffenheit. Der Rock ist von schwarzer oder doch dunkler
Beiderwand *), und die Aermel des groben Hemdes sind am Queder
mit blauer Litze eingefasst. Das Sammethalsband entbehrt der
silbernen Zierraten oft gänzlich, und statt der Bernsteinperlen

_____

*) Meist selbstverfertigter, halbwollener Stoff.

10

begnügt sich das Landmädchen geringeren Standes mit dicken Perlen von gelbem Glase.

Nur wenige Jahre noch, und die letzte Spur der ländlichen Kleidung wird auch im Braunschweigischen verschwunden sein. Der durch Zuckerrübenbau reich gewordene Bauer schämt sich der väterlichen Tracht; seine Kleidung ist städtisch geworden, und statt der früheren Silberknöpfe prangt die schwere, goldene Uhrkette auf der Brust. Söhne und Töchter lernen in den Pensionen und Lehranstalten der Hauptstadt städtische Sitte und kleiden sich städtisch. Die Wohnungen der reichen Landleute, welche sich nicht mehr Bauern, sondern Gutsbesitzer und Oekonomen nennen, sind mit allem städtischen Comfort eingerichtet, und wohl nur wenige reiche Bauern dürfte es geben, in deren „Salon" nicht ein theurer Cabinet-Flügel zu finden wäre. Da muss schliesslich wohl die Tracht der Vorfahren weichen.

F. S.

ALTE FRAU AUS GROSS-DENKTE

BEI WOLFENBÜTTEL.

Von FRANZ MEYERHEIM.

Haben wir im vorigen Blatte die frische, heitere Jugend der weiblichen ländlichen Bevölkerung aus dem gesegneten Landstriche zwischen Elm und Asse im Herzogthum Braunschweig in ihrer schmucken Tracht uns angesehen, so tritt uns im vorliegenden Blatte das bedächtige und behäbige Alter entgegen. Verschwunden sind die hellen, lebhaften Farben in der Kleidung; Alles macht den Eindruck der stillen, emsigen Hausfrau, welche mit Ehren alt geworden. Der Spitzkopf der schwarzseidenen Mütze ist grösser geworden, ist gleichsam mit seinem höheren Ziele gewachsen; die breiten, schwarzseidenen Bänder sind kürzer, gehen nicht mehr bis zu den Kniekehlen, sondern nur über den Rücken hinab und werden auf der vorderen Seite unter dem Kinn durch eine Nadel zusammengehalten. Die Haare werden nicht mehr gescheitelt hinter das Ohr gestrichen, sondern glatt von der Stirne zum Wirbel aufgekämmt; die breite, blendendweisse Fraise wird nicht mehr kokett steif gebrannt, sondern fällt ehrbar in eingebrannten Falten auf Schultern, Nacken und Brust. Das Halsband ist zwar stärker und schwerer geworden, wird aber durch ein kleines, schwarzes oder violettes Tuch verdeckt. Unter der Halskrause durch ist das schwere, schwarze, mitunter auch wohl

violette oder noch anders farbige, mit Plattstich in weisser Seide
bestickte Atlastuch um Schultern und Oberarm geschlagen, so
dass das feine, mit Sammet besetzte Mieder von schwarzem Tuche
nicht sichtbar ist. Den Unterarm bedecken im Sommer beim
Kirchgange oder bei Besuchen lange Fingerhandschuhe von feinem
Leder, welche bis zum Ellbogen reichen; im Winter werden dieselben mit langen Handschuhen von schwarzem Sammet vertauscht,
die mit weissem Pelzwerk besetzt und verbrämt sind. Eigenthümlicher Weise wird durch die Winterhandschuhe nur die obere
Handfläche bedeckt, während die untere Handfläche und Finger
frei und ungeschützt bleiben. Die Schürze, von welcher breite,
schwarzseidene Bänder vorn bis zum Knie herabfallen, ist von
schwarzer oder dunkelfarbiger Seide und geht bis auf die Füsse,
welche in Strümpfen, im Sommer von weisser Baumwolle, im
Winter von hellblauer feiner Wolle, und in Schuhen stecken,
die vorn ausgeschnitten, mit Schleifen von schwarzseidenem Bande
besetzt sind. Der rothe Rock hat meistens einem schwarzen
Platz gemacht oder wird doch, wenn die rothe Farbe beibehalten
wird, unten nicht mit zwei Reihen von grünem Bande, sondern
mit einem zwei Hände breiten Streifen von schwarzem Sammet
eingefasst. Jedes Kleidungsstück der reichen Bäuerin giebt Zeugniss von der soliden Wohlhabenheit des braunschweigischen
Landmannes. Die Stoffe sind die feinsten und theuersten, und
es gab früher in den Städten eigene, nur für die Befriedigung
der bäuerlichen Modebedürfnisse berechnete Geschäfte. So sehr
die ländliche Tracht, wenigstens früher, — jetzt ist dieselbe ja
leider fast verschwunden, — auch gegen die städtische absticht, so
kann sie doch hinsichtlich ihrer Kostspieligkeit mit dieser sich
messen. — Eine ganz eigenthümliche, von der oben beschriebenen
durchaus abweichende Tracht haben die Bewohner des etwa
anderthalb Stunden von Braunschweig entfernt liegenden Dorfes
Bortfeld, welche vermuthlich wendischer Abkunft sind. Ueber diese
bringen wir vielleicht später einmal einige Mittheilungen.

F. S.

BLÄTTER

FÜR

KOSTÜMKUNDE.

HISTORISCHE UND VOLKS-TRACHTEN.

— —

Unter Mitwirkung von

G. Benczúr, Otto Brausewetter, C. Breitbach, Adolf Burger, Ludwig
Burger, Julius Ehrentraut, W. Gentz, Alois Greil, Friedrich Hidde-
mann, Ferdinand Keller, Vinc. St.-Lerche, Jean Lulvès, Franz
Meyerheim, B. Nordenberg, Bernhard Plockhorst, Rudolph Schick,
Franz Skarbina, Gustav Spangenberg, Franz Thelen, Paul Thumann,
W. Timm, Joseph Watter, Constantin von Wietersheim u. A.

herausgegeben von

A. VON HEYDEN.

NEUE FOLGE, DRITTES HEFT.

(25.—36. BLATT.)

◄═►

BERLIN.
FRANZ LIPPERHEIDE.
1877.

INHALT.

Die Blätter für Kostümkunde treten hiermit in gänzlich veränderter Gestalt vor das Publicum. Nicht nur ist deren bisheriger Herausgeber, Herr Professor C. E. Doepler, durch seine umfassenden Arbeiten für die Baireuther Festspiele, die ihm ihre epochemachende kostümliche Ausstattung allein verdanken, dem Unternehmen entzogen worden, sondern, was sich in dem letzten Hefte bereits anbahnte, die einzelnen Blätter sind von verschiedenen Künstlern Deutschlands gezeichnet und von ihnen selbst mit erklärendem Texte versehen worden. An Stelle des Stahlstiches der früheren Hefte ist ferner der markige, künstlerischen Anforderungen weitaus mehr genügende Holzschnitt getreten. Endlich haben wir es uns angelegen sein lassen, mit Ausschluss aller Phantasie, nur wirklich aus Quellen geschöpfte, beglaubigte Trachten zur Darstellung zu bringen und auch selbst unter diesen solche zu vermeiden, welche in anderen Kostümwerken bereits veröffentlicht sind. Wenn der Herausgeber selbst in dem Blatte No. 26 von diesem Grundsatze abgewichen ist, so geschah es, weil die Bonnard'sche Zeichnung dieser Tracht gerade in den interessantesten Theilen nicht präcis genug erschien. — Die National-Kostüme

7

werden um so willkommener sein, als die Gefahr ihres gänzlichen Verschwindens in allen Ländern constatirt ist, und ihre sachkundige Wiedergabe, oft von den kunstgeübten Händen eigener Landeskinder herrührend, bleibenden Werth haben dürfte.

Schliesslich ist es uns eine angenehme Pflicht, allen den zahlreichen Mitarbeitern, die in so bereitwilliger Weise dem Unternehmen ihre Unterstützung zugewandt, den aufrichtigsten Dank zu sagen.

Berlin, December 1876.

A. v. Heyden.   Franz Lipperheide.

ITALIENISCHER JÜNGLING.

ZWEITE HÄLFTE DES XV. JAHRHUNDERTS.

Von A. von HEYDEN.

Aus einem Bilde in der Pinacoteca zu Perugia von Bene-
detto Buonfigli (umbrischer Meister in der zweiten Hälfte des
XV. Jahrhunderts).

Die zierliche Erscheinung stellt einen sogenannten Fante *) dar,
einen jener jungen Raufbolde, welche die Leibgarden der italienischen Städte-Tyrannen und Condottieri bildeten. Nicht Soldaten

---

* Das Wort Fante kommt aus dem lateinischen „Infans", wörtlich Einer, der nicht
reden kann, also ein kleines Kind überhaupt, ohne Unterschied des Geschlechtes, daher dann
weiter auch „Infant" für Prinz, und schillert, in viele Sprachen eingedrungen, in all den
Bedeutungen und Nuancen, in welchen auch unser deutsches „Knabe" oder „Bube" gebraucht
wird, mit welchem ja gleichfalls, je nach dem zeitlichen Sprachgebrauche und den Umständen,
der edelste, wie der wegwerfendste Begriff verbunden wird. Im Italienischen bedeutet Fante
zunächst den Knaben oder Buben in der Karte, dann einen Knecht und endlich den Fuss-
soldaten. Die Fanti des Mittelalters kämpften mit Bogen und Armbrust oder mit Spiessen
zwischen den schwer bewaffneten Reitern; später bildeten sie den grossen taktischen Körper
der Fussoldaten, die Infanterie, italienisch Fanteria. Fanti perduti (Enfants perdus, verlorene
Knechte) hiessen die Leibtrabanten der italienischen Tyrannen und Condottieri, weil sie
jeden Augenblick bereit sein mussten, ihr wenig kostbares Leben für ihren Herrn in die
Schanze zu schlagen. Einen solchen führt unser Bild vor Augen. Dass Leute dieses Schlages
gerade keine Heiligen waren, versteht sich von selbst. Darum heisst es auch im italienischen
Sprichwort: „Scherza co' fanti, e lascia stare i santi", d. h. „Mit Kriegsleuten magst Du
Possen treiben, mit Heiligen sollst Du's lassen bleiben."

11

im eigentlichen Sinne des Wortes, sind sie doch immer bewaffnet, und ihr Dolch hängt so locker in der Scheide, wie ihr Herz an ihrem Herrn. Ohne Vergangenheit und Zukunft leben sie von der Gunst des Augenblickes und sind die Modemacher ihrer Zeit, wie die Landsknechte des XVI. Jahrhunderts, denen sie an phantastischer Buntheit kaum nachstehen.

Unser Bursche trägt eine Jacke von grünem Wollenstoffe mit weiten, zweifarbigen Aermeln, so zwar, dass der untere, enge Theil derselben einen, um ein Geringes wärmeren Farbenton hat, als der obere, weite Theil, an welchem eine Anzahl weisser Schnürchen herabhängt, die theils zum Schmuck, mehr wohl aber

---

Eine andere specielle Bedeutung hat das Wort Fante in Venedig angenommen. Dort nannte man so bis in die neuere Zeit die Gerichtsbediensten, deren sich der Magistrat zur Vorladung der Parteien und zu anderen Amtsgeschäften bediente. Am gefürchtetsten waren die Fanti der Inquisitoren, die eine Art Amtsmütze aus rothem Wollenstoff trugen, an welche vorn eine Zechine geheftet war.

Das deutsche Wort Fant ist gleichbedeutend mit Bursche, Bube, Knabe, oft mit dem Nebensinne eines leichtfertigen Menschen oder eines Schalkes („ein leichter Fant"). Im deutschen Mittelalter bezeichnete es den Sohn eines Edlen, später den Bauer im Schachspiele; „Spade Fant" hiess der Trumpfbube in der, nunmehr fast gänzlich verschwundenen, altdeutschen Schwerterkarte, woher die volksthümliche süddeutsche Bezeichnung „Spadifantel" (auch „Spadifankerl") für einen Possenreisser, jugendlichen Narren, ihren Ursprung hat.

In Norwegen verstand man unter „Fant" ursprünglich den Waffenträger der Ritter, sodann alle Diener und Boten in Begleitung vornehmer reisender Herren, namentlich der Geistlichen. Noch heute nennt das Landvolk die Amtsschreiber so, welche den norwegischen Richter auf seinen Thing-Reisen begleiten. Vermuthlich hat sich auf diese Art der Begriff eines Reisenden, Fremden, und damit die Vorstellung von etwas Abenteuerlichem, Seltsamem, Unzuverlässigem an das Wort geheftet. Genug, heute ist „Fant" eines der beliebtesten Schimpfworte in Norwegen und bezeichnet ungefähr dasselbe, wie unser „Narr" oder „Geck". Macht sich Jemand durch irgend etwas lächerlich oder missliebig, so erhält er hiervon einen Spitznamen mit angehängtem „Fant". Unzuverlässigkeit, Unredlichkeit, Fahnenflucht aus festen gesellschaftlichen Verhältnissen, Heralgekummensein, Alles das wird als „Fanterie", oder als „Fante gehen" gebrandmarkt. Durch so starke Entartung des Begriffes wird es erklärlich, dass das Wort „Fant" in Norwegen sich zuletzt auch als allgemein übliche Bezeichnung für die Zigeuner und andere Landstreicher fixirt hat.

Welch interessante, wunderbare Erscheinungen sich uns doch bieten, wenn wir die Wörter in ihren Wandlungen und Wanderungen verfolgen! Der „Fant" hat uns auf die niedersten Sprossen der gesellschaftlichen Leiter geführt. Stellen wir den gesetzlosen, verwilderten Vagabunden, den überall verachteten, gehassten und gefürchteten Zigeuner in seinen Lumpen, seinem Elende, seinem sinnlichen und sittlichen Schmutze neben die ritterlich stolze, von Kraft und Uebermuth geschwellte Erscheinung auf unserem Kostümbilde, — wie tiefgähnend ist die Kluft, welche Beide trennt! Und doch ist der Gegensatz minder grell, wenn wir uns die vielen, vermittelnden Zwischenstufen hinzudenken.

noch dazu dienen, einen zweiten Aermel von festerem Stoffe über diesem ersten zu befestigen. Mit gleichen Schnürchen ist auch das Beinkleid an der Jacke befestigt. Ueber der Jacke liegt ein, durch einen schmalen Gürtel in regelmässigen Falten zusammengehaltener Ueberwurf, welcher sich nur durch diese Falten von der in Frankreich um dieselbe Zeit gebräuchlichen journande, dem Reise- und Heroldrocke, unterschied. Der Ueberwurf von weissem Stoffe ist in der Höhe des unteren Randes des Schulterblattes in Falten gelegt und die Hälfte desselben, auf Rücken und Brust die Seiten wechselnd, mit rothem und grünem Zickzack besetzt; ein weisser Pelzbesatz ziert den unteren Rand. Das Beinkleid, aus Wollenstoff genäht, — n i e m a l s gewebt oder gestrickt, — zeigt sich, jedes Bein abweichend vom andern, in abenteuerlicher Buntheit. Der Schuh ist von schwarzem Leder mit weissem Aufschlage. Den Kopf bedeckt eine schwarze Wollenmütze, genau von der Art, wie die Schiffer an der ganzen italienischen Küste sie heute noch tragen. Die bekannte Kopfbedeckung Cosimo's des Alten ist nichts, als eine am Rande mehrfach umgeschlagene, gleiche Mütze, welche, bald zur kleinen Kappe schwindend, bald gross und wulstig abwechselnd, mit dem sogenannten Mazzocchio die Kopfbekleidung der Italiener fast durch das ganze XV. Jahrhundert bildet. Der runde Schild, die sogenannte Rondache, oft von kunstvoller Arbeit, ist mit rothem Tuche gefüttert und an seinem Rande mit rothen Fransen geziert. Ein kleiner Dolch, auf unserer Zeichnung nicht sichtbar, hängt vor der Mitte des Leibes am Gürtel.

A. v. H.

FLORENTINERIN.

XV. JAHRHUNDERT.

Von A. von HEYDEN.

Das Original befindet sich auf einer der herrlichen Fresken
des Domenico Ghirlandajo im Chor von S. Maria Novella zu
Florenz und gehört zu einer Gruppe von Frauen, Portraits aus
der vornehmen Florentiner Damenwelt, welche die Wochenstube
bei der Geburt der heiligen Maria besuchen.

Das Florentiner Kostüm des XV. Jahrhunderts hat etwas ungemein Gemessenes, Vornehmes, und wenn der wilde, kecke Sinn
jener Zeit sich im Kostüm der Männer nie verleugnet, so tragen
die Kostüme der Frauen um so mehr den Charakter ernster
Würde. Das mit langer Schleppe versehene Ueberkleid unserer
Dame ist von violettem Wollenstoff mit feinem Goldbesatze; vorn
auf der Brust offen und ohne Taillen-Einschnitt gemacht, zeigt es
die Busenform beschränkt und lässt das Unterkleid von grünem
Stoffe und dessen Schnürverschluss auf der Brust sehen. Der
lange Aermel ist der Bequemlichkeit halber zurückgeschlagen und
zeigt das farbige Futter desselben; er ist nicht am Leibchen
festgenäht, sondern nur über einen Unterärmel von feiner,
weisser Leinewand gestreift, der dem Hemde anzugehören scheint,

und durch einen Haken oder eine Bandschleife auf der Schulter
befestigt, so dass der weisse Unterärmel auf beiden Seiten hervortritt; eine Goldborte fasst den oberen Saum des Aermels ein. Die
Schleppen der Damen in dieser Zeit haben mässige Länge, da
dieselbe durch strenge Kleiderordnungen bestimmt wurde. So
duldete Bologna für die höchste Klasse der Gesellschaft nur eine
Schleppe von ⅔ Ellen Länge; den Frauen und Töchtern der
Künstler und Handwerker, sofern erstere nicht dem Adel ange-
hörten, war nur eine solche von ½ Elle gestattet. Nur in Modena
durften adelige Damen Schleppen von 1 Elle Länge tragen, während Mailand und Bergamo sie ganz verboten. Uebrigens verdrängte ohnehin die Anwendung dicker Brocatstoffe für die Oberkleider, wegen ihrer Schwere und Steifheit, die Schleppen gerade
in den höchsten Ständen. Wenn ein Gürtel bei den Damen zur
Anwendung kommt, ist er nur Schmuckstück und wird nie zum
Raffen des Kleides verwendet; er hängt dann lose von der rechten
zur linken Hüfte. Der genähte — nicht gewirkte — Strumpf von
hellfarbiger Seide oder Wolle reicht über das Knie, während das
Strumpfband, welches in den vornehmen Ständen oft mit kostbarer
Stickerei geziert ist, unter dem Knie getragen wird. Der Schuh
von Sammet, Seide oder Wollenstoff, auch von Brocat, selten von
Leder, schliesst sich der Form des Fusses an und läuft in eine
mässige Spitze in der Achse der zweiten Zehe aus. Er reicht bis
zum Knöchel und wird durch Schnürbänder oder Knöpfe, in letzterem Falle an einer Lasche über dem Blattausschnitte geschlossen; er hat niemals einen Absatz unter der Sohle, die von ziemlich
dünnem Leder ist. Die Farbe der Schuhe ist schwarz, weiss oder
roth, wenn der Schuh nicht von Goldstoff gefertigt ist. Häufig
wird der obere Saum des Schuhes mit meist weissem Pelz verbrämt.
Die Handschuhe von edlem Stoffe, selten von Leder, würden,
wenn unsere Dame das Haus verlässt, unzweifelhaft angelegt werden. Auf dem berühmten Bilde Titians — die sogenannte himmlische und irdische Liebe — trägt die bekleidete Dame selbst in
dieser eigenthümlichen Situation Handschuhe, wie es scheint, sogar

von braunem Leder. Unserem heutigen Begriffe von gutem Sitz entsprechen solche Handschuhe nicht; sie sind aber häufig mit kostbarer Stickerei, selbst mit Edelsteinen geziert und haben meist eine weite, trichterförmige, aber weiche Stulpe oder einen breit umgeschlagenen, verzierten Rand am Handgelenke. Eigenthümlich ist die Kopfbedeckung, eine Haube von feiner, weisser Leinewand mit zierlichem Goldsaume, deren lange Flügel, spiralförmig zusammengedreht, als Wülste über die Schultern fallen. Diese Hauben, die vollkommen den heutigen Nachthauben gleichen, wurden aber auch ohne jene Spiralen getragen und gaben dann dem Kopfe ein ungemein einfaches, bescheidenes Aussehen, wie zahlreiche Portraits von Domenico Ghirlandajo, namentlich aber das bekannte Brustbild der „Bella Simonetta", der Geliebten des Giuliano Medici, von Sandro Botticelli im Palazzo Pitti zu Florenz darthun.

A. v. H.

VORNEHMER MANN IN HOFTRACHT.

UM 1670 — 1680.

Von O. BRAUSEWETTER.

Die vorliegende, in den siebziger Jahren des XVII. Jahrhunderts bei den vornehmen Ständen fast ganz Europa's gebräuchliche Tracht, ist einem von Romeyn de Hoghe gestochenen Gedenkblatte entnommen, welches die Beherrscher und die Repräsentanten der Mächte darstellt, die von 1672—1679 im holländischen Kriege (dem sogenannten „Zweiten Raubkriege") gegen Frankreich verbündet waren.

Charakteristisch für die damalige Tracht der vornehmen Stände sind die farbigen Bandrosetten an der rechten Schulter und an dem, auch sonst mit reichem Bänder- und Spitzenschmucke versehenen, unter dem Oberrocke hervorragenden Schurzrocke, eine Mode, welche bereits im folgenden Jahrzehnt verschwindet. Kleinere Rosetten finden sich mitunter an den Schuhen, und zwar über der kleinen Zehe, befestigt. Derselben Zeit eigenthümlich ist auch der nur bis zum Ellbogen reichende Rockärmel. Den Unterarm bedeckt ein weiter, bauschiger Hemdärmel, der reich mit Spitzen und Stickereien in Weiss garnirt ist und durch farbige, in Schleifen verknüpfte Bänder mehrfach abgetheilt wird.

Auch die Halsbinde ist reich gestickt und besetzt und wird in
ganz ähnlicher Weise bis in den Anfang des nächsten Jahrhunderts hinein getragen. Beiläufig sei erwähnt, dass nach der
Schlacht bei Steenkerken (1792) die Pariser Stutzer absichtlich de-
rangirte Spitzenhalstücher trugen, in Nachahmung jener jungen
Prinzen und Edelleute, die in dem schrecklichen Moment, wo die
französische Armee, von König Wilhelm III. durch einen nächt-
lichen Ueberfall überrascht, zu weichen begann, keine Zeit zum
Flitterstaate hatten und vor die Front der Schlachtlinie jagten,
während sich ihre reichen Halstücher noch in grosser Unordnung
befanden. Die nach dieser Mode getragenen Halsbinden wurden
darauf allgemein Steenkerkens genannt. — Das breite, goldgestickte Bandelier, an welchem der Degen hängt, zeigt, ebenso wie
die um den Leib geschlungene Feldbinde, den militärischen Be-
fehlshaber an; trotz dieser soldatischen Abzeichen ist aber, der zu
jener Zeit beginnenden Hofsitte gemäss, der hohe Stiefel durch den
Schuh mit zweiflügeliger Schleife und hoher Vorderkappe ersetzt.
Die rothen Absätze kamen damals schnell in Aufnahme. Der Degen
zeigt gegen die vorhergegangene Zeit sehr auffallende Veränderungen. Während noch kurz vorher auch bei den Vornehmen
der längere, an die Zeit des dreissigjährigen Krieges erinnernde
Degen, mit dem vielfach verschlungenen, meistens aus Stahl gewundenen Gefäss, gebräuchlich war, welcher selbst in zierlicheren
Exemplaren den Charakter einer Rauferwaffe nicht verleugnet, ist
jetzt der goldene Griff in seiner Hauptform sehr vereinfacht, indem
die Hand nur durch eine Parirstange mit Blatt, und allenfalls noch
durch einen Bügel geschützt ist. Auch der von jetzt ab immer
schwarz gefärbte Hut erinnert in seiner steifen Form weniger an
Feld- und Lagerleben, als sein abenteuerlich verwegener Vor-
gänger, der Schlapphut, mit welchem er indessen die breite, mitunter an einer Seite aufgeschlagene Krempe, sowie den Schmuck
an Federn und Besatz gemein hat. Die lederfarbenen Handschuhe
erfahren während des ganzen Jahrhunderts keine Veränderungen;
selbst ihre Ausschmückung pflegt, wenige Ausnahmen abgerechnet,

die nämliche zu sein. Die Strumpfhosen sind durch eingewirkte Muster verziert; ausserdem schmückt den Unterschenkel das mit Gold und Edelsteinen besetzte Knieband. Die über die Stirn herabgekämmte Perrücke weicht etwas von der gewöhnlich vorkommenden Mode ab, nach welcher das Haar meistens höher auftoupirt getragen wurde. Der Bart verschwindet ganz aus der Mode, bis auf ein sehr kleines, aufgestutztes Bärtchen auf der Oberlippe, welches aber auch fast nur von Soldaten oder hohen Personen, welche militärischen Liebhabereien huldigten, getragen wurde.

O. B.

ELISABETH CHARLOTTE,

HERZOGIN VON LOTHRINGEN. 1698.

Von O. BRAUSEWETTER.

Die dargestellte Damenfigur, dem Blatte des „Almanach royal" vom Jahre 1698 entnommen und daselbst als Madame la Duchesse de Lorraine bezeichnet, ist unzweifelhaft ein Portrait der Prinzessin Elisabeth Charlotte von Orléans, welche im November 1698 mit dem, durch den Ryswicker Frieden (1697) wieder zum Besitze seines Landes gelangten Herzoge Leopold Joseph Carl von Lothringen vermählt wurde. Das Bild kann als Muster der damals bei Hoffesten üblichen Damentrachten gelten, da die Prinzessin keinerlei Abzeichen des fürstlichen Standes trägt. Der nach seiner ursprünglichen Erfinderin „à la Fontange" genannte Kopfputz, welcher häufig durch Anwendung von Drahtgestellen, Federn, Bändern etc. bis zum Ungeheuerlichen ausgebildet ist, hält sich bei dieser Dame in massvoller Form. Das im Gegensatze zu dem noch kurz vorher gebräuchlich gewesenen freien Arrangement, auftoupirte und in regelmässige Löckchen gedrehte Haar wurde, wenn es nicht von Natur dunkel war, meistens braun gefärbt. In die letzte Zeit des XVII. Jahrhunderts fällt der zunehmende Gebrauch der, die Unterarme eng umschliessenden Damenhandschuhe, sowie der Schönpflästerchen, welche letzteren die Damen stets in einer besonderen

Kapsel bei sich zu führen pflegten. Die Schleppe des oberen Rockes, der „Robe", ist von ansehnlicher Länge; von sehr vornehmen Personen und bei besonders feierlichen Gelegenheiten wurde sie so lang getragen, dass sie, ebenso wie der bei höchsten Repräsentationen gebräuchliche Mantel, nachgetragen werden musste, zu welchem Dienste häufig phantastisch gekleidete Mohrenknaben verwendet wurden. Die „Robe" wird seitwärts, wie unsere Zeichnung zeigt, durch reiche Spangen zurückgeschlagen, derartig, dass das aus einem anderen Stoffe bestehende Futter zum Vorschein kommt. Das obere, wie das untere Kleid sind, ausser durch überreiche Besätze und Stickereien, durch Juwelenschmuck, welcher auch bei der übrigen Toilette reichlich in Anwendung kommt, höchst prunkvoll verziert. Unter der Regierung Ludwigs XIII. waren auch bei Hofe mehrfach Verbote gegen den masslosen Luxus, hauptsächlich gegen das Tragen von Kleinodien, erlassen worden; schon die Wiederholung dieser Verbote zeigt, dass sie ihre Wirkung verfehlten. Unter Ludwig XIV. erreichte die verschwenderische Verwendung von Edelsteinen den höchsten Grad; die Kleider der Damen nicht nur, sondern auch die Röcke der Cavaliere sind vollständig damit übersäet. Trotz des übermässigen Prunkes ist die Damentracht der dargestellten, sittlich keineswegs hochstehenden Zeit äusserst decent, und zwar sowohl im Vergleich zu der vorhergegangenen, als auch besonders der bald darauf folgenden Periode.

Aus der zweiten Hälfte des XVII. Jahrhunderts datirt der schnell zunehmende Einfluss des französischen Hofes auf die Sitten und Trachten der höheren Stände der meisten übrigen europäischen Staaten. Am entschiedensten machte sich dieser Einfluss wohl in England nach der 1660 erfolgten Restauration der Stuarts geltend. Die übrigen Länder folgten, das Beispiel der eigenen Höfe nachahmend, mehr oder minder schnell. Gegen das Ende des Jahrhunderts war Frankreich, obgleich fast mit ganz Europa in Kriege verwickelt, im zweifellosen Besitze der Herrschaft über den Geschmack der vornehmen Welt.

Die Form der Trachten, wenn auch in den Details vielfachen und unaufhörlichen Aenderungen unterworfen, wechselte doch im allgemeinen Zuschnitte weniger schnell als heutzutage. Besonders aber bedurfte das neu Auftauchende erheblich längerer Zeit zur vollen Verbreitung, so dass es in den im Osten Europa's gelegenen Ländern mitunter erst nach zehn Jahren in Aufnahme kam.

O. B.

DON CARLOS,

INFANT VON SPANIEN, GEB. ZU VALLADOLID, 3. JULI 1545.
GEST. ZU MADRID, 24. JULI 1568.

Von JEAN LULVÈS.

Als ich das Bildniss des Don Carlos, welches, von Sanchez Coello im Jahre 1566 gemalt, sich im königlichen Museum zu Madrid befindet, betrachtete, freute ich mich, nicht, wie die Historiker den Don Carlos schildern, eine im Ausdrucke boshafte, bucklige und hinkende, sondern eine mehr dem Schiller'schen Meisterwerke entsprechende Figur zu sehen, und gab dieselbe getreu wieder. Doch will ich nicht bestreiten, dass der Künstler manchen Fehler in der Figur gemildert haben mag.

Das eng anschliessende und vorn zugeknöpfte, kurze, schosslose Wamms wurde vollständig mit horizontalen Verzierungen durchsteppt oder benäht, im Gegensatze zur französischen Tracht, deren Verzierungen meist lothrecht liefen. Der Kragen war hoch und steif. Die Oberschenkel-Hose, welche nur bis zur Mitte des Oberschenkels reichte, war dem Stoffe nach dem Wammse angepasst. Die Zierbesätze, besonders mannigfaltig in der Form der Verzierungen und im Geschmacke der maurischen Ornamentik gehalten, waren meist aufgenäht, bisweilen aber auch gestickt oder in den Stoff eingewirkt. Die Farben des Wammses und der Hose waren dunkelviolett, die eingenähten Verzierungen wenig heller als die Grundfarbe, da man in jener Zeit allmälig von den beliebten hellen zu dunkleren Tönen in der Kleidung überging, ohne in ihrer Zusammenstellung den farbigen Wechsel aufzugeben, wie dies bei der Unterbauschung (Puffen oder Creves) der aus gelber Seide gefertigten Oberschenkel-Hosen der Fall war. Dasselbe gilt auch von der, unter dem ärmellosen Wammse getragenen, knappen Jacke, von welcher nur die Aermel sichtbar waren. Die Halskrause und Manschetten waren sehr steif, jedoch nur klein; erst in späteren Jahren nahmen sie an Ausdehnung zu. Als Beinbekleidung diente der enganliegende Tricot von dunkelvioletter Farbe. Die Schuhe, deren man sich allgemeiner als der Stiefel bediente, die meist nur zur Jagd oder zum Reiten benutzt wurden, waren in der Form zierlich durchgebildet, dem Fusse genau angepasst und von grauer Seide, mit Besatz von Goldlitze; doch stellte man dieselben auch von Tuch oder Sammet mit Schlitzen oder kleinen Puffen her, seltener von Leder. Der Mantel, welcher anfing, die Schaube zu verdrängen, war kurz und mehr Zierstück; er hatte die Gestalt eines Radmantels, war von rothem Sammet und mit einfachem, schwarzem Borten-Besatz umgeben. Der Kragen von viereckigem Schnitt, mit Hermelin verziert und gefüttert, war ein Zeichen fürstlicher Herkunft. Das Barett, von nur mässiger Weite, so dass es den Kopf kaum überragte, war flach und hatte einen knappen, aufgesteiften Rand; es war umschlungen von einer goldenen Gliederkette und mit einer hinten angebrachten, weissen Feder verziert. Der feine, ciselirte Stossdegen, welcher gegen die Mitte des Jahrhunderts das altherkömmliche Schwert verdrängte, hing an einem kurzen Wehrgehänge, welches, einem Leibgurte ähnlich, um die Hüften geschnallt wurde. Den goldenen Agraffen des Leibgurtes, sowie der Verzierung der Waffen legte man einen ganz besonderen Werth bei. Das Haar wurde kurz getragen, ebenso, wegen der hochgesteiften Halskrause, der Backen- und Kinnbart; den Schnurrbart liess man dagegen freier wachsen. Der hier dargestellte Anzug kann als Muster der Zeit Philipps II. von Spanien (1556—98) gelten.

J. L.

ISABELLA CLARA EUGENIA,

TOCHTER PHILIPPS II. VON SPANIEN. 1584.

Von JEAN LULVÈS.

Geboren 12. August 1566, wurde die Prinzessin am 1. April
1599 mit Erzherzog Albrecht dem Frommen von Oesterreich,
Maximilian's II. Sohne, vermählt und bekam als Heirathsgut die ge-
sammten Niederlande nebst der Franche-Comté. Bekanntlich
nahm sie in den Niederlanden wesentlichen Antheil an den Re-
gierungsgeschäften und Kriegs-Operationen, und bei der Belage-
rung von Ostende, im Jahre 1601, that sie das Gelübde, ihr Hemd
nicht eher zu wechseln, bis diese so wichtige Stadt genommen
sein würde. Da hierüber drei Jahre und drei Monate verflossen,
nahm das Hemd die bekannte, nach der Trägerin ihren Namen
führende „Isabellenfarbe" an. Isabella starb zu Brüssel am 29. November (oder 1. December) 1633.

Diese kurze historische Erinnerung wird bei der Betrachtung
der anmuthigen Figur, die streng dem Bildnisse des spanischen
Hofmalers Philipp's II., A. Sanchez Coëllo (1517—1590), in der
Königlichen Gallerie zu Madrid entspricht, gewiss willkommen sein.
Isabella wurde, der Jahreszahl nach, in ihrem achtzehnten Jahre
gemalt; das Bild zeigt uns die Tracht des spanischen Hofes, die

neben dem unverkennbaren Einflusse der französischen Mode (Zeit Heinrich's II. und Franz II.) doch den Ernst und die Grandezza der spanischen Etikette verräth.

Das Kleid mit hochstehendem Kragen und langen Hänge-ärmeln von schwerem, grauseidenem Stoff mit eingewirktem Muster, war vorn der Länge nach zugeknöpft. Was an Pracht gegen die früheren, unter Karl V. sichtbaren bunten und reichen Unterkleider jetzt verloren ging, wurde durch das zum Verschlusse erforderliche Knopf- und Schleifenwerk in reichem Masse wieder ersetzt. Die hier auf unserem Bilde sichtbaren, mit breiter Goldborte besetzten Streifen, auf welchen sich Rosetten mit in Goldschmiede-Arbeit eingefassten Edelsteinen und Perlen befinden, bilden durchweg die Kleider-Verzierungen, welche in reinster Form der Renaissance angepasst waren. Der steife Kragen, der bis zum Kopfe hin gänz-lich anschliessend war, gleicht dem der Männer; das Halsge-schmeide war den Rosetten des Kleides angemessen, nur breiter und reicher. Die hochstehende und steife Fraise von feinem Leinen mit Spitzenbesatz, welche das jugendliche Gesicht um-rahmt, war noch von mässigem Umfange, der später erst zu an-sehnlicher Grösse heranwuchs. Die ziemlich engen Aermel des Unterkleides sind von blassrosa Atlas, mit kleinen Crevés, durch Goldstreifen und Goldstickereien von einander getrennt, und endigen in einer steifen, mit Spitzen besetzten Manschette. Als Kopfbedeckung diente die kleine, niedrige Mütze mit schmal an-liegendem Rande, welche der männlichen Kopfbedeckung gleicht; sie war von hellrothem Sammet, mit Federn, Perlen und Rosetten verziert, etwas zur Seite geneigt auf der mit Perlen und Gold-fäden reich benähten Netzhaube sitzend. Letztere umschliesst das wellig zurückgekämmte Haar, dem als Schmuck eine auf der Stirn ruhende, grössere, längliche Perle eingeflochten ist.

J. L.

VOLKS-TRACHTEN.

SLOVAKE

AUS DEM PRESSBURGER COMITAT (UNGARN) IN SONNTAGSTRACHT.

Von *LUDWIG BURGER.*

Die Bewohner der Länder der heiligen Stefanskrone unterscheiden sich nicht allein durch ihre Abstammung, sondern auch durch ihre Trachten, welche meistentheils sehr kleidsam sind und den körperlichen Wuchs hervorheben. Der Magyar ist vor allen anderen Bewohnern Ungarns kenntlich am Gesichtsschnitt, dem scharfen Profil mit der gebogenen Nase, dem ausdrucksvollen Auge, dem wohlgepflegten Schnurrbart und Haar; die ganze Haltung drückt Selbstbewusstsein aus. Unendlich erhaben und überlegen steht er dem Slovaken gegenüber, welchem ein weicheres Naturell und unterwürfige Gesinnungsart einen melancholischen, energielosen Ausdruck verleihen.

Im Pressburger Comitat ist das magyarische Element sehr wenig vertreten; grösstentheils wird es von Slovaken und Deutschen bewohnt. An den Abhängen der kleinen Karpathen ziehen sich von Pressburg aufwärts über St. Georgen reiche Weinberge bis Modern und darüber hinaus. Aus Modern ist der dargestellte Bauer slovakischer Abkunft, welcher seine südslavische Stammesverwandt-

schaft mit den, von dem nördlich angrenzenden Miavaer Comitate
bis nach Lundenburg sich ausbreitenden kroatischen Bewohnern
auch äusserlich, im Schnitt der Bekleidung, nicht verleugnen kann.
Die Liebe zum Putz, zu bunten Bändern und Blumen, welche allen
Slaven eigen, spricht sich namentlich in der Festtracht aus, in
welcher wir den slovakischen Jüngling vor uns sehen. Der kleine,
schmalkrempige Hut ist überdeckt mit künstlichen Blumen, Bändern und Schleifen, so dass von dem Kopftheil des Hutes fast
nichts zu sehen ist. Gleich den Kroaten schmücken auch die Slovaken den Hut ausserdem mit wehenden Hahnenfedern. Der magyarische Jüngling dagegen steckt auf seinen Hut einen Strauss
des weissen Reihergrases, sonst auch Marienflachs, Venushaar und
in Oesterreich und Ungarn Waisenmädchenhaar (Árvaleányhaj)
genannt, das typisch gewordene Vorbild für den Haarstutz, mit
welchem die Husaren der meisten Armeen geschmückt sind.

Das Hemd ist länger als das magyarische, doch ebenso weit-
ärmelig, nach slavischer Sitte in der, den slavischen Völkern
eigenen Lieblingsfarbe, roth gestickt. Am Halse hat dasselbe
reiche Bindebänder. Eine kurze, ärmellose, meist offen getragene,
blaue Weste mit reicher Knopf-Garnitur lässt das Brusttheil des
Hemdes, wie auch das seidene, gestickte Taschentuch sehen, das als
Paradestück seinen Beruf in Wirklichkeit wohl selten erfüllt. Oft
wird es auch im Hosenlatz getragen, stets ist es aber ein Stück
des Sonntagsanzuges. Die dunkelblaue Hose mit hellblauen Ver-
schnürungen, den sogenannten ungarischen Knoten, hat den Schnitt,
wie er durch fast ganz Ungarn und auch von deutschen Bewohnern der Donaugegenden Ungarns am Neusiedler See, an den
Karpathen in der Zips, und bei der Armee von den ungarischen
und Grenzer-Regimentern getragen wird. Auch der Stiefel ist
der ungarische. Der Magyar kann sich Stiefel ohne Sporen
(Sarkantyuk) kaum denken. Der Edelmann (Nemesember) trägt
sie immer; der Knecht, dem nur ein Sporn zu tragen gestattet
ist, trägt diesen am linken Stiefel. Slavische Zuthat sind die
langen Troddeln der Stiefeln, welche bis nach Mähren hinein von

Kroaten und Hannaken getragen werden. Zum Schutze gegen
die Unbill des Wetters dient der Szür, der weisse, buntgestickte
ungarische Mantel von Kotzentuch, und die Bunda, der Pelz, oft
auch ein ärmelloses, bis zum Knie reichendes braunes Wamms mit
Pelzbesatz. Die ganze Tracht in ihrer Vielfarbigkeit bei meistens
elastischen Gestalten, wirkt sehr malerisch.

L. B.

SLOVAKISCHE BÄUERIN

AUS DEM PRESSBURGER COMITAT (UNGARN)
IN FESTTRACHT.

Von LUDWIG BURGER.

In der Regel sind die slovakischen Mädchen von untersetzter Statur und stark entwickelten Formen; somit haben sie eine gewisse Aehnlichkeit mit ihren Stammesschwestern in Polen, Böhmen und Mähren. Die Gesichtsbildung lässt oft die Feinheit des Ausdruckes vermissen, welche bei den Magyaren auch der niederen Stände so oft überrascht. Doch findet man unter den Slavinnen Gesichter von wohlthuender Lebendigkeit des Ausdruckes und zierlichen Formen, mit sprechenden, melancholischen Augen. Wenigstens durfte das Original des dargestellten slovakischen Mädchens als Beispiel dafür gelten. Im Jahre 1857, als Kaiser Franz Joseph I. seine erste Reise nach Ungarn machte, waren aus verschiedenen Landstrichen des Miavaer und des Pressburger Comitats Deputationen nach Pressburg zur Begrüssung des Kaisers gesandt worden, wo sie in einem Kloster einquartiert wurden. Es war hochinteressant, die mannigfaltigen Trachten, Alles im Sonntagsstaat und bester Ausstattung zu sehen. Nur schade, dass der Aufenthalt des Kaisers überall so kurz war und nach einigen Tagen die ganze Pracht aufhörte. Man hätte für jeden Finger eine Hand haben müssen, um nur einen Theil skizziren zu können.

Bei diesem Anlasse zeichnete ich vorliegende Figur des slovakischen Mädchens und ihres Begleiters. Das junge Mädchen von feiner Gestalt trug das weisse Kopftuch dicht um den Kopf gebunden, so dass keine Spur von Haar zu sehen war, das Tuch von festem Gewebe, mit einem durchsichtigen Striche, die auf die Schulter bis zum Schürzenbande herunterfallenden Zipfel reich mit Spitzen garnirt.

Das Hemd, bauschärmelig, gleich denen der magyarischen Mädchen, hatte am Kragen und Aermel reiche Spitzenstreifen. Das Leibchen bestand aus weissem Piqué, mit fünf silbernen Knöpfen und blauen Bändern geschlossen, mit schmalen Achselbändern. Eine Schürze von weissem Stoffe, weit um den Rock greifend, und ein weisser Rock vervollständigten den Anzug, welchem zierliche Stiefel (Csizmen) von rothem Corduan, wie fast durchweg in Ungarn, einen zierlichen Abschluss gaben. Auch das Taschentuch in zierlicher Ausstattung fehlte nicht. Die Sonntagstracht lässt die zarten Farben zu; im Alltagskostüm bleibt zwar das weisse Kopftuch und Hemd, Mieder und Rock aber werden farbig, die Schürze dunkelblau, die Stiefel schwarz. Junge Mädchen in Schaftstiefeln zu sehen, ist Anfangs überraschend; doch versteht es die ehrsame Zunft der Csizmenmacher sehr wohl, durch vortreffliche Gerberei und guten Schnitt des Stiefels, dem weiblichen Fusse in Bezug auf Grazie und Kleinheit vollständig gerecht zu werden. Auf dem Spann zierlich parallel gelegte Falten, eine sanft zugerundete Spitze von mässiger Breite, und ein nicht zu hoher Absatz geben dem Stiefel eine kleidsame Form, und unterscheiden ihn sehr vortheilhaft von den Stiefeln, welche man in Deutschland und namentlich in Polen sieht, wo sie an Plumpheit ihres Gleichen suchen. Stiefel zu tragen, ist, in Ungarn sowohl als in Polen, bei dem Zustande der gewöhnlichen Verkehrswege eine gebieterische Nothwendigkeit. Man versöhnt sich mit dem Stiefel am weiblichen Fusse umsomehr, wenn man sieht, wie

oft die Natur, bei Ungarinnen vorzugsweise, einen kleinen Massstab bei Schaffung des letzteren anlegte, — wenn man ferner den
Csárdás (von Csárda, Haide-Wirthshaus) tanzen sieht, der, durch
ganz Ungarn verbreitet, nach der Meinung der Magyaren nur von
ihnen selbst gut getanzt wird, obschon sich auch die Slaven
darauf verstehen.

Wollte man durch eine kleine Aeusserlichkeit Polen und
Ungarn kennzeichnen, so könnte man getrost sagen: in Polen
herrscht die Pelzmütze, in Ungarn der Stiefel. Es ist nichts Un-
gewöhnliches, in Polen Kinder nur mit dem Hemde bekleidet zu
sehen, die grosse, schwere Pelzmütze auf dem Kopfe, während in
Ungarn auch der sparsamst bekleidete Menschensohn nie ohne
Stiefel auftritt.

L. B.

BAUER AUS OBER-OESTERREICH,

TRAUNKREIS.

Von ALOIS GREIL.

Wie allerwärts, so beginnt auch in den deutsch-österreichischen Provinzen ein allmäliges Verschwinden der ursprünglichen Landestracht bemerkbar zu werden; nur die Bewohner einzelner Kreise halten noch mit Zähigkeit an dem nationalen Kleiderschnitte und den übrigen Gewohnheiten ihrer Altvordern fest.

Das vorstehende Bild zeigt einen Bauerngutsbesitzer im Sonntagsstaate aus der Umgegend von Wels im Traunkreise, jenem fruchtbaren, schönen Landstriche, der im Südosten von Ober-Oesterreich längs dem Traunflusse bis zu den Salzkammergut-Alpen sich hinzieht.

Mit dem langen, weiten Rocke von feinem, meist dunkelblauem oder dunkelbraunem Tuche, mit massivsilbernen, kugelförmigen Knöpfen besetzt, stehen in passendem Einklange die enganliegenden, mit schwarzen Seidenborten benähten, und mit gleicher Stickerei an den Nähten verzierten Beinkleider von schwarzem Manchester-Sammet, wozu als Fussbekleidung rothe Juchtenstiefel mit hohen Schäften kommen. Den Oberkörper bedeckt eine hohe, am Halse viereckig ausgeschnittene Weste aus gepresstem Seidenplüsch, von meist lebhafter Färbung (kirschroth, violett etc.), ebenfalls reich mit Silberknöpfen besetzt, welcher Schmuck überhaupt mit Vorliebe getragen wird und, je nach seiner mehr oder minder reichen Anwendung, gewissermassen als äusserer Massstab für den Grad der Wohlhabenheit des Trägers gilt. Eine specielle Eigenthümlichkeit des Oberländer Bauern ist es, Uhrketten und deren Anhängsel etc., statt aus Silber, aus Platina gefertigt zu tragen. Besonders charakteristisch für die oberösterreichische Landestracht ist der breite Leibgurt (Ranzen), welcher aus schwarzem Leder gefertigt und reich mit Stickereien aus gespaltenen Pfauenfederkielen verziert ist; er dient zugleich als Tasche. Den Anzug vervollständigt ein buntgeblümtes Halstuch aus Seide; als Kopfbedeckung dient zuerst die gestrickte Zipfelmütze aus dunkelfarbigem Zwirn und darüber der mässig grosse, schwarze Kastorhut mit breitem Bande und Perlmutterschnalle.

Zum Schlusse sei noch der fast niemals, bei gutem wie schlechtem Wetter, fehlende Regenschirm, aus hochrothem — seltener hellblauem — Wollenstoffe, mit eingewirkter Bordüre und blankem Messinggriffe, als charakteristische Ergänzung erwähnt.

A. G.

BAUERSFRAU AUS OBER-OESTERREICH,

TRAUNKREIS.

Von ALOIS GREIL.

Die Sonntagstracht der Oberlander Bäuerin erscheint zwar im Zuschnitte nur einfach, doch trägt sie in der Wahl der Stoffe meist einen nicht unbedeutenden Luxus zur Schau.

Unser Bild zeigt eine behäbige „Moarin" (Meiereibesitzerin) auf ihrem Kirchgange. Das Kleid, welches gerade so lang ist, dass man noch die mit sogenannten „Niederschuhen" bekleideten Füsse sehen kann, besteht aus schillerndem Grosgrain (blau und roth, roth-grün u. s. w.), sogenanntem Changeant; es ist hoch geschlossen bis zum Halse und an den Oberarmen mit weiten, mit Eiderdaunen gefüllten Puffen verziert. Das Kleid deckt zum Theil eine sehr grosse Schürze aus schwarzem Taffet, und um die Schultern wird ein grosses, weissseidenes Brusttuch mit bunt ein-gewirkten Blumen gelegt. Um den Hals trägt die Frau mehrere Reihen feingearbeiteter Silberketten, welche vorn, in der Mitte des Halses, durch ein schweres, mit echten Steinen besetztes goldenes Schloss zusammengehalten werden. Dazu kommen noch goldene Ohrgehänge von meist barocker Arbeit. Diese Schmuck-gegenstände erben sich in der Familie fort und sind oft von

37

hohem Alter und origineller Form. Das Auffallendste der ganzen Tracht ist aber die Kopfbedeckung, die „Goldhaube", in ihrer eigenthümlichen, halbkugelförmigen Gestalt, mit einem grossen Flügel nach hinten. Leider kommt die Haube mehr und mehr in Abnahme, obgleich dieses Galastück, welches eine harmonische Uebereinstimmung mit den übrigen Theilen des Anzuges zeigt, der Trägerin einen derart festlichen Anstrich verleiht, wie kaum ein anderer nationaler Kopfschmuck dies vermag. Das Gerippe der Haube, aus starkem Draht gefertigt, ist mit schwerem Goldbrokat überzogen und mit echten Flittern und Zierraten aus Goldfiligran übersäet. Den Halt verleiht der Haube eine silberne, mit Steinen besetzte Nadel, welche durch den kugelförmigen Theil derselben und durch die Haarflechten gesteckt wird. Im Allgemeinen tragen die Bäuerinnen das in ganz Ober-Oesterreich übliche Kopftuch von schwarzer Seide.

Handschuhe werden nur bei aussergewöhnlichen Gelegenheiten getragen, und zwar aus Seide gestrickte Halbhandschuhe; aber zwei Dinge dürfen beim Kirchen-Festanzuge nie fehlen: in einer Hand das feine, zusammengelegte Leinentuch, und in der anderen der Rosenkranz und das, oft kostbar in Sammet gebundene und mit Silber beschlagene Gesangbuch.

A. G.

WEINHÜTER

(SALTNER) AUS MERAN, SÜDTIROL.

Von *FRANZ SKARBINA.*

Zur Zeit der Weinreife begegnet man in den Weinlauben an
den üppigen Hängen des herrlichen Etschthales und besonders
des Meraner Thalkessels einer seltsamen Figur, welche auf den
ersten, flüchtigen Blick glauben lässt, sie sei aus einer längst
verschollenen Zeit zurückgeblieben, um uns ein Bild von den
trotzigen, reckenhaften Gestalten des XVI. Jahrhunderts zu geben,
dem ihre Tracht angeblich entstammen soll. Dieser seltsame
Geselle ist der Hüter oder „Saltner" der Weinberge, welcher
den immer reichen Segen derselben zu sichern hat, denn der
welsche Steinarbeiter der tiroler Marmorbrüche schätzt das Trau-
benblut schon in der Traube. Die Jacke oder das Koller, wie
man dieses ärmellose, aus starkem Leder bestehende Kleidungsstück nennen mag, hat allerdings eine Form, die hinten an die Koller
des dreissigjährigen Krieges erinnert. Ein glattes, vorn offenes
Bruststück mit kurzer Taille trägt vier Schossklappen: zwei grössere an den Seiten und zwei kleinere hinten, welche so angenäht
sind, dass die äusseren die daneben liegenden mit dem Rande
decken. Die Schultern haben lederne Schutzklappen, da die

Aermel fehlen. Unterarm und Unterschenkel von der halben Wade bis zum Knöchel sind ausserdem mit ledernen Umhüllungen versehen, und zwar ist der lederne Schutz des Unterarmes mit dem Schulterstück durch Riemen verbunden, um ein Herabrutschen zu verhindern. Die Schenkelleder sind an der Seite geschnürt. Die Kniehose, welche, länger als die bairische Gebirgshose, das Knie noch deckt, ist von starkem Wildleder, an den Seiten mit Längs- und vorn mit einer Quertasche versehen zur Aufnahme des krummen Messers mit häufig kunstvoll geschnitztem Kugelgriff. Die Tragbänder der Wildhose, ebenfalls von starkem Leder, sind so breit, dass sie fast das darunter liegende, vorn zugebundene „Leibel" decken. Ein breites Leder mit einem grossen, länglichen Ausschnitt zum Durchstecken des Kopfes, welches sich vorn in drei und hinten in zwei Riemen zerspaltet, giebt die einfachste Erklärung dieser Tragbänder, welche meist auf dem Brustfelde mit dem eingestickten Namenszuge des Besitzers geschmückt sind. Ein wilder, indianerhafter Schmuck der Brust sind ausserdem die an dünnen Messingketten hängenden Wildschweinshauer, denen sich auch wohl ein Pfeifchen beigesellt, um in Nöthen die Genossen herbeizurufen. Daran schliesst sich der quer über den Leib getragene breite Gurt, ebenfalls kunstvoll gestickt, und an der Seite mit einer breiten, messingenen Schnalle versehen. Die Waden sind von wollenen, fusslosen Strümpfen, Stutzeln, umschlossen, welche, über dem Knie anfangend und dort festgebunden, unten am Knöchel endigen und so den Fussgelenken beim Steigen volle Freiheit gewähren. Um diese Freiheit wenigst möglich zu beschränken und den rauhen Wegen entsprechend, sind auch die Schuhe niedrig, vorn offen, mit starken Sohlen versehen und mit Eisen beschlagen; ein fast bis zur Spitze gehender Schlitz, mit ledernen Schnürbändern durchzogen, bildet den Verschluss derselben. Eine wuchtige Hellebarde mit langem Eisen und schwerer Stange gewährt dem Saltner einen ebenso sicheren Schutz als eine gute Stütze beim Uebersetzen von Wildbächen u. dgl. Rechnet man noch eine kleine Pistole, die jedoch nur zum Knallen und zum

Erschrecken der Vögel dient, hinzu, so hat man die ganze Bewaffnung des Saltners. Das Seltsamste und gleichsam die Krone des
Ganzen ist jedoch sein monströser Hut. Ein dreieckiger Filz ist
mit einer solchen Menge von Auerhahn-, Wildhahn- und Adler-
Federn bedeckt, dass von ihm selbst nichts mehr sichtbar bleibt;
ausserdem sind noch an den Krempen Eichhornfelle und Fuchs-
schwänze festgenäht, welche letztere bis über Schultern und Brust
herabfallen. Unter diesem ungeheuerlichen Kopfputze und den weit
in die Stirn fallenden Haaren schaut jedoch ein treuherziges Gesicht
hervor, dem man die erbetenen Tabakskreuzer gern gewährt.

F. Sk.

FRAU AUS WEST-WINGÅKER,

SCHWEDEN.

Von B. NORDENBERG.

In der schwedischen Provinz Södermanland, ungefähr zwölf bis vierzehn Meilen südwestlich von Stockholm, befinden sich zwei Gemeinden, Ost- und West-Wingåker. Die Bewohner derselben haben die Ethnographen viel beschäftigt; denn sie unterscheiden sich von den übrigen Bewohnern Schwedens nicht nur durch ihre Kleidung und ihre Sitten, sondern auch durch zierlicheren Körperbau und feinere Gesichtszüge. Sie sind von Alters her als sehr intelligente Leute bekannt, beschäftigen sich viel mit Handarbeiten und treiben damit lebhaften Handel.

Unser Bild zeigt eine Frau in Gesellschaftstracht. Die Mütze auf dem Kopfe ist ohne Naht und Nadel kunstvoll aus einem viereckigen Stücke weisser Leinewand gemacht. Der Rock, aus grünem oder rothem Tuche, geht hoch bis unter die Arme, wo er mit einem Stücke reich gestickter Seide, das die Schultern und den Rücken bedeckt, zusammengenäht ist. Ueber das Mieder um die Hüften ist ein rother Ledergürtel mit vergoldeten Silberplatten gespannt. Zum grünen Rocke, der unten mit einem wollenen Bande von ein — wie hier — bis zweieinhalb Zoll Breite eingefasst ist, wird eine blaue, zum rothen aber eine grüne Schürze aus Seide getragen, von unten bis zur Kniehöhe mit bunter Stickerei verziert. Auch Kragen und Aermel werden mit Stickerei — weiss auf weiss — geschmückt.

Um den Leib, halb unter der Schürze verborgen, wird eine Tasche mit kleiner Oeffnung getragen, die zur Beherbergung von allerlei Kleinigkeiten, hauptsächlich der Schlüssel und eines kleinen Messers dient; in der Regel ist sie aus schwarzem Waschleder gefertigt und mit rothen, gelben, blauen und grünen Tuchlappen verziert, die nach verschiedenen Mustern geschnitten und meistens mit gelber Seide aufgenäht werden. Die Strümpfe werden gemeiniglich von weisser Wolle getragen; die tief ausge-

schnittenen schwarzen Lederschuhe sind mit einer rothen Bandschleife geschmückt. Bei rauhem Wetter tragen die Frauen eine schwarze Jacke, die bis zum Gürtel reicht, bei strenger Kälte entweder einen Mantel aus weissem Tuch mit gelbem Futter, oder einen Schafpelz, die rauhe Seite nach innen. Nach aussen werden die Nähte dieses Pelzes mit ein bis zwei Zoll breiten rothen Saffian-Streifen besetzt, die auch ausserdem noch zur Ornamentirung dienen. Die Schösse des Pelzes, der bis zu den Füssen reicht, werden beim Gehen und Arbeiten durch einen Riemen mit Knopf nach hinten zusammengerafft.

B. N.

BLÄTTER

FÜR

KOSTÜMKUNDE.

HISTORISCHE UND VOLKS-TRACHTEN.

Unter Mitwirkung von

G. Benczúr, Otto Brausewetter, C. Breitbach, Adolf Burger, Ludwig
Burger, Julius Ehrentraut, W. Gentz, Alois Greil, Friedrich Hidde-
mann, Ferdinand Keller, Vinc. St.-Lerche, Jean Lulvès, Franz
Meyerheim, B. Nordenberg, Bernhard Plockhorst, Rudolph Schick,
Franz Skarbina, Gustav Spangenberg, Franz Thelen, Paul Thumann,
W. Timm, Joseph Watter, Constantin von Wietersheim u. A.

herausgegeben von

A. VON HEYDEN.

NEUE FOLGE, VIERTES HEFT.
(37.—48. BLATT.)

BERLIN.
FRANZ LIPPERHEIDE.
1877.

INHALT.

HISTORISCHE TRACHTEN.

VOLKS-TRACHTEN.

57 BURGUNDISCHER FÜRST.

ANFANG DES XV. JAHRHUNDERTS.

Von A. von HEYDEN.

Das vorliegende Kostüm ist einem wenig bekannten Pergamente in der Handzeichnungssammlung des Louvre entnommen, welches der Mitte des XV. Jahrhunderts entstammen dürfte. Dasselbe zeigt einen Garten mit verschiedenen vornehmen Herren und Damen im Kostüme des Anfangs des XV. Jahrhunderts und trägt die Unterschrift: Veterum Burgundiae Ducum conjugumque, filiorum filiarumque habitus ac vestitus.

Der Hof von Burgund zeichnete sich im vierzehnten und fünfzehnten Jahrhundert durch eine ganz besondere Pracht aus. Philipp der Gute (1419 bis 1467) besonders übertraf alle Fürsten diesseits der Alpen durch den Glanz und die wahrhafte Fürstlichkeit und Ritterlichkeit seiner Hofhaltung, welche die Pflege der Wissenschaften und Künste sich ebenso angelegen sein liess, wie das Tummeln der Gäule auf dem Turnierplatze und das Politikmachen. In noch viel ausgedehnterem Masse fand das unter seinem Sohne, Karl dem Kühnen, statt. Man erzählt, dass eines seiner Prachtkleider 200,000 Ducaten gekostet habe, und dass jede Hofdame der Maria von Burgund für ihre Kleider-Ausstattung jährlich 40,000 Brabanter Thaler erhalten habe. Philipp de Comines behauptet sogar, dass die Sporen der burgundischen Reiter im Schweizerkriege und das Geschirr ihrer Pferde mehr Gold aufzuweisen gehabt hätten, als die ganze Schweiz damals besessen habe; aber der Tag von Granson (3. März 1476), der Karl zwar nur wenig Menschen, doch vor Allem den Ruf der Unüberwindlichkeit kostete, raubte ihm und seinem Heere Schätze von unglaublichem Werthe. Das Zelt Karls muss nach der Beschreibung von Comines, der es „un des plus beaux et plus riches pavillons du monde" nennt, an Pracht weit jenes übertroffen haben, welches er bei Nancy verlor, und von welchem uns die herrlichen Teppiche, welche heute daselbst noch im Musée lorrain aufbewahrt werden, einen Begriff geben*). Die Schweizer nahmen sein Prachtschwert, an dessen Griffe sieben grosse Diamanten, sieben Rubine, Hyacinthen und Saphire und fünfzehn grosse Perlen glänzten, seinen Hut, an dem ein grosser Diamant funkelte, den mit Edelsteinen besetzten Schild, selbst seinen Rosenkranz, dessen Kugeln von grossen Rubinen und Smaragden gebildet wurden. Vor allen aber unersetzlich schien der Verlust der drei grössten damals bekannten Diamanten, deren Schliff ihnen den Ruf besonderer Schönheit verlieh, denn Karl der Kühne soll der Erste gewesen sein, welcher den Diamanten durch die Facettirung ihr wunderbares Feuer entlockte. Der grösste jener Edelsteine, der mit einer eben so grossen Perle in einem Kästchen lag, wurde zuerst von einem Schweizer fortgeworfen, weil er den Werth nicht kannte, und kam endlich, wie Johannes von Müller berichtet, für den Preis von 20,000 Ducaten in die Hand Papst Julius II., der ihn seiner dreifachen Krone einfügen liess.

Was an Gefässen aus Edelmetall erbeutet wurde, ist geradezu unglaublich. Man verkaufte silberne Prachtschüsseln, als ob sie von Zinn wären, und die erbeuteten golddurchwirkten Seiden- und

---

*) Ernst Förster, Deutsche Kunst in Wort und Bild, bringt einen dieser Teppiche in einer guten Umrisszeichnung.

Sammetstoffe, welche Karl in vierhundert Kisten bei sich geführt hatte, wurden von den Schweizern wie Landtuch ausgemessen und zerschnitten.

Leider entsprach der Geschmack der Kostüme nicht ganz der Pracht, und namentlich zeigte die Zeit des beginnenden XV. Jahrhunderts, der das hier gegebene Kostüm angehören dürfte, Ausschreitungen fast in jeder Richtung.

Charakteristisch für dieses, wie für das nachfolgende Frauen-Kostüm ist die Zerschlitzung der Säume des Rockes und der Aermel in zahlreiche Zatteln, sowie die nicht völlige Gleichheit beider Hälften der Kleidung. Die Zerschlitzung der Säume beginnt mit der Mitte des vierzehnten Jahrhunderts, wo sie über ganz Europa sich als Mode zu verbreiten beginnt, und artet durch Hinzutreten der Schellen an den Gürteln und Besätzen, sowie der Schnabelschuhe, bis zur sinnlosesten Uebertreibung aus. Unser Ritter trägt eine sogenannte Hoike, nach dem Ausdrucke der Limburger Chronik von 1350 „eine Glocke all um rund und ganz". Es ist dasselbe Kleidungsstück, welches die Franzosen dieser Zeit „houpelande" nennen. Glockenförmig und an den Schultern ziemlich eng, ist es mit einem Loche für den Hals versehen, welches zur Bequemlichkeit beim Ankleiden sich bis zur Aermelnaht der linken Schulter erweitert, hier aber durch drei goldene Knöpfe geschlossen wird. Die Hoike unseres Bildes reicht nur knapp bis über das Knie. Das Kleidungsstück gewann aber oft, namentlich in England, eine Länge bis zum Boden; die Aermel sind weit, glockenförmig, am Saume gezattelt und länger als der Rock. Die hier dargestellte ist von Purpursammet und mit weissem Pelze gefüttert, der überall an den Säumen vortritt; das knappe Wamms von farbiger Seide, welches unter der Hoike getragen wird, erscheint nur an den engen Aermeln unter den weiten Glocken. Eine Zobelpelzmütze mit grünem Hute bedeckt das Haupt; das Haar ist vom Scheitel gleichmässig über den Kopf gekämmt und an der Stirn glatt abgeschnitten. Merkwürdig erscheint die Bekleidung der Beine; dieselben werden von knapper, genähter Hose von rothem Stoffe, wahrscheinlich Seide, bedeckt; ein Schuh wird nicht getragen; der mit mässig langer Spitze versehene Fussling des Beinkleides hat Ledersohlen. Dagegen zeigt das linke Bein eine Art Gamasche von schwarzem Stoffe, welche vom Knie bis zu den Knöcheln reicht und unter dem ersteren durch ein rothes Band gehalten ist, während am rechten Bein eine Socke von demselben Stoffe, ohne Fussling, nur Hacke und Knöchel deckt. Was das Original in der Hand trägt, ist auf meiner Studie nicht genau zu sehen; ich glaube mich zu erinnern, dass es ein weisser Stab ist.

A. v. H.

BURGUNDISCHE FÜRSTIN.

ANFANG DES XV. JAHRHUNDERTS.

Von A. von HEYDEN.

Das Kostüm ist derselben Miniature entlehnt, wie das vorhergehende Blatt. Die Dame trägt eine aus rothem Sammet gefertigte Hoike, welche, durchaus mit weissem Pelz gefüttert, der
an allen Säumen hervortritt, die Gestalt verhüllt und nur mässigen
Taillenschnitt ziemlich hoch unter der Brust zeigt. Die beiden
Aermel sind von einander verschieden; der linke ist glockenförmig
geschnitten und reicht an der Vorderseite nur bis zum halben
Unterarme, während er, an der unteren Seite ausserordentliche Weite
gewinnend, länger als der Rock, auf dem Boden schleppt und,
namentlich durch das Pelzfutter ungelenk gemacht, fast die Bewegung des Armes verbirgt. Der Saum des Kleides, sowie des
linken Aermels ist in Zatteln geschlitzt, und zwar reicht der
mittelste Schlitz der Vorderseite des Kleides bis etwa zum Knie.
Der rechte Aermel zeigt eine durchaus andere Gestalt; er ist
enger und endet wenig über dem Handgelenk in einer mächtigen
Pelz-Manschette, unter welcher wiederum eine, in viele gezattelte
Streifen getheilte Leinewand-Manschette hervortritt; im vorliegenden
Falle scheint letztere über den engen Aermel des grünseidenen

13

Kleides gezogen zu sein. Auf anderen Zeichnungen jener Zeit, sogar desselben Pergamentes, scheint, wie nebenstehender Holzschnitt andeutet, die Manschette der Vordertheil eines gefältelten

Unterärmels von weissem Linnen zu sein, der durch ein Bündchen fest an das Handgelenk anschliesst. Den Kopf deckt eine Mütze von schwarzem Sammet, ein sogenannter Gugel*), dessen bis auf die Schultern herabfallende Seiten- und Rückentheile tief gezattelt und goldverbrämt sind; an dem vordersten, etwas abgerundeten Lappen ist ein kostbares Schmuckstück von Edelsteinen befestigt. Eine Kette von merkwürdig grossen Goldkugeln, welche man vielleicht für Schellen halten könnte, liegt über den Schultern; der tief auf der Hüfte getragene Gürtel von schwarzem Sammet mit Silberbeschlägen vollendet die höchst eigenartige Erscheinung. Die linke Hand trägt den mit der Haube versehenen Falken auf dem Daumen. Ein hirschlederner, vielleicht gestickter, mit langer, weicher Stulpe versehener Handschuh schützt die Hand vor den scharfen Fängen des Vogels. Der Schuh der Dame, ohne jeden Absatz, würde eine kleine Spitze zeigen müssen, sich übrigens der Form des Fusses anschmiegen und wahrscheinlich von Sammet oder Brocat gefertigt sein.

A. v. H.

—

*) Der Gugel, auch Gogel, Kokel (von cucullus, Kappe, auch Düte, Martial), ist eine, das XIV. und XV. Jahrhundert in den verschiedensten Formen beherrschende Kopfbedeckung beider Geschlechter. Bald Kapuze mit langem Schwanz, bald vollständig den Kapotten unserer Zeitgenossinnen gleich, bis auf die Schultern herabreichend und unter dem Halse geschlossen, oft sogar das ganze Gesicht bedeckend, dann aber ohne jeden vorderen Verschluss, wird dieses Kleidungsstück ein wesentlicher Theil ebenso des vornehmen Stadtkostüms, wie des Reise- oder Jagdkleides und hielt sich am längsten im Arbeiter- und Bauernstande. Näheres darüber bei Weiss, Kostümkunde, III, vor allem bei Falke, Trachten- und Modenwelt, und in dessen vortrefflichem Aufsatze „Zur Kostumgeschichte des Mittelalters".

41) FERDINAND II.,

DEUTSCHER KAISER. Um 1620.

Von JEAN LULVÈS.

Ferdinand II., ein Sohn des Herzogs Karl von Steiermark, geb.
am 9. Juli 1578 zu Graz, wurde noch bei Lebzeiten des kinderlosen
Kaisers Matthias, 1617 und 1618, zum Könige von Böhmen und
Ungarn ernannt. Ein Jahr nach dem Ausbruch des dreissigjährigen
Krieges, 1619, wurde er Kaiser, und noch mitten in den Wirren
desselben, am 15. Febr. 1637, starb er.

Das Bild von Franz Porbus d. J., welches mir zum Vorbilde zu
diesem Kostüm diente, befindet sich im königlichen Museum zu
Madrid. Das Haupthaar ist nach spanischer Weise kurz verschnitten
und hinaufgestrichen, der Bart an den Wangen kurz geschoren,
noch nicht, wie es bald darauf Sitte wurde, glatt rasirt. Der stark
gesteifte Kragen und die Manschetten haben noch den Umfang,
wie es zu Heinrichs IV. von Frankreich Zeit (1593—1610) üblich
war. Das Wamms schliesst sich an den Körper eng an und ist,
wie die breiten und kurzen Puffhosen, von schwerem, seidenem Stoff,
mit eingewirktem Muster, reich mit Besatz und Litzen verziert.
In dem ganzen Schnitt der Kleidung und in der Art, wie sie dem
Körper anliegt, verkennen wir nicht den Einfluss, welchen der

dreissigjährige Krieg auf das Kostüm seiner Zeit übte; die Farbe,
die der Mode unterworfen war, und die später noch entschiedener dem Einfluss Frankreichs unterlag, war gelbbräunlich, die
sogenannte Farbe à la mode. Die Unterkleider, von denen
nur die Aermel sichtbar, sind von blassrosa Seide, mit kleinen
Puffen oder Crevés. Auf der Schulter liegt das Mäntelchen mit
hohem Kragen von gepresstem, schwarzem Sammet, allerdings
noch eine Hinterlassenschaft der spanischen Tracht; der breite
Besatz von Litzen und aufgenähten Seiden- und Goldborten ist
der Farbe des Wammses angemessen. Bemerkenswerth ist der
Hut, der, niedriger als der spanische und steifer als der deutsche,
besonders auffallend wird durch den Schmuck einer breiten Goldkette, die in dieser Art selten so spät vorkommt, und einer
langen, schwarzen Feder. Eng anliegende Tricots von schwarzer
Farbe und schwarze Sammet-Schuhe (mit Schleifen), deren gerader
Abschnitt an der Spitze des Fusses erst zu dieser Zeit üblich
wurde, vollenden die Tracht.

Das ungewöhnlich lange Schwert, an dessen Griff eine kleine
Kaiserkrone mit Heiligen-Figuren den Knopf bildet, ist reich mit
Gold-Ornamenten ciselirt und hängt noch an dem gleichfalls reich
vergoldeten Hüftgürtel. Der Orden des goldenen Vliesses wird
an einer Goldkette getragen.

J. L.

40 JOHANNA,

HERZOGIN VON FLORENZ, GEB. ERZHERZOGIN VON ÖSTERREICH. GEB. 1547; GEST. 1578.

Von JEAN LULVÈS.

Johanna war die jüngste Tochter des Kaisers Ferdinand I. und Anna's, der Tochter des Königs Ladislaw von Ungarn und Böhmen; sie wurde zu Prag am 24. Januar 1547 geboren. Nach ihres Vaters Tode wurde sie im November 1565 mit Franz Maria, Herzog von Florenz, vermält, dem sie drei Kinder gebar; sie starb im Kindbette 1578 zu Florenz und ward daselbst in der Kirche St. Laurentii begraben. 1579 vermälte sich Franz Maria, der nach seines Vaters Tode, 1574, den Rang eines Grossherzogs von Toscana erhalten hatte, mit der Venetianerin Bianca Capello; Beide starben zusammen am 9. Oct. 1587, muthmasslich durch Gift.

Das Portrait Johanna's, von Antonio Moro gemalt, bietet uns ein schönes und charaktervolles Kostüm, welches den raschen Wechsel der Mode nach Ferdinands Tode kennzeichnet. Zuerst fällt uns die Entfernung der Schleppe auf, welche in der ersten Hälfte des Jahrhunderts gerade in den höchsten Gesellschaftskreisen durch die immer mehr zur Anwendung gebrachten schweren und steifen Sammet- und Brocatstoffe verdrängt worden war. Man fing dagegen an, ein besonderes Untergestell unter dem Kleide zu tragen, welches etwas später noch an Ausdehnung gewann und die Kleider glockenförmig ausspannte. Die Entblössung des Halses und der Schultern wurde aufgegeben: das Leibchen, mit dem Rocke zusammenhängend geschnitten, oder auch, wie unsere Kostüm-Figur zeigt, davon getrennt, wurde derartig auswattirt, dass es auch bei engster Schnürung die Wölbung des Busens kaum ahnen liess; doch wurde es noch nicht über die Schultern hin erweitert, diese aber wurden nebst dem Halse vollständig mit einem Kragentuche verhüllt. Man wählte dazu am liebsten Weisszeug, theils mit Stickereien in Gold, Silber oder, wie hier, mit Litze verziert, damit auch der leiseste Schein von Blösse ausgeschlossen war; zudem versah man es oben ringsum mit einer, dem männlichen Kragen völlig gleichen, knappen Krause. Das Unterkleid war vollständig durch das vorn geschlossene Oberkleid gedeckt; lediglich dessen Aermel waren sichtbar, und zwar nur über dem Handgelenke; es war von Goldbrocat, mit einer in zierlichem Muster aufgenähten Litze geschmückt. Das Oberkleid, von rothem Sammet, dessen Ränder mit mehreren Borten neben einander, und dessen vordere Mitte mit reicher Goldarbeit, Steinen und Perlen besetzt war, machte einen entschieden reichen Eindruck. Die langen Hänge-Aermel der früheren Zeit sind verschwunden und minder weit geworden:

sie erhielten Schlitzen und wurden am Rande mit Borten und Perlen besetzt. Unsere Figur zeigt den Aermel in verschiedenen Abtheilungen, nach Belieben ganz oder theilweise, mit Nesteln, „Aiguillettes", gebunden. Diese Nesteln bestanden aus dünnen Leder-Riemen oder Band, welche am Ende mit einem Stückchen Blech, entweder vergoldet oder versilbert, versehen waren; sie wurden zum Zusammenhalten der verschiedenen Theile des Anzuges gebraucht und spielten in späteren Jahren eine grosse Rolle. Das Unterzeug der Oberärmel war von weissem Atlas. Der Gürtel, der die Taille umschlang, und zwar so, dass der ausgezackte und mit Borte besetzte Schluss derselben sichtbar war, bestand aus farbigem Leder, Saffian oder Maroquin, überzogen mit Sammet, überdeckt mit Gold, Perlen und Edelsteinen; er war gleichmässig, wie das Schnallenwerk, aus einzelnen metallenen Verzierungen, in Gestalt einer Kette, „Chatelaine", zusammengestellt. Die Handschuhe, von denen der Männer nur durch reicheren Schmuck unterschieden, waren von Wolle oder Seide und von verschiedenen Farben; sie wurden allgemein in der Hand gehalten. Das Haar war zurückgekämmt und hinten eng geflochten, eingeschlossen in das vielfach verbreitete, knapp anliegende Hinterhaupt-Käppchen oder die Netzhaube; als eigentliche Kopfbedeckung gab es kleine, niedrige Hauben, mit schmalem, anliegendem Rande, von Goldfäden und mit Edelsteinen besetzt. Man fuhr fort, sich des Schleiers zu bedienen, theils ohne Kopfbedeckung, theils so, dass man dieselbe über dem Schleier aufsetzte oder die Kopfbedeckung mit dem Schleier verband. Letzterer wurde fast unmittelbar über dem Haaransatz befestigt und fiel als kurze „Mantilla" an den Seiten gleich lang herab; er war von dünner Seide, längs den Kanten mit Stickereien und Flitterwerk besetzt. Die Fussbekleidung, die hier nicht sichtbar ist, entsprach im Ganzen den leichten, zierlichen Schuhen der Männer, nur dass man sie noch kostbarer ausstattete; ein eigentlicher Absatz unter der Sohle, zur Hebung der Hacke des Fusses, war noch nicht vorhanden. An Schmucksachen liess man es nicht fehlen; eine schwere Halskette von künstlich gefassten Edelsteinen, Ohrgehänge, Fingerringe, Knöpfe mit Steinen, gehörten zum guten Ton; ein kostbares, goldenes Kreuz, welches auf der Brust hing und, wie zu jener Zeit üblich war, eine Reliquie in sich schloss, nebst dem schon erwähnten Gürtel, trug wesentlich dazu bei, der weiblichen Gesammt-Erscheinung einen vornehmen Charakter zu geben.

Zum Schluss möchte ich noch auf die ungewöhnliche Höhe des Tisches aufmerksam machen, der wahrscheinlich zu besonderen Zwecken diente, da ich bei der historischen Genauigkeit des Originals nicht annehmen kann, dass derselbe eine Willkür des Malers sei; jedenfalls muss ich die Verantwortlichkeit dafür dem Antonio Moro überlassen.

J. L.

¹⁵⁷ OBERÖSTERREICHISCHER BAUER.

ZEIT DES ÖSTERREICHISCHEN BAUERNKRIEGES, 1626.

Von ALOIS GREIL.

Unser Bild beruht auf Studien, welche theils nach Sammel-
stücken des Landes-Museums zu Linz, theils nach gleichzeitigen
Bildern gemacht wurden. Es stellt einen Mann aus dem Bauern-
heere dar, welches, unter Führung des ehemaligen Hutmachers
Stephan Fadinger (gest. den 5. Juli 1626 in Folge einer Verwun-
dung) und später seines Nachfolgers, des geächteten Edlen Achaz
Wiellinger, den in Oberösterreich vom Statthalter Grafen von
Herberstorf gewaltsam niedergedrückten Protestantismus verthei-
digte und nach hartnäckigem Kampfe, in welchem der Graf in
Linz eingeschlossen wurde, bei Gmunden den Kürassieren Pappen-
heim's erlag. Viele Tausende der Bauern hatten ihr Leben auf
der Walstatt gelassen, und gegen Hundert ihrer Anführer wurden
gefangen nach Linz gebracht, wo sofort eine eigene Executions-
Commission eingesetzt wurde. Bereits am 26. März 1627 begannen
die Hinrichtungen. Achaz Wiellinger und noch vierzehn seiner
Hauptleute wurden geviertheilt und die zerstückelten Leichname
zum abschreckenden Beispiele, auf Spiesse gesteckt, zur Schau
ausgestellt. Andere wurden zu schweren Leibesstrafen theils in

die Grenzhäuser, theils in den Stadtgraben zu Wien gebracht, wenige nur zu Geldstrafen begnadigt. Die Ruhe war wiederhergestellt und mit ihr der Katholicismus.

Der düstere Charakter jener Zeit spiegelt sich getreu in der Tracht wieder. Höchst einfach im Zuschnitt und äusserst derb im Stoffe ist die Kleidung des „Bauernrebellen", wie die katholische Partei ihre Gegner nannte. Am Oberkörper trägt er zunächst eine Art Weste von rothem oder schwarzem Tuche (Brustfleck) und darüber ein jackenartiges Wamms. beide Kleidungsstücke mit Metallknöpfen besetzt. Die Aermel des Wammses sind an den Schultern faltig erweitert, schliessen jedoch am

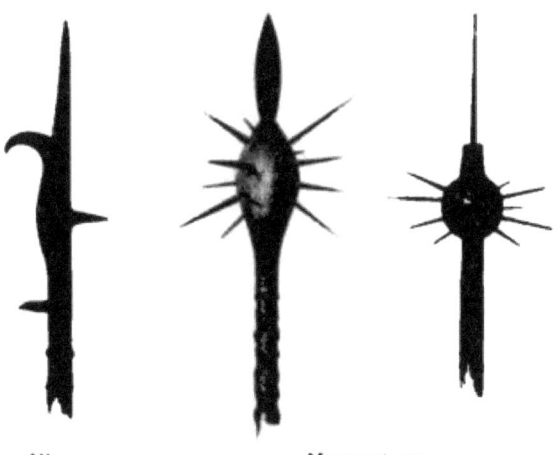

Hippe.   Morgensterne.

Unterarme knapp an*). Um den Hals fällt eine weite Leinewandkrause; ebenso treten am Handgelenk die Enden der Hemdärmel hervor. Dunkel gefärbte, weite Beinkleider von derbem Tuche,

*) Auch schwarze Oberkleider mit weissem Kreuz auf der Brust wurden getragen.

unter den Knieen mit Bändern festgenestelt, und grobe, blaue oder graue Wollenstrümpfe, sowie rohgearbeitete Bundschuhe vollenden die Bekleidung, zu der schliesslich noch ein breiter Ledergürtel um die Mitte des Leibes kommt, der zugleich einem Einschlagemesser oder, wie auf unserer Abbildung, einer Radschlosspistole als Halt dient. Auf dem vollbärtigen Kopfe sitzt der braune „Jodelhut" mit der Hahnenfeder. Als Bewaffnung dienten neben der Hakenbüchse, dem Radschlossgewehre, der Helmbarte, der Hippe, Sense, dem Morgenstern u. dgl. auch der, durch eingetriebene Eisenstacheln noch furchtbarer gemachte Dreschflegel, oder das in eine Partisane umgearbeitete Futterschneidemesser. So mussten die Werkzeuge des Friedens sich zur Waffe bilden in der Faust des zum Kriege gezwungenen Landmannes.

A. G.

·

OBERÖSTERREICHISCHE BAUERSFRAU.

ZEIT DES ÖSTERREICHISCHEN BAUERNKRIEGES, 1626.

Von ALOIS GREIL.

Dasselbe Gepräge derber Einfachheit, welches die Männertracht dieser Zeit-Epoche an sich trägt, kommt auch bei der
Kleidung der Frauen zum Ausdruck.

Dem vorliegenden Blatte diente eine alte bildliche Darstellung einer Kindtaufe aus jenen Tagen, im Besitze der Abtei
Kremsmünster, als Grundlage. Die Tracht besteht aus dem
mässig langen Rocke aus dunklem Wollenstoffe, sowie der gleichfarbigen, an der Taille knapp schliessenden Jacke mit Schössen;
die Aermel derselben sind, ähnlich wie beim Wammse des Mannes,
über dem Ellenbogen weit und faltig. Als Aufputz sind an der
Jacke übersponnene Knöpfe und Nesteln angebracht, sowie in
der Mitte über der Brust eine Gold- oder Silbertresse. Ueber
den Rock breitet sich eine sehr breite, am unteren Ende mit
Zwirnstickereien versehene, weisse Schürze, die Hochzeitschürze, die
als solche an manchen Orten jetzt noch üblich ist; um den Hals
legt sich eine gesteifte Halskrause, kleiner, aber enger gefältelt,
als beim Manne. Um den Kopf ist das, auch heutzutage noch
gebräuchliche Kopftuch gebunden, und über diesem sehen wir einen

hohen, schwarzen Filzhut mit sehr breiter Krempe. Die Füsse schützen rothe oder blaue Wollenstrümpfe und weit ausgeschnittene Lederschuhe. Das Gesangbuch und das linnene Schnupftuch in der einen Hand, trägt die Bäuerin an der anderen den sogenannten Zöger, eine Art Handtasche von Leder mit aufgenähten Zieraten, in der Form einem Feuereimer nicht unähnlich. Auch heute noch sind diese Handtaschen hier und da im Gebrauch.

A. G.

VOLKS-TRACHTEN.

[391] KROATISCHER BAUER.

Von FRANZ SKARBINA.

Zwischen den Ausläufern der südöstlichen Alpen und den Flussgebieten der Drave (Drau) und Save (Sau) breitet sich ein weites, herrliches Gebirgsland aus, dessen Volk einst mächtig in die Weltgeschichte eingriff, und dessen alte Königsstadt und Banus-Residenz Agram noch heute die Spuren der Macht und Unabhängigkeit längst vergangener Jahrhunderte trägt. Es ist das alte Königreich Kroatien, oder auch das dreieinige Königreich Kroatien, Slavonien und Dalmatien.

Seine, der unverfälschten slavischen Race angehörigen Bewohner geben in ihrer, durchweg aus weissem Linnen und weissem Schafpelz bestehenden und mit rothen Zieraten geschmückten Kleidung gleichsam einen äusserlichen Beleg ihres fröhlichen, feurigen Temperamentes, wie es die sonnige und farbenprächtige südliche Natur ihren Kindern fast immer zu Theil werden lässt.

Ein weisses, seltener graues oder grünblaues Hemd aus fester, selbstgefertigter Leinewand deckt den Oberkörper und fällt über die sehr weiten Gatyen, d. h. aus festem Leinen bestehende, weite und lange Beinkleider, welche am unteren Rande ausgefranzt sind. Ueber das Hemd zieht der kroatische Bauer die zahlreich beknöpfte

Weste. Der Schafpelz über der Kleidung wird Sommer und Winter getragen; er ist ebenfalls weiss und hat Jackenform; seine nach aussen gekehrte Fleischseite ist an den Vordertheilen, an den Schultern, in der Mitte des Rückens und an den Aermel-Aufschlägen je nach Geschmack des Besitzers mit darauf genähten und gestickten rothen Zieraten versehen. Die Füsse decken die bei allen slavischen und romanischen Völkerschaften üblichen Opànyek, eine Art Bundschuh oder Sandale, wie sie für ein rauhes, gebirgiges Terrain wohl kaum besser gedacht werden kann. Ein Stück starkes, elastisches Leder schützt die Sohle und, da die Ränder umgebogen sind, auch zugleich die Seitentheile des Fusses, während der Fussrücken und die Zehen durch ein daran genähtes Vorderblatt ihren Schutz erhalten. Der Rand der Opànyek ist ausserdem von Riemen durchzogen, die, um den Unterschenkel geschlungen, den Schuh am Fusse festhalten. Häufig werden auch die Gatyen mit hineingebunden. Ausser dem, mit der Wolle nach innen getragenen Schafpelz trägt der Kroat die auch in Ungarn übliche Bunda, einen aus grauweissem oder graubraunem, friesartigem Stoffe gefertigten, weiten Mantel. Die Bunda ist ärmellos und mit grossem Kragen versehen, wird vorn zugebunden und ist meist auch durch Schnurbesatz oder rothe Stickerei verziert. Den Kopf schützt ein niedriger Stroh- oder Filzhut mit breiter flacher Krämpe; in seinem Bande stecken Alpenblumen oder an Feiertagen auch Heiligenbildchen und künstliche Blumen.

Noch muss die nie fehlende Umhängetasche erwähnt werden; an einem breiten, über die Schulter gehenden Riemen hangend, ist sie die stete Begleiterin des kroatischen Bauern und für seine unentbehrlichsten Bedürfnisse bestimmt. Der Deckel, welcher die ganze Tasche bedeckt, ist weiss überzogen und durch horizontal darüberlaufende, rothwollene Franzenreihen verziert.

Eine eigenthümliche, in alte Zeiten zurückreichende Form hat die ebenfalls selten fehlende Tschuttura oder hölzerne Weinflasche von oft beträchtlicher Grösse. Sie stimmt mit den Flaschenformen, welche man auf den Altarschnitzereien und -Gemälden des

XV. Jahrhunderts findet, genau überein. Die Flasche wird aus einem Stück hartem Holz gedreht, innen ausgestemmt und vorn durch eine handtellergrosse Holzscheibe verschlossen; ausserdem sind unten Holzfüsse und auf der Vorderseite eingeschnittene und gemalte Zieraten angebracht.

Das Modell dieses weissbärtigen Paztiren (Hirten) fand ich in Prekrižje bei Agram.

F. Sk.

*) KROATISCHES BAUERNMÄDCHEN.

Von FRANZ SKARBINA.

Auf den vielen, alljährlich wiederkehrenden kirchlichen Feier-
tagen der katholischen Kirche in Kroatien, von denen einer der
vornehmsten der St. Jacobstag ist, welcher auf dem Slemen und
St. Jacobsberge bei Agram in einer, diesem Heiligen geweihten
Wallfahrtskapelle mit vielem Gepränge gefeiert wird, entwickelt
sich die ganze Gluth und Lebhaftigkeit des feurigen, südlichen
Temperamentes der kroatischen Völkerschaften und zeigt dem
Fremdling in überraschender Weise den grossen Unterschied des
nordischen und südlichen Völkerlebens und Charakters. Unsere
Fest-Figur ist dem nationalen Kolo- oder Kreistanz entnommen.

Das blusenartige, bis zum Halse geschlossene Hemd ist vorn
mit buntdurchwirkten, wollenen Bändern zusammengehalten und
geschmückt, deren Endungen aus vielen ebenfalls farbigen, wollenen
Puscheln oder aus Quasten von geflochtenem Silberdraht bestehen.
Die Aermel des Hemdes haben eine, von der Schulter aus über
den Ellenbogen weg sich erweiternde Form und lassen mit ihrem
unteren, gestickten Ansatz entweder den halben Unterarm frei, oder
sie sind am Handgelenk geschlossen und bauschen sich infolge
ihrer Weite über dasselbe noch hinweg. In vielen Fällen verziert
den Aermel unter der Schulter noch ein, von vorn nach hinten

32

laufender, gestickter Streifen. Den hier sehr eigenthümlichen Kopfputz bildet eine Art von Mütze, deren seitlicher und hinterer Rand sich in ein über den halben Rücken fallendes Tuch verlängert. Sie wird einfach über den Kopf gestülpt und beliebig weit nach vorn geschoben, wie es zum Schutz gegen Sonne und Wetter gerade erforderlich ist, während der hintere Theil lose und frei herabhängt, dem Haar freien Spielraum lassend. Aus starkem, grauwollenem Stoffe bestehend, hat die Mütze einen rothen oder blauen Boden. Die Schürze aus roth- und graugemustertem Stoffe ist meist so lang, dass sie über den Kleidersaum hinwegfällt; sie wird daher vielfach zusammengenommen und oben festgesteckt. Bemerkenswerth ist noch, dass die farbigen Verzierungen oder Streifen an Röcken, Schürzen u. dgl. nie aufgenäht, sondern in den Stoff hineingewebt sind. Die Fussbekleidung besteht bei diesem Fest-Kostüm in den bis unter die Kniee reichenden ungarischen Csizmen.

Der plumpe Eindruck, den dieses männliche Bekleidungsstück dem weiblichen Fusse giebt, wird, obschon man es möglichst zierlich herstellt, hauptsächlich durch die Anmuth der Bewegungen aufgehoben. Bei den landesüblichen Tänzen, und in erster Reihe beim Kolo, entwickeln die gestiefelten Tänzerinnen eine solche Grazie und Biegsamkeit, dass diese Fussbekleidung als ganz selbstverständlich und am Platze gehörig erscheint. Ausserdem findet man aber auch die, dem weiblichen Fusse angemessenere, geschnürte Stiefelette (Opányck), welche andererseits in Ungarn und Kroatien wieder zur männlichen nationalen Bekleidung gehört, wie denn auch den kroatischen und ungarischen Infanterie-Regimentern keine militärische Bestimmung diese landesübliche Tracht nehmen konnte.

F. Sk.

42) BAUER AUS KLEIN-BREMEN

BEI MINDEN, WESTFALEN.

Von FRIEDRICH HIDDEMANN.

Wenn man mit der Eisenbahn von Cöln nach Berlin fährt, merkt man, sowie man in der Nähe von Minden die Weser überschreitet, auch schon im schnellen Vorüberfluge, dass der Fluss zwei Zweige eines und desselben Volksstammes von einander trennt, welche weniger hinsichtlich des Körperbaues und der Gesichtsbildung sich unterscheiden, als hinsichtlich der Sitten und Gebräuche, der Kleidung und der Wohnhäuser. Bei Minden verlässt der Reisende Westfalen im weiteren Sinne, das Land zwischen Niederrhein und Weser, hier besonders das einstige Besitzthum des gewaltigen Wittekind, das alte Engern, und er tritt ein in Ostfalen, in das Land zwischen Weser und Elbe. Verschwunden ist der blaue Leinwandkittel, die Bluse, welche bis hierher ein Hauptbekleidungsstück der Männer bildete; an die Stelle des Kittels tritt der charakteristische weissleinene Rock und der breitkrämpige, runde, schwarze Filzhut in grösster Formverschiedenheit, und sie begleiten fortan den Reisenden bis in das Land der Cherusker, bis zum Herzogthum Braunschweig, hinter welchem sie dann wieder der städtischen Kleidung weichen müssen.

Es ist ein tüchtiger, kräftiger, treuherziger, biederer Menschenschlag, der hier am Süntel und am Deister seinen Wohnsitz hat und sich durch Ackerbau, Garn- und Leinewandweberei, sowie durch den Betrieb der Steinkohlengruben ernährt. Nicht reich und nur in

34

einzelnen Theilen wohlhabend, führt doch der genügsame Bewohner dieses Landstriches ein zufriedenes Leben. Wie in seinen Ernte-Gebräuchen sich noch vielfach Spuren des alten Heidenthums nachweisen lassen, wie er mehr als Andere am Aberglauben hängt, so ist der Landmann der Minden-Bückeburger Gegend auch noch einer der wenigen Landbewohner, welche bis jetzt ihrer alten, im Ganzen wenig geschmackvollen Kleidertracht treu geblieben sind. Zäh, wie die knorrigen Eichen, welche seinen Hof umschatten, hält er zwar mehr als seine Nachbarn am Althergebrachten fest; aber auch hier beginnt mehr und mehr der Einfluss der städtischen Kleidung der ländlichen Eintrag zu thun, und namentlich die junge männliche Bevölkerung kehrt, wenn sie nach dreijährigem Militärdienste wieder in das väterliche Haus eintritt, nur ungern zur alten Tracht der Väter zurück. Unvermerkt und still ergeben sich auch in diesen Gegenden Aenderungen in Sitte und Tracht von selbst.

Sehen wir uns den Bauern aus dem in der Nähe von Bückeburg liegenden preussischen Dorfe Klein-Bremen an, welches in politischer Hinsicht zwar noch zur Provinz Westfalen, Regierungsbezirk Minden, gehört, dessen Bewohner aber bereits zu den Ostfalen gerechnet werden; er zeigt, wenn auch der runde Hut den grössten Theil des Kopfes bedeckt, den echt germanischen Spössling: blonde, schlichte Haare, blaue Augen und starken, gedrungenen Körperbau. Der Bauer der Gegend von Minden und Bückeburg geht von Jugend auf selten unbedeckten Hauptes. Im Hause und bei der Arbeit trägt im Sommer Jung und Alt die buntgewebte Zipfelmütze, im Winter die wärmende Pelzmütze, den sogenannten Barthel. Sie besteht aus einem Kopftheile, gewöhnlich von grünem Sammet, und ist am Vordertheile breit, am Hintertheile schmäler mit Pelz besetzt und mit Gold- oder Seidenborte und mit Troddel verziert. Geht der Bauer zur Stadt oder über Land, so tritt an Stelle der Mütze der breitkrämpige, an der Vorderseite etwas aufgeschlagene, schwarze, runde Filzhut. Den niedrigen Hutkopf umschliesst ein breiteres oder schmäleres Sammetband, welches gewöhnlich durch eine grosse Schnalle von

Messing oder Silber zusammengehalten wird. Das Gesicht wird
durch das in der Mitte gescheitelte, nach beiden Seiten herabfallende Haar eingerahmt. Ueber der tief herabreichenden, mit
zwei Reihen Metallknöpfe besetzten, aus dunklem Tuche bestehenden Weste mit schmalem, stehendem Kragen trägt der Bückeburger
Bauer den langen, weissen, waschbaren Rock aus starkem Leinen
oder Drillich. Bis zur Hälfte ist der vordere Theil des hinten geschlossenen Rockes mit carminrothem Flanell gefüttert, ebenso
der Vorstoss der zu den Taschen führenden Schlitze. Oft ist auch
der Rock bis unten hin mit dem hochrothen Wollstoffe gefüttert;
jedoch bleibt in diesem Falle stets etwa eine Handbreit vom
unteren Saume der weisse Drillich sichtbar. Besetzt ist der Rock
mit einer dichten Reihe Knöpfe von gelbem Metall; gewöhnlich
wird er offen getragen. Selten hat der Rock einen stehenden,
kurzen Kragen; in der Regel ist er ohne einen solchen. Um den
Hals ist ein dickes, schwarzes Tuch von Wollenstoff geschlungen,
aus welchem der weisse Hemdkragen etwas hervorsieht. Früher
trug der Bückeburger Bauer eine kurze, gelbe oder schwarze
Lederhose; jetzt ist an deren Stelle eine Kniehose von braunem
oder dunkelgrünem Baumwollensammet (Manchester) getreten,
welche am Knie an der Aussenseite mit vier bis sechs Metallknöpfen geschlossen wird. Auch diese Hose ist bereits vielfach
durch das lange städtische Beinkleid verdrängt. Unter der Weste
hervor sieht die schwere Uhrkette; die Uhr selbst wird in einem
Täschchen an der Innenseite der Hose getragen. Den Anzug
vervollständigen im Sommer lange, bis zum Knie reichende, blaue
oder schwarze Wollenstrümpfe mit Schnallenschuhen, im Winter
aber hohe, nicht ganz bis zum Knie hinaufgehende Stiefel, welche
die Strümpfe etwas sehen lassen. Selten geht der Bückeburger
Bauer über Land, ohne die kurze Pfeife mit silberbeschlagenem
Holzkopfe in Brand zu setzen, denn in dieser Gegend behauptet
die Pfeife noch ihr altes Recht.

F. Spehr.

⁽¹⁾ BÄUERIN AUS KLEIN-BREMEN

BEI MINDEN, WESTFALEN.

Von FRIEDRICH HIDDEMANN.

Mehr noch als die männliche ländliche Bevölkerung in der Umgegend von Minden und Bückeburg hält die weibliche an der alten Tracht fest. Wenn sich auch allmälig andere Sitten und Gebräuche eindrängen, im grossen Ganzen ist die weibliche Kleidung seit langer Zeit dieselbe geblieben, höchstens, dass hinsichtlich der Stoffe eine Aenderung eingetreten ist. Wie bei den männlichen Landbewohnern vornehmlich der weissleinene Rock das charakteristische Kleidungsstück bildet, so bei den Frauen der Rock von grellrother Farbe.

Die Bäuerin der Ortschaften zwischen Minden und Bückeburg trägt das Haar auf dem Scheitel schlicht aufgebunden und darüber eine steif gefütterte, mit schwarzem Stoffe überzogene breiteckige Mütze, welche ersteres ganz bedeckt. Hinten an der Mütze befindet sich eine Schleife von breitem, schwarzseidenem Bande, welche bis zum Rücken reicht und als Zierat da ist, während vorn eine gleiche Schleife, deren Bänder auf die Brust herabgehen, zugleich zum Festbinden dient. Vor der Mütze wird ein mit blauen oder weissen Perlen besticktes Stirnband von schwarzem Sammet mit einer kleinen Schneppe in der Mitte getragen. Den Hals umschliesst bei Wohlhabenderen ein Halsband von dicken Bernsteinperlen mit silbernem Schloss, bei Geringeren ein solches von grossen, gelben Glasperlen ohne Schloss. Ein breiter, gefälteter Kragen von weissem Linnen fällt auf die Schultern. Das Mieder, welches bis zur kurzen Taille reicht, ist gewöhnlich aus dunklem Tuch oder Kattun und mit Sammet- oder Seidenband besetzt. Die Aermel desselben reichen nicht ganz bis zum Ellenbogen, lassen die Hemdsärmel ein wenig hervortreten und den Unterarm frei. Die Schultern deckt bis zur Hälfte des Oberarmes ein über das Mieder geschlagenes, grün- oder schwarzseidenes, auch wohl halbseidenes oder kattunenes Tuch mit bunter Blumenkante. Geht die Bäuerin im grossen Staate zur Stadt, so trägt sie lange, den Unterarm bedeckende, gewöhnlich grünfarbige Handschuhe ohne Finger oder auch statt derselben breite, bestickte Sammet-Armbänder, sogenannte Mauen. Von der kurzen Taille herab bis auf den halben Unterschenkel reicht der Rock von rothem Flanell. Derselbe ist vorn glatt, hinten aber eng gefaltet. Der untere Saum ist mit einem breiten Streifen von schwarzem Sammet besetzt. Vorn wird der Rock geschützt durch eine Schürze von schwarzem Seidenstoff oder auch einfarbigem, gewöhnlich violettblauem Glanzkattun. Unterhalb des Rockes sind die hellblauen Strümpfe sichtbar, welche auf dem Spann mit bunter, meistens rother, auch wohl mit weisser Wolle bestickt sind. Sehr weit ausgeschnittene, derbe Lederschuhe, welche vorn eben die Zehen decken, hinten aber einen niedrigen Absatz haben, lassen diese Stickerei vollständig hervortreten. Selten geht eine Bäuerin über Land ohne grossen Familienschirm; doch dient derselbe im Grunde mehr gegen die Sonne, als gegen den Regen. Gehen die Frauen bei einem Regenwetter zur Stadt und zu Markte, so tragen sie allgemein ein grosses, weissleinenes Regentuch, welches den ganzen Körper einhüllt und auch den Marktkorb bedeckt.

F. Spehr.

151 MONTENEGRINER AUS CETTINJE.

Von CARL WERNER.

Unsere Zeichnung führt uns einen Bewohner der schwarzen
Berge vor, einen Sohn jenes tapferen und unerschrockenen
Völkchens, das sich in fortdauerndem Kampfe mit den Türken
seit Jahrhunderten seine Unabhängigkeit zu bewahren gewusst
hat, wenngleich es in jüngster Zeit, nach dem unglücklichen
Kriege von 1861 und 1862, die Oberherrlichkeit der Pforte an-
erkennen musste. Wie schon der Name Zernagora, oder, wie es
zuerst die Venetianer nannten, und wie es seitdem im Abend-
lande gebräuchlich geblieben, der Name Montenegro andeutet,
ist der District der schwarzen Berge unwirthlich und von düste-
rem Aussehen, ein armes und rauhes Ländchen; und rauh und
arm, wie die sie umgebende Natur, sind auch seine Bewohner,
dabei aber ehrlich, von einfachen Sitten und unberührt von
manchem schädlichen Einflusse, welchen die fortschreitende Cultur
anderen Völkern gebracht hat. Glücklich und zufrieden leben
diese Bergbewohner, etwa 120,000 in 39 Stämmen (Plemena) an
der Zahl, unter einer patriarchalischen Verfassung, in weltlichen
Dingen ihrem Fürsten, in geistlichen, obwohl sie, zur griechisch-
katholischen Kirche gehörend, im Kaiser von Russland ihr geist-
liches Oberhaupt erkennen, dem Archimandriten des Klosters

Ostrok unterthan. Der Ackerbau ist bei dem unwirthlichen Boden gering, die Viehzucht daher der herrschende Nahrungszweig. Allwöchentlich kommen die Landleute von ihren Bergen herab nach dem kleinen dalmatinischen Küstenorte Cattāro, um auf dem dortigen Markte, der dreimal in der Woche stattfindet, ihre Hammel zu verkaufen und dafür ihre Bedürfnisse, als Kleiderstoffe, Waffen, Pulver etc., einzutauschen.

Die Kleidung der Männer, die meist sechs Fuss gross, schön und kräftig gebaut sind, ist malerisch und erinnert theilweise schon an den Orient, namentlich durch den Tarbusch, — eine rothe Mütze mit langer, blauer Seidenquaste, — und den denselben umgebenden, meist grünen Turban. Das Haar ist oben kurz geschoren, hinten lang herabfallend, wie bei den Istriern; Wangen und Kinn sind meist glatt rasirt. Der Hals wird nur bei sehr rauher Witterung durch ein Tuch geschützt; das Hemd ist vorn durch einen Knopf geschlossen. Die Knöpfe des langen Rockes aus gelblich weissem Flanellstoff sind von Silber. Ueber die linke Schulter trägt der Montenegriner eine fünf Ellen lange und eine Elle breite Decke, Strukka genannt, bunt und an beiden Enden reich mit Fransen besetzt, welches Kleidungsstück bei schlechtem Wetter als Umhüllung und des Nachts als Deckbett dient. Diese Strukka, aus Ziegenhaaren gewirkt, ist meist von schwärzlich brauner, hin und wieder auch von schwarzer und rother Farbe. An Festtagen tragen die Wohlhabenderen eine Jacke ohne Aermel von grünem, rothem oder schwarzem Sammet, mit Seide ausgenäht, oft mit Pelz verbrämt, an den Vordertheilen tressenartig mit vielen eng zusammenstehenden Reihen übereinandergeschobener Metallknöpfe verziert, die zugleich als eine Art Panzer dienen. Im breiten, ledernen Gürtel steckt der zwei Fuss lange Handschar, — das türkische Messer, — sowie häufig Pistolen und eigenthümliche Ladestöcke mit einer Kugel an dem oberen Ende, die, von Holz, aber reich mit Silber eingelegt, beim Laden als Hammer dient; nebenbei ist meist eine Anzahl kleiner Patrontaschen am Gürtel befestigt, und die fünf Fuss lange albanesische

Flinte fehlt fast nie, ebensowenig das Pulverhorn, das an einem Riemen über der Schulter hängt. Weite blaue Kniehosen, sowie bunte Socken über den weisswollenen Strümpfen und Schuhe aus fein geschnittenen Lederriemen, die Opanken, vervollständigen das Kostüm.

Stets sieht man den Montenegriner aus einer halblangen, türkischen Pfeife rauchend; seine Haltung ist selbstbewusst, und eine gewisse Würde kennzeichnet alle seine Bewegungen. Er ist umgänglich, wenn man in seiner Sprache mit ihm zu reden weiss, dabei äusserst gutmüthig, sittlich, ernst, mässig, einfach, gastfrei, voller Liebe für sein Vaterland, aber jähzornig und zu Gewaltthaten geneigt. Noch herrscht unter diesem Volke die Blutrache, auch hängt es, wie alle Südländer, sehr am Aberglauben, namentlich ist der Glaube an den „Wehrwolf" noch überall vorhanden.

C. W.

⁴⁶⁾ MONTENEGRINERIN AUS POSTINJE.

Von CARL WERNER.

Im Kostüm der montenegrinischen Weiber tritt der orientalische Charakter noch bestimmter hervor, als in dem der Männer; namentlich erinnert das aus weisser Leinewand gefertigte Tuch über dem Kopfe, welches das halbe Gesicht bedeckt, an die Sitte des Orients, ferner auch der Tarbusch mit seiner Verzierung von Gold- und Silbermünzen oder kleinen, silbernen Hufeisen. Dieser Tarbusch verdeckt den grössten Theil des Haares, von welchem meist nur zwei dünne, straff geflochtene Zöpfe sichtbar sind, die zu beiden Seiten des Gesichtes herabhängen, häufig aber auch durch bunte, am Tarbusch befestigte Seidenquasten, öfters mit eingeflochtenen Münzen, ersetzt werden. In allem Uebrigen macht sich mehr der abendländische Einfluss geltend, namentlich in den sehr dicken und groben Wollenstoffen, welche die Montenegrinerinnen zu ihren Röcken verwenden. Diese Röcke, die auch den Oberkörper bis auf einen ziemlich tiefen Halsausschnitt bedecken, wo das reich mit blauen und rothen Stickereien versehene Hemd sichtbar wird, sind in der Regel blau oder grün, mit rothen Streifen besetzt, auch in umgekehrter Farbenzusammenstellung; darüber wird ein vorn offenes Oberkleid getragen von gelblich weissem Wollenstoff, mit farbigen Borten reich verziert und durch einen breiten Ledergürtel zusammengehalten; an diesem hängt ein Kästchen mit Nähzeug u. s. w.; im Gürtel steckt ein fusslanger Dolch. Eine einfache glatte, ringsum mit bunten Fransen besetzte Schürze vollendet den Anzug, der in seinem Total-Effect nicht ohne malerischen Reiz ist. Die Fussbekleidung ist derjenigen der Männer durchaus ähnlich; es sind dieselben bunten Socken und Schuhe aus Lederriemen. Als Schmuck um den Hals werden Korallenschnüre oder Glasperlen und anderes, meist unechtes Geschmeide getragen; in den Ohren hängen grosse Metallringe, deren viele auch die Finger schmücken; Bräute und junge Frauen tragen ein Geflecht auf dem Kopfe, welches mit Münzen dachziegelartig bedeckt ist und ein klingelndes Geräusch beim Bewegen des Kopfes hervorbringt. Die Vorliebe für bunten glitzernden Putz theilt die Montenegrinerin mit den Orientalinnen, doch ist sie arbeitsamer als diese, im Haushalte sehr thätig und eine sorgsame Mutter für ihre Kinder. Unbegrenzte Gutmüthigkeit ist eine Eigenschaft, welche der montenegrinischen Frau mit dem Manne ihres Stammes gemein ist; doch ist sie lebhafter und gesprächiger als dieser. Gleich den Männern kommen auch die Frauen aus den schwarzen Bergen zum Wochenmarkte nach Cattäro herunter, um dort die Producte ihres Haushaltes, namentlich Geflügel, zu verkaufen. Hier ist daher die beste Gelegenheit für den Fremden, diese Frauen in ihrer Nationaltracht zu sehen und sich über ihr Leben und Treiben zu unterrichten, was nicht schwer fällt, da sie durchaus nicht zurückhaltend sind und auch ohne besondere Belohnung leicht dazu gebracht werden können, still zu sitzen, um sich malen zu lassen; nur darf ihre Geduld auf keine allzulange Probe gestellt werden. Untereinander sind sie sehr zärtlich, und man kann in Cattäro häufig sehen, wie sie sich auf offener Strasse einander umarmen und liebkosen.

C. W.

BERICHTIGUNG.

Drittes Heft der Neuen Folge, Seite 18, Zeile 4 von oben (Schlacht bei Steenkerken) lies 1692 (3. August), statt 1792.

BLÄTTER

FÜR

KOSTÜMKUNDE.

HISTORISCHE UND VOLKS-TRACHTEN.

Unter Mitwirkung von

G. Benczúr, Otto Brausewetter, C. Breitbach, Adolf Burger (†),
Ludwig Burger, Julius Ehrentraut, W. Gentz, Alois Greil, Friedrich
Hiddemann, Ferdinand Keller, Vinc. St.-Lerche, Jean Lulvés, Franz
Meyerheim, B. Nordenberg, Bernhard Plockhorst, Rudolph Schick,
Franz Skarbina, Gustav Spangenberg, Franz Thelen, Paul Thumann,
W. Timm, Joseph Watter, Carl Werner, Constantin von Wietersheim u. A.

herausgegeben von

A. von HEYDEN.

NEUE FOLGE. FÜNFTES HEFT.
(49.—60. BLATT.)

BERLIN.
FRANZ LIPPERHEIDE.
1878.

INHALT.

HISTORISCHE TRACHTEN.

49) BURGUNDISCHER EDELMANN.

XV. JAHRHUNDERT.

Von A. von HEYDEN.

Das vorliegende Kostüm, einem burgundischen Hautelisse-Teppich entlehnt, der, — ein Besitzthum des Malers Willich in München, — eine Zierde der dortigen kunstindustriellen Ausstellung des vorigen Jahres bildete, zeigt uns die Erscheinung eines vornehmen burgundischen Herrn gegen Ende des fünfzehnten Jahrhunderts, denn dieser Zeit muss der Teppich seinen Ursprung verdanken, weil die Schuhe der auf demselben dargestellten Personen bereits sämmtlich die breite Form des Entenschnabels oder des Kuhmauls angenommen haben. Jacob Falke datirt das Verschwinden der Schnabelschuhe und das Auftreten der breiten Formen der Fussbekleidung um das Jahr 1480. Ich glaube, dass dieser überaus wichtige Kostüm-Umschwung wohl etwas früher zu setzen sein dürfte, da die Teppiche Karls des Kühnen, welche im Jahre 1477 in der Schlacht bei Nancy erbeutet wurden und noch gegenwärtig in dieser Stadt aufbewahrt werden, bereits den breiten Schuh zeigen. Ganz allgemein wird derselbe allerdings erst im Anfange des sechzehnten Jahrhunderts. Zu derselben

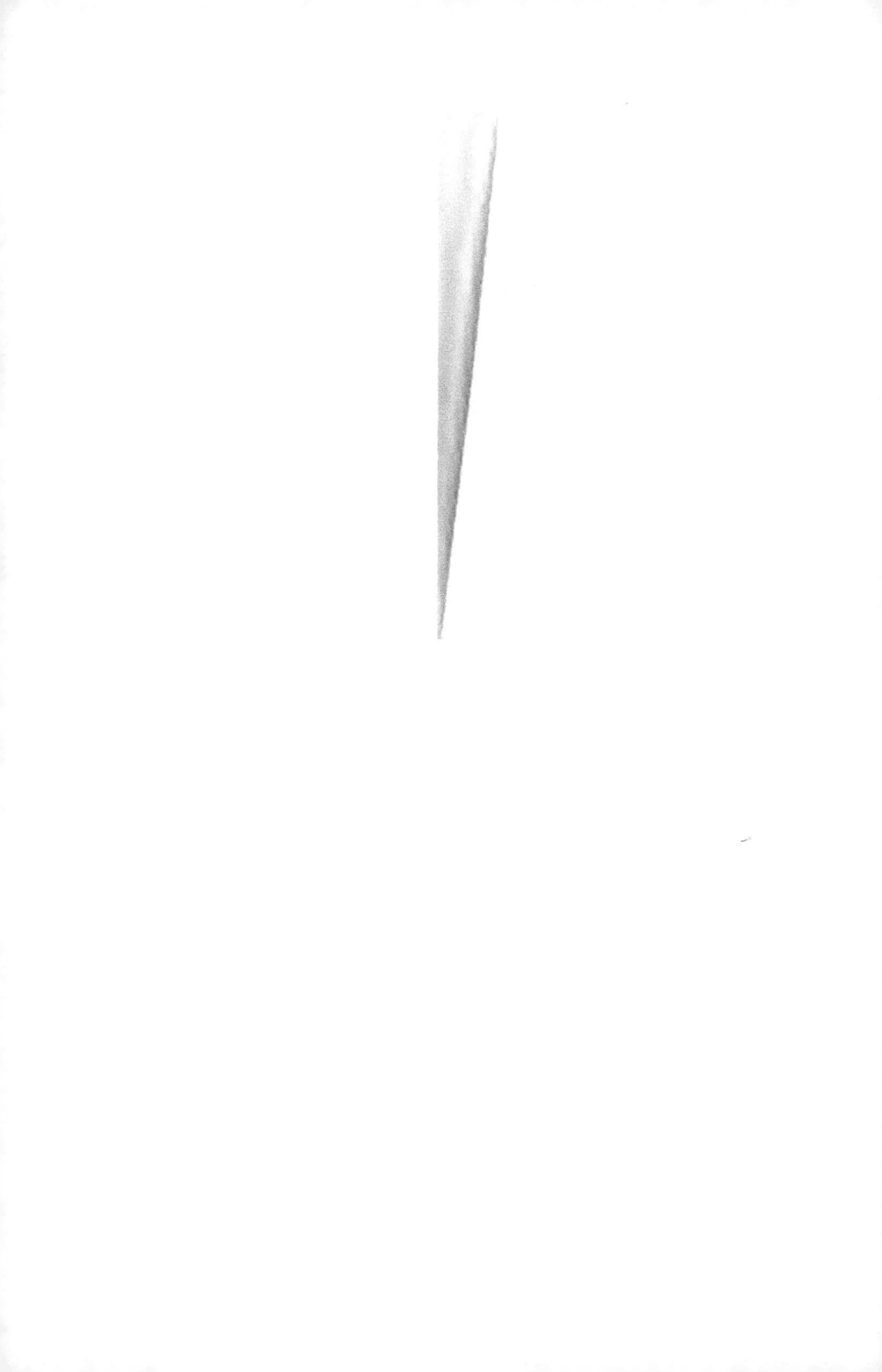

Das vorliegen...
Teppich entlehnt, ...
München. ... ...
des vorigen ... ...
nehmen burg... ...
länders ... ...
verdankt, ...
seinen Besitz ...
des Kaisers ...
ehemals ...
Kaiser ...

"

Zeit beginnt auch die Schlitzung von Wamms und Hose, sowie das Heraustreten des farbigen Unterfutters. Das gänzliche Fehlen irgend einer nach dieser Sitte hinzielenden Form auf dem Willich'schen Teppich giebt den Beweis, dass derselbe vor dem Jahre 1500 angefertigt sein muss, weshalb die Angabe „Gobelin" im Kataloge der Münchener Ausstellung streng genommen nicht richtig ist, zumal, wenn er ausdrücklich als „flandrische Weberei" bezeichnet wird.

Der Ausstellungs-Katalog sagt, dass der Teppich eine Familienscene, eine Verlobung oder Vermälung darstelle; die Richtigkeit dieser Angabe lassen wir dahingestellt sein; das aber steht fest, dass die Arbeit uns eine hochelegante, vornehme Gesellschaft jener Zeit in einer Anzahl vortrefflich gezeichneter Figuren zur Anschauung bringt. Technische Unvollkommenheit der Wollenfärberei und richtiges Stil-Gefühl lassen die Wandteppiche des fünfzehnten Jahrhunderts ziemlich eintönig in der Farbe erscheinen. Die überaus feine Wirkung derselben setzt sich aus wenigen Tonabstufungen in Blau, Grün, Braun, Gelb zusammen; ein volles Roth in Gewändern fehlt fast gänzlich, es ist durch gelbe oder weisse Fäden gebrochen; jederzeit aber verleiht die Durchschiessung der Wolle mit metallischen Gold- oder Silberfäden diesen Webereien ein sehr prachtvolles Aussehen, welches freilich nunmehr durch das Alter, — das Silber ist durch die Zeit schwarz geworden. — wesentlich herabgedrückt worden ist. Nur die Teppiche von Nancy, welche überhaupt in jeder Beziehung zu den schönsten gehören, die ich kenne, dürften wenig von ihrer ursprünglichen Pracht eingebüsst haben.

Unser Cavalier trägt eine blaue Schaube mit schwarzem, schmalem Besatze, letzterer vielleicht durch Sammet hergestellt; der lange, weite Aermel hängt fast bis zum unteren Schaubenrande herab und gestattet das Heraustreten des Aermels durch einen weiten Schlitz; ein Doppelkragen der Schaube von gewässertem, rothem Damast ziert die Schultern, als kleiner Ueberschlag schliesst er an den Hals an, und als grosser, breiter, gegen den Rücken eckig abschliessender Ueberfall reicht er bis über die

Schulterblätter herab; die reiche, goldene Kette wird über der Schaube getragen. Der Arm zeigt den Aermel des Unterkleides von röthlicher Seide in gelben Lichtern schillernd, und scheint dieser am Handgelenk durch ein Bündchen fest anzuschliessen. Hohe, bis gegen das Knie reichende, gelbe Lederstiefeln mit grossen, schweren, silbernen Sporen decken die Füsse. Der Sporn selbst ist auch über dem Spann des Fusses durch einen ornamentirten Metallbügel, nicht wie sonst durch Lederriemen, gehalten. Der Kopf unseres Cavaliers, der ziemlich langes Haar in nicht ganz gewöhnlichem Schnitte trägt, ist durch ein kleines, blaues Käppchen bedeckt, dessen rothes Futter an den schmalen, in die Höhe stehenden Krämpen sich zeigt, während das im fünfzehnten und sechzehnten Jahrhundert überaus häufige Mützenband, welches die Bestimmung hat, im Sturm und beim Reiten unter das Kinn gezogen die Kopfbedeckung fest zu halten, sich über das Haupt legt.

A. v. H.

*) BURGUNDISCHES EDELFRÄULEIN.

XV. JAHRHUNDERT.

Von A. von HEYDEN.

Dieses überaus schöne, reiche Kostüm ist demselben flandrischen Teppich des Herrn Willich entlehnt, dem wir Blatt 49 entnahmen. Es ist die Dame, welche dem Herrn der vorhergehenden Zeichnung die Hand reicht. Ihr Kleid von blauem, schwerem Stoffe, wahrscheinlich Damast, scheint ohne Taillen-Schnitt keilig gemacht, so dass die Theile des Leibchens und Rockes je aus Einem Stücke bestehen; wenigstens ist vorn kein Rockansatz zu entdecken. Der Rock ist sehr lang, so dass er auch vorn in schweren Falten sich auf den Boden auflegt, während er eine verhältnissmässig nicht sehr lange Schleppe nachzieht. Am Halse spitz ausgeschnitten und sich über die halbe Länge der Schlüsselbeine legend, lässt der Ausschnitt der Robe das ebenfalls herzförmig ausgeschnittene, rothe Unterkleid sehen, welches mit einem schmalen Goldbesatze gegen den Hals abschliesst. Die Aermel sind weit, glockenförmig bis unter die Knie herabreichend und mit Hermelinpelz gefüttert. Ein prachtvoller, fast zehn Centimeter breiter Goldbesatz umsäumt alle Ränder des Kleides. Er

legt sich um den Halsausschnitt, vereinigt sich zu einer zwanzig
Centimeter breiten Prachtborte über Brust und Leib zum unteren
Rande des Kleides hin abfallend, den er ganz umsäumt. Diese
Borte ist durchaus mit grossen, abwechselnd rothen und blauen Edelsteinen besetzt, während eine Doppelreihe von grossen Perlen den
äusseren Rand dieser Goldstickerei ziert. Auch den Aermel fasst
eine einfachere, schmälere, nur mit rothen Steinen besetzte Goldstickerei ein. Ein reicher Gürtel mit mächtigem Edelstein-Schlosse
liegt ziemlich tief über der Hüfte; ebenso liegt eine schwere Kette
von grossen, goldenen Gliedern, an denen Rubinen funkeln, über
den Schultern. Der Kopf trägt eine zierliche Doppelhaube; die
untere Haube, roth, mit Gold und grossen Perlen besetzt, rahmt,
bis über die Ohren herabreichend, das Gesicht in anmuthigster
Weise ein; sie gestattet den Anblick des einfach in der Mitte ge-
scheitelten Haares und trägt am Hinterkopfe einen langen Beutel,
welcher aus dachziegelartig über einander genähten, halbrunden
Läppchen von rother Farbe zusammengesetzt ist. Die dunkleren
Ränder dieser Lappen haben einen Augenblick in mir den Ge-
danken aufkommen lassen, ob dieser Sack nicht vielleicht aus
kleinen, übereinander gelegten Federn bestehe, ich halte dies aber
für sehr unwahrscheinlich, weil für diese Zeit jede Analogie ähnlichen Kopfputzes fehlt. Ich komme später noch specieller auf
den Kopfputz dieser Zeit zu sprechen. Ueber der rothen Haube
liegt ein, ebenfalls perlengeziertes, weisses Häubchen mit in die
Höhe geschlagenen, gezackten Ohren, eigentlich nur ein breiter
Bandputz. Auffallend ist, dass keine der Damen jenes Wand-
teppichs Handschuhe trägt.

A. v. H.

51) BURGUNDISCHER KNAPPE.

XV. JAHRHUNDERT.

Von A. von HEYDEN.

Das Original dieses schönen Kostümes befindet sich ebenfalls auf dem bei Blatt 49 und 50 besprochenen Willich'schen Wandteppich. Es bringt uns einen Edelknappen, der einen Jagdspiess auf der Schulter trägt. Ueber einem engen, bis zur Hüfte reichenden Wamms von rother Farbe mit weiten Aermeln, die mit einem etwa zehn Centimeter breiten Bündchen fest am Handgelenke anschliessen, trägt unser Junker einen blauen Ueberwurf ohne Aermel, welcher jenem, von den Franzosen bliaut (auch blialt, bloude, daher das Wort blouse, Bluse) genannten entspricht und ziemlich genau die Form jenes Ueberwurfes zeigt, welchen der im Jahre 1247 verstorbene Sohn des heiligen Ludwig auf einem Bilde der Abteikirche von Royaumont trägt*), nur dass bei unserem Kostüm den Ueberwurf ein brauner Ledergurt über der Hüfte zusammenhält. Brust- und Rückenstücke sind ungetheilt und scheinen über der rechten Schulter durch Knöpfe verbunden.

*) Siehe Viollet-le-Duc, Dictionnaire du Mobilier français, Tom. III, pag. 55.

14

Dagegen theilt sich der Rock vom Gürtel ab, vorn und hinten in der Mitte des Leibes, in vier Theile, um beim Reiten diese Flügel zu den Seiten des Pferdes herabfallen zu lassen und in kokettester Weise das mit rother, genähter Strumpfhose bedeckte Bein zu zeigen. Die Ränder dieses Ueberwurfes sind mit einem etwa vier Centimeter breiten Besatze aus roth gemustertem Gold-Damast besetzt. Das Beinkleid ist jedenfalls mit Bändern oder Nesteln an dem unteren Saume der knappen, rothen Jacke befestigt. Hosenträger sind erst eine Erfindung des achtzehnten Jahrhunderts. Den Kopf ziert eine blaue Mütze mit bräunlichen, in den Schatten roth schimmernden Aufschlägen, welche durch das bereits früher erwähnte, über den Kopf gelegte Kinnband hochgehalten werden. Das Haar ist an der Stirn glatt abgeschnitten und hinten lang, ähnlich, wie die Münzen uns den Haarschnitt des Kaisers Maximilian I. in seiner Jugend zeigen. Ein breiter Schuh von braunem Leder, ohne jede Befestigung über dem Spann, schützt den Fuss.

A. v. H.

32) BURGUNDISCHE EDELFRAU.

XV. JAHRHUNDERT.

Von A. von HEYDEN.

Auch diese Studie ist, wie die drei vorhergehenden Blätter, dem Willich'schen Wandteppiche entlehnt. Die wiederum blaue Farbe des schönen Seidenkleides ist vielleicht lediglich durch die stilistische Eigenthümlichkeit der Weberei jener Zeit zu erklären. Von dem Kostüme auf unserem 50. Blatte unterscheidet sich der Schnitt des Kleides wesentlich dadurch, dass er ein wirkliches Leibchen zeigt, an welches sich in scharfem Taillen-Einschnitte der Rock in reichen Falten anfügt. Ein goldener, mit Edelsteinen geschmückter Gürtel ziert die Taille. Wie bei dem vorerwähnten Kostüme säumt ein reicher Goldbesatz, ebenfalls mit Perlen und Edelsteinen von rother und blauer Farbe verziert, sämmtliche Ränder des Kleides; nur um den Hals legt sich eine schmale Goldborte, während eine reiche Doppelkette von Gold und Edelsteinen in mächtigen Gliedern hier den ausschliesslichen Schmuck bildet. Die Aermel werden wieder durch weite Glocken gebildet; die Schleppe erscheint etwas länger als bei dem Kostüme des Edelfräuleins; auch ist das Kleid nicht mit Hermelin, sondern mit rothem Stoffe gefüttert.

16

Den Kopf deckt eine höchst eigenthümliche Haube, wahrscheinlich von rothem Sammet. Ungeachtet ihrer ganz anderen Erscheinung, zeigt sie doch im Wesentlichen denselben Bau, wie die Haube auf Blatt 50, nur fallen hier die Flügel, die dort kaum über das Ohr reichen, auf beiden Seiten über die Schulter fast bis zur Brust herab. Der feine Perlenbesatz dort hat sich hier zu einer mächtigen, mit Edelsteinen gezierten Umfassungsborte erweitert. Der Sack am Hinterkopfe ist ebenfalls vorhanden, nur ist er aus gelbem, rothschillerndem Stoffe gefertigt, welcher, aus einer Art Wulst heraustretend, nicht über den Rücken herabfällt, sondern, dem italienischen Kopftuche nicht unähnlich, über den Scheitel bis vorn an die Stirn gelegt wird.

Es erscheint bei dieser Gelegenheit vielleicht willkommen, eine Anzahl von höchst eigenartigen Kopfbekleidungen hinzuzufügen, welche, grösstentheils flandrischen Wandteppichen entstammend, einen Ueberblick über die phantastische Richtung des Burgunder Kostüms in der zweiten Hälfte des fünfzehnten Jahrhunderts geben. Fig. 1, 2 und 3, den Teppichen Karls des Kühnen in Nancy entnommen, zeigen über einer mehr oder minder grossen Haube, — bei 1 und 2 von rothem Stoff mit Goldbesatz, bei 3 von Goldnetzwerk, — die abenteuerlichste Anwendung der sogenannten Sendelbinde,[*] eines schmalen Stückes Zeug, welches in dieser Zeit bei Männern und Frauentrachten häufig über die Haube gelegt wird. Bei Nr. 1 ist diese Binde von blauem Sammet, mit gelbem Stoffe, wahrscheinlich unter Beihülfe einer besonderen, harten Einlage steif gefüttert. Ich theile nicht die Ansicht von Viollet-le-Duc (Mobilier Français, III, p. 250), — welcher von diesem Kopfputz eine ziemlich incorrecte Zeichnung giebt, — dass die Zipfel dieser Sendel-

1.

*) Ich muss hier wiederholt auf die vortreffliche Abhandlung von Jacob Falke, „Zur Costümgeschichte des Mittelalters" (Wien 1864) hinweisen, welche in gründlicher, erschöpfendster Weise die Kopftrachten des Mittelalters behandelt. A. v. H.

binde aus Bequemlichkeit über den Kopf gelegt seien, um bei
der Bewegung des Körpers nicht zu hindern; sie würden bei
ihrer Grösse und Schwere nicht einen Augenblick liegen bleiben;
vielmehr sind sie sorgfältig in ihren Biegungen arrangirt und
werden mit Nadeln, die ja bei allen diesen Hauben nachweislich
eine grosse Rolle spielen, auf der Kappe befestigt. Fig. 2

giebt eine solche Sendel-
binde von Damast, deren
Ende frei über die Schul-
ter fällt. Bei Fig. 3 liegt
über der Kappe von Gold-
stoff ein Turban von blauer
Seide, um welchen wie-
derum die röthliche Sendelbinde gewunden wird, so
dass deren Enden frei über

den Rücken herabfallen. Am Saume der Kappe sitzen kleine,
längliche Perlen, wie zierliche Quasten.

Fig. 4 ist ein Gugel, ähnlich dem aus
unserem 38. Blatte bereits bekannten, nur
ist er nicht gezattelt wie dort. Viollet-le-Duc
(Mobilier Français, III, p. 249) bildet diese
Kopfbedeckung ebenfalls ab, nur mit der
ihm eigenen Phantasie Zuthaten hinzufügend,
zu denen das Original in keiner Weise be-
rechtigt, zumal dieses die hier wiedergegebene
Ansicht, nicht die von Jenem dargestellte zeigt.
Der Gugel liegt über einer, nur durch ihren
schmalen Goldbesatz erkennbaren, knappen Haube, wahrscheinlich
von der Form aller vorher beschriebenen Unterkappen. Derselbe ist von rothem Sammet, reich mit Goldborten besetzt und
mit blauem Stoffe gefüttert. Der vordere Rand des Gugels ist
zurückgeschlagen, so dass das Futter, prächtig und kleidsam hervor-
tretend, das Gesicht umrahmt. Wenn Viollet-le-Duc dieses Futter

für einen Schleier hält, der als besonderes Stück über den Kopf gelegt ist, so verkennt er das Wesen dieses Kopfputzes gänzlich.

Fig. 5 ist jener kleinen Zeichnung im Louvre entlehnt, der wir die Kostüme des 37. und 38. Blattes verdanken. Dieser Kopfputz, ebenso originell als zierlich, ist also etwa sechzig Jahre älter, als die anderen hier mitgetheilten. Die Mütze mit der Rüsche am Nacken ist von weissem Stoffe, während sich bis an die Stirn, fast das Haar verdeckend und einem modernen Mützenschilde ähnlich, ein netzartig ornamentirtes Käppchen zieht.

Die Originale von Fig. 6 und 7 befinden sich auf einem flandrischen Teppich im Musée de Cluny zu Paris. Fig. 6 trägt ein weit über das Gesicht ragendes Käppchen von weissem Mull, darüber die übliche schwere, goldbesetzte Kappe und über dieser wieder eine zweite, reich ornamentirte Mütze von Goldstoff mit ebenem, rundem Haubendeckel auf dem Scheitel des Kopfes, sowie mit einer Reihe Schleifen am Hinterkopfe.

Bei Fig. 7 ist über ein feines Häubchen von durchsichtigem Mull eine schwere, mit Goldborten, Steinen und Perlen geschmückte Goldstoffkappe gesetzt, welche gleichfalls einen ebenen, am Rande mit Perlen besetzten, ovalen Haubendeckel zeigt; eine Sendelbinde von farbigem Stoffe ist vom Scheitel nach dem Nacken über die Haube gelegt und lässt die Enden der von ihr gebildeten Schleife lang über den Rücken fallen. Die Ausbauchung der Haube am Hinterkopfe bietet hinreichenden Raum, einen Haarknoten aufzunehmen.

A. v. H.

55) FRIEDRICH WILHELM DER GROSSE,

KURFÜRST VON BRANDENBURG.

UM 1675.

Von FRANZ SKARBINA.

Friedrich Wilhelm, der gewaltige Grosse Kurfürst von Brandenburg, war es, der nach dem Ableben seines Vaters Georg Wilhelm
(† 1640) mitten im Kriegsgetümmel des dreissigjährigen Krieges mit
starker Hand die Zügel der Regierung ergriff, das arme, erschöpfte
Land von seinen Feinden, den Kaiserlichen und Schweden, welche
unter Gallas und Torstensohn dasselbe verwüsteten, säuberte und durch
seine mächtige Geistes- und Willenskraft der Begründer der branden-
burgisch-preussischen Monarchie und ihrer einstigen Grösse wurde.

Das vaterländische Museum im Schlosse Monbijou zu Berlin
bewahrt einige Original-Kostüm-Stücke dieses grossen Fürsten; sie
gaben zu dieser Figur den hauptsächlichsten Anhalt, und was in
der Natur nicht mehr vorhanden war, das ergänzten die vier
grossen Gobelins im genannten Schlosse, welche, auf Veranlassung
des Kurfürsten gefertigt, hervorragende Momente aus seinem Leben
darstellen. Der eine von diesen, „die Erstürmung von Wolgast"
(Anfang November 1675) darstellend, auf welchem Friedrich Wil-

helm zu Pferde das vorliegende Kostüm trägt, hat besonders zur Vervollständigung desselben gedient.

Der Rock und die Kniehose sind von braun-grünem (bronzefarbenem) Sammet, während die langschössige Weste aus graugelbem (paille) Sammet besteht; die Farbe aller drei Stücke ist jedoch durch die Zeit vollkommen ausgebleicht und gleichmässig geworden, so dass sich die Grundfarbe nur noch unter den Taschen erkennen lässt. Der kragenlose Rock hat vier, bis weit über die Knie herabreichende Schossklappen, von denen die vorderen zwei an der Taillen-Naht glatt angesetzt sind, während die hinteren zwei mit vielen kleinen Falten ansitzen, wie die beistehende Rücken-Ansicht zu erkennen giebt. Je zwei Schösse

sind durch zwei Knöpfe (in der Mitte und unten) geschlossen, hinten blieben die Schösse, des Sitzes auf dem Sattel wegen, stets offen, trotzdem sie mit allerdings blind aufgenähten

Knopflöchern versehen sind. Desgleichen sind vorn die acht unteren, litzenartig aufgenähten Knopflöcher blind. Sämmtliche Knöpfe des Rockes und der Weste, — an der letzteren kleiner als am Rocke, — sind sternartig mit Silberdraht übersponnen. Die Rockärmel schliessen sich dem Arme eng an, sind oben in der Schulter stark ausgearbeitet und unten mit weiten Aufschlägen ver-

sehen, welche ihrerseits am Aermel durch vier Knöpfe festgehalten werden. Aus der Oeffnung des Aermels ragt noch ein zweiter, engerer Unter-Aermel, — ebenfalls von Sammet, — hervor, welcher bis zum Handgelenk geht und durch zwei kleine, mit Sammet überzogene Knöpfe geschlossen ist. An der Taille, zwischen der ersten und zweiten, und der dritten und vierten Schossklappe, sitzen gleichfalls zwei Knöpfe, wie auch die im Schnitte einfache Hose am Knie durch vier kleine Knöpfe an der äusseren Seite geschlossen ist. Merkwürdig weit unten sind am Rocke die breiten, mit vier Knöpfen versehenen Klappen-Taschen angebracht.

Die linke Brustseite des Rockes trägt den Stern des Hosenband-Ordens. Derselbe ist von gesponnenem Silber und trägt in der Mitte ein rothes, goldgerandetes Kreuz, um welches das blaue

Hosenband mit der herunterhängenden Schnalle und der goldenen Inschrift „hony · soit · qui · mal · y · pense" gelegt ist. Das Hosenband selbst, welches in blauem Grunde dieselbe Inschrift trägt, ist nicht mehr vorhanden. Ausser dem Hosenband-Orden*) trug der Grosse Kurfürst noch den dänischen Elephanten-Orden, von welchem nur noch das 14 Centimeter breite Band von lichtblauer, gewässerter Seide vorhanden ist; der Orden selbst, ein silberner, emaillirter Elephant mit Thurm, fehlt an dem Bande.

Die Weste, auf voriger Seite abgebildet, ähnelt im Schnitt dem Rocke; sie ist gleichfalls ohne Kragen und hat nur an der Vorderseite zwei Schosstheile mit denselben breiten Klappentaschen, wie der Rock. Die Halsbinde des Kurfürsten besteht aus einem um den Hals gelegten, breiten Leinenstreifen, welcher vorn einen halbkreisformigen, reichgestickten Ansatz hat, und wurde also nicht gebunden, sondern hinten zugeknöpft. Die Handschuhe sind von starkem Wildleder, haben spitz genähte Finger und kurze Stulpen, am Rande mit silbernen Franzen besetzt.

Zu diesem Kostüme gehören weiche, vorn zugespitzte, polnische Stiefel von rothem Corduan-Leder, welche, das Bein eng umschliessend, bis über das Knie hinaufgehen; der Kurfürst trug solche häufig und benutzte sie auch beim Reiten, wie die

*) Wahrscheinlich hat der grosse Kurfürst die Insignien des Hosenband-Ordens erst nach dem Jahre 1660, dem Aufhören der englischen Republik, wieder angelegt. A. v. H.

genannten Gobelins, — z. B. „die Beschiessung von Wolgast", — beweisen. Dieselben mussten jedoch wohl meist den monströsen Campagne-Stiefeln weichen, welche, ebenfalls im Schlosse Monbijou aufbewahrt, die Abbildung auf Seite 23 darstellt. Diese Kolosse bestehen aus steifen, ledernen Röhren, dem eigentlichen Beinstück, an welche oben das ungeheuerliche, weite, glockenförmige Kniestück angesetzt ist. Dieses starklederne Kniestück ist innen noch mit einem halbmondförmigen Lederkissen ausgepolstert, welches jedoch den Schenkel auf der innern Seite, des besseren Sitzes auf dem Sattel wegen, freilässt. Alles aber so dauerhaft und massiv wie möglich. Das breite, mit Lappen versehene Sporenleder wurde durch drei Riemen an der Schaft-Röhre und einen vierten über den Spann hinweg, welcher den Sporn hielt, festgehalten. Der gerade, stählerne, scharfzackige Sporn wird vom Absatz aus hingegen durch ein starkes Lederstück unterstützt. Die dicke Sohle und der eckige, schwere und derb genähte Absatz vervollständigen das Bild dieser gewaltigsten Fussbekleidung aller Zeiten.

Nach dem erwähnten Gobelin sind auch Hut, Schärpe und Degen gezeichnet. Den einfachen, schwarzen oder — wie auf dem Gobelin - braunen, breitkrämpigen Filzhut mit seitwärts gerollter Krämpe und silberner Schnur schmückten wohl gelegentlich weisse und schwarze Federn, wie auch im Felde eine darunter getragene, eiserne Sturmhaube das fürstliche Haupt besser gegen den Hieb schützte, als der Filz es vermochte. Der Degen mit einfachem, vergoldetem Gefäss, in brauner Lederscheide, wurde schräg nach hinten hängend getragen; die reich mit Silberblumen gestickte Feldbinde aus Silberstoff aber lose über den Rock um die Taille geschlungen. Der Kopf ist nach einer ebenfalls in Monbijou befindlichen Wachsmaske gezeichnet; die in gleicher Weise noch vorhandene, dunkelbraune Perrücke soll das Haupt des grossen brandenburgischen Herrschers in späteren Lebensjahren bedeckt haben.

F. Sk.

56) ITALIENISCHE FÜRSTIN

(LA BELLA DI TIZIANO).

ANFANG DES XVI. JAHRHUNDERTS.

Von RUDOLPH SCHICK.

Das vorliegende Kostüm ist einer der schönsten Schöpfungen der Malerei entnommen: der sogenannten Bella des Tizian in der Gallerie des Palazzo Pitti zu Florenz. Es ist in letzter Zeit, zumal beim Berliner Publicum, in den weitesten Kreisen dadurch bekannt geworden, dass die deutsche Kronprinzessin es erwählte, um darin auf dem berühmten Maskenfeste im kronprinzlichen Palais zu Berlin, am 8. Februar 1875, zu erscheinen.

Die Fragen zu erörtern, ob Tizian in diesem Bilde eine freie Phantasie-Schöpfung, ein Stimmungsbild hat geben wollen, oder ob er uns die jugendliche Duchessa de Urbino, — deren in den Ufficien zu Florenz aufbewahrtes Portrait, in ihren vierziger Jahren von demselben Meister gemalt, mit diesem grosse Aehnlichkeit zeigt, dargestellt hat, oder ob schliesslich das Gesicht der berühmten Venus Tizian's in der Tribuna daselbst mit dem dieser Bella identisch ist, — auf all dieses hier näher einzugehen, ist bei dem Zweck dieser Blätter keine Veranlassung gegeben. So viel

ist aber mit Gewissheit anzunehmen, dass der Meister in strengem
Zeitgeschmack das Reichste, Glänzendste, Geschmackvollste aus-
gewählt hat, um den Ausdruck dieses jugendfrischen und vornehmen Gesichtchens zu erhöhen.

Das Kostüm steht auf dem Wendepunkt zwischen den weiten,
faltenreichen Trachten, die Rafael, Giorgione und Andrea del Sarto
(† 1530) zu malen liebten, und jenen straffen Kleidungen mit
steifen Taillen, die auf Bronzino's Bildern (gegen 1540) schon beginnen und zur Zeit der Königin Elisabeth von England ihren
extremsten Ausdruck erhalten haben. Das Kleid unserer Dame
ist vom schwersten, dunkel grünlich-blauen Seidendamast, welcher
bei Bewegung und veränderter Stellung zum Lichte ein Schillern
und reiches Wechseln des Musters eintreten lässt. Der Rock ist
fast einfach und in breiten, starken Falten geordnet, und wir haben
besonderes künstlerisches Verständniss darin zu sehen, dass, je
näher der Büste, desto mehr auch der Reichthum und die Pracht
der Kleidung sich steigert. In Taille und Oberärmeln, von denen der
linke etwas von der Schulter gerutscht erscheint, wechselt der blaue
Stoff des Kleides in Zwischenräumen von vier bis fünf Centimetern
mit nur wenig schmäleren Streifen von dunkelviolettem Sammet
ab, die in kurzen Abständen mit hellvioletten, schmalen Atlas-
schleifen überbunden sind. Gleiche Sammetstreifen laufen an den
Seiten des Rockes (etwas nach vorn) bis zur Erde herunter.
Ueberall ist dieser violette Besatz an beiden Seiten von zierlichen
Gold-Ornamenten begleitet, die auch am oberen Rande der
Taille doppelt wiederholt sind. Letztere hat nun dadurch noch
erhöhten Reiz erhalten, dass über alle Stellen, wo der blaue
Damast des Kleides frei geblieben war, blätterreiche Goldranken
gestickt sind.

Die Unterärmel sind beim Ellenbogen ziemlich weit, ragen bis
über die Handwurzel und sind hinter dem Handgelenk am engsten.
Bis zu dieser Stelle gestattet ein Einschnitt an der Unterseite das
leichte Zurückschlagen des Aermels. Der Stoff ist braunrother
Sammet, auf den feines, linienförmiges Gold-Ornament gestickt ist.

An mehreren Stellen ist der Sammet geschlitzt, und zarte, weisse Puffen, die in der Mitte von Goldnesteln zusammengehalten werden, bauschen voll hervor. Beim Halsausschnitt und beim Handgelenk ist das Kleid mit einer schmalen, weissen Krause eingefasst.

Das wellige, dunkelgoldblonde Haar ist rückwärts in ein paar Zöpfe geflochten, dann kranzförmig hochgebunden und oben, in der Mitte des Scheitels, geknotet. Ein Theil des vom Oberkopf kommenden Haares scheint nicht mit eingeflochten, sondern unter dem Kranz nach vorn, dann über demselben nach hinten gelegt, darauf am Hinterkopf befestigt zu sein und in seinen Enden lose bis in den Nacken und auf die Schulter zu fallen. Zugleich mit diesem losen Haar fällt vom Hinterkopf ein kleiner grauer, goldgesäumter Schleier herab, welcher über die rechte Schulter nach vorn genommen ist. Die Ohrringe bestehen aus einem grossen, goldgefassten Rubin, unter dem eine Perle tropfenförmig herabhängt. Eine goldene Halskette und ein Gürtel von dickem Goldgespinnst vollenden die Reihe der Schmuckgegenstände. Ueber dem rechten Arm trägt unsere Dame eine Art Boa von dunklem Pelzwerk, mit der sie wohl in den kühlen Marmorhallen ihres Palastes ihren zarten Hals zu schützen pflegte.*)

R. S.

---

* Diese Annahme beruht auf einem Irrthume; dergleichen Pelze finden sich häufig auf den Portraits vornehmer Damen des XVI. Jahrhunderts, — früher habe ich sie nie bemerkt, — so auf dem erwähnten Tizian'schen Bilde der Leonore von Urbino in besonders sorgfältiger Ausführung, wie auch auf dem, Tizian zugeschriebenen Portrait No. 231 der Gallerie zu Dresden. Es war Gebrauch aller Stände, dergleichen Pelzchen zu tragen, um das lästige Ungeziefer in denselben zu locken und sich von dessen Plage zu befreien. Es ist nicht das erste Mal in der Culturgeschichte, dass Gebräuche, deren Ursprung allen Begriffen von Schönheit und Aesthetik Hohn zu sprechen scheint, sich zum Bedürfniss des Luxus und der höchsten Eleganz aufschwingen; ich erinnere nur an Tabatièren, gestickte Taschentücher, Riechfläschchen und -Büchschen, Zahnstocher-Etuis u. s. w. — Hefner-Alteneck, Trachten des christlichen Mittelalters, III. Band, Tafel 104 giebt ein solches Schmuckfell mit allen Details. A. v. H.

VOLKS-TRACHTEN.

53. WALACHE VON DER MAROS (ARAD).

Von PAUL THUMANN.

Die Walachen, welche sich selbst lieber Romänen nennen
hören, wohnen, ausser im Fürstenthume Rumänien, auch noch
sehr zahlreich in der vielsprachigen österreichischen Monarchie, wo
sie in Siebenbürgen sowohl, als im südlichen Ungarn, und zwar
im Banat, dem südlichen Theile des Ungarlandes, zwischen Theiss,
Maros und Donau, der Zahl nach zwar die Hauptbevölkerung
bilden, trotzdem aber immer als der unterdrückte Theil dastehen.

Trotz der elenden Nahrung, meist aus Mamaliga, einer Art
Brot von Maismehl, Schafkäse und Milch, bestehend, sind die
Walachen schöne Leute, die sich wesentlich von der magyarischen
und slavischen Bevölkerung jener Länderstriche unterscheiden.
Ihre Grösse ist eine mittlere, der Wuchs dabei ziemlich schlank
und leicht. Die Züge, stark markirt, wobei das dunkle Colorit
noch vortheilhaft mitwirkt, sind meist schön und ausdrucksvoll;
die Nase ist gebogen, die Stirn mässig hoch, der Mund fein, die
Augen sind dunkel, das Haar ist lang und schwarz. Ueber dem
ganzen Gesichte lagert aber ein schwermüthiger Zug, der nicht
selten Furcht und List verräth. Wenn der Walache einmal be-
leidigt ist, soll er die Erinnerung daran mit sich herumtragen,

bis die Gelegenheit seine Schwäche begünstigt und ihn in den
Stand setzt, seine Rache auszuüben. So rachsüchtig nun der
Walache ist, so feig ist er zugleich. Eigenschaften, welche die
Folge der Jahrhunderte langen Unterjochung und Knechtschaft
durch die Magyaren sind, die nur Verachtung für die armen
Unglücklichen, dem Trunke und der Faulheit Ergebenen haben.
Dies mag auch die Ursache sein, dass man bei den Walachen
überhaupt wenig gute Charakter-Eigenschaften findet; sie sind
verrätherisch, hinterlistig und gänzlich undankbar. Dass Unwissen-
heit unter dem Volke zu Hause ist, ist hiernach ganz natürlich,
wie kann es auch anders sein, wenn selbst die Geistlichkeit, welche
bildend auf die Menge wirken sollte, nicht viel über dieser steht.
Wie in seiner Kleidung, so unterscheidet sich auch in seinen
Kenntnissen der walachische Priester kaum oder nur wenig von
dem walachischen Bauer.

Die Tracht ist zwar eine sehr einfache, doch malerische, wie
aus dem vorliegenden Bilde ersichtlich, welches einen Walachen
aus dem Banat, von der Maros bei Arad, darstellt. Eigentlich
trägt der romänische Bauer eng anliegerde Peinkleider; hier hat
sich aber der magyarische Einfluss Geltung verschafft, und wir
sehen ihn in den weiten ungarischen, aus Leinen gefertigten Hosen,
den Gatyas, die fast einem Weiber-Unterrocke gleichen. Ausserdem
trägt er ein kurzes, weisses, an den Säumen mit bunter Stickerei
verziertes Leinenhemd mit weiten Aermeln, welches auf der Brust
offen ist und über die Beinkleider herabhängt. Dasselbe führt
in romänischer Sprache den Namen „camasa". Umgürtet ist es
mit einem Ledergürtel (curĕa), der je nach den Ortschaften sehr
verschieden ist. Unser Bild zeigt einen der breitesten Art mit
vier Messingschnallen (catarame), in welchem der Walache in
einem an messingener Kette hängenden Futteral sein unentbehr-
lichstes Werkzeug, das Messer (cutitul), stecken hat. Die Füsse,
um welche fast bis zum Knie Lappen (obeele) gewickelt sind, sind
mit Sandalen bekleidet, welche aus einem viereckigen Stück Leder
bestehen, dessen Ecken und Seiten umgeschlagen sind, so dass es

dadurch die Form des Fusses, an dem es mit über den Fussrücken verlaufenden Riemen befestigt ist, annimmt. Derartige
Sandalen, von den Kroaten Opanken genannt, heissen walachisch
opinci. Vervollständigt wird das Kostüm noch durch einen grossen
runden Hut mit breiter Krämpe aus grobem, braunem Filz, palaria
genannt, der durch Schweiss und Fett so wasserdicht wird, dass
auch nicht ein Tropfen durchdringt, wie wir auf einer Gemsjagd
in den walachischen Gebirgen zu beobachten Gelegenheit hatten,
wo unser Führer uns am Abend vor dem Niederlegen das nöthige
Trinkwasser sehr appetitlich in seinem fettglänzenden Hut brachte,
der während der ganzen Nacht auch nicht eine Spur durchliess.
Den Stock, gewöhnlich bastonel, bei dem Bauer aber bate genannt,
sieht man wohl in Jedermanns Hand.

Herm. Obst.

[54] WALACHIN AUS RUSTKITZA.

Von *PAUL THUMANN.*

Die Walachinnen, und zwar nicht nur die der höheren Stände, sind in ihrer Jugend meist von grosser Schönheit, zählen zu den reizendsten Erscheinungen ihres Geschlechtes und zeichnen sich, ob hoch oder niedrig, stets durch eine angeborene Grazie aus. Unser Bild, obgleich es nur eine Bäuerin darstellt, die schwere Arbeiten verrichten muss, während der Mann im süssen Nichtsthun seine Tage hinbringt, legt davon Zeugniss ab. Auf einer Reise von Baziasch bis Orsowa, die wir auf der Donau zurückgelegt hatten, führte uns unser Weg nach Karansebes, von wo aus wir einen Abstecher nach dem durch seine Eisenwerke berühmten Rustkitza unternahmen. Hier bereicherte mein Freund Thumann sein Skizzenbuch mit der walachischen Schönheit des vorliegenden Bildes, die noch nicht von der Cultur beleckt worden war und noch nicht mit ihrer nationalen Kleidung auch die alte Zucht und Sitte, wie dies vielfach in der höheren rumänischen Gesellschaft der Fall ist, abgelegt hatte.

Was die walachische Bäuerin auf unserem Bilde an Kleidung an sich trägt, ist ausnahmslos das Werk ihrer eigenen Hände. Wie sie sich ihren Flachs selber bereitet, so färbt sie auch die ihren Schafen entnommene Wolle selber, aus dem eigenen Gespinnste webt sie das Zeug, aus dem sie dann die Kleidung für sich und ihre Familie fertigt. Die Frauentracht ist im Wesentlichen im ganzen Banat, wie in Siebenbürgen, die gleiche und für die Rumänierinnen charakteristisch, zwar zeigen sich an den verschiedenen Orten in der Form und Farbe der einzelnen Kleidungsstücke Verschiedenheiten, doch bleiben diese an sich dieselben. Das Hauptkleidungsstück der Frauen ist ein langes Hemd, auf Rumänisch camaşa genannt, das am Halse eng anliegt und bis zu den Knöcheln herabreicht. Meist ist es an den Seiten, über der Brust und auf den Aermeln in der verschiedensten Weise bunt gestickt und wird dann camaşa cu altite genannt; zugleich zeichnet es sich durch blendende Weisse aus, die sehr vortheilhaft von der dunklen Hautfarbe absticht. Ueber dem Hemd wird dann weiter nichts, als vorn und hinten ein schürzenartiges Kleidungsstück getragen, dessen Form und Farbe sehr wechselt. Diese Schürzen bestehen entweder aus einem Stück Wollenstoff, oder sie bilden einen breiten Gurt, von welchem lange Franzen bis fast an das untere Ende des Hemdes herabreichen. Die Muster dieser Schürzen sind je nach den Ortschaften, wo sie getragen werden, sehr verschieden, und spielt bei ihnen Grün, Roth, Blau und Schwarz eine besondere Rolle, wobei gewöhnlich Eine Farbe besonders bevorzugt ist. Im Winter tragen die Frauen dicke, filzartige Beinkleider und hüllen sich in eine Guba — einen kurzen Pelzrock — ein. Während sie im Sommer die Füsse mit Schuhen (papuci) bekleiden und dieselben im Winter in Tuchsandalen einwickeln, tragen sie nur bei besonderen Gelegenheiten Strümpfe (coltuni). Vervollständigt wird die kleidsame Tracht noch durch ein breites Kopftuch (testemel), während eine Halskette und Ohrgehänge den feiertägigen Schmuck bilden.

Die Blüthe der Schönheit ist leider bald dahin, und schöne, würdige Matronen sieht man bei den rumänischen Frauen nie; die scharfen Züge in Verbindung mit dem dunkeln Teint, wohl hauptsächlich eine Folge der schweren Arbeit und schlechten Nahrung, wie der brennenden Strahlen der heissen Sonne, denen das weibliche Geschlecht fortwährend ausgesetzt ist, wirken geradezu zerstörend auf die Form der Gesichtszüge. Auch das allzufrühe Heirathen ist nicht wenig mit Schuld daran, dass die Frauen früh altern; findet man doch Paare, wo die Frau zwölf bis vierzehn Jahre zählt und der Mann nicht viel älter ist. Fragt man aber einen Bauer, wozu er ein Weib brauche, so antwortet er gewöhnlich ihn zu kämmen und rein zu halten. Doch auf Reinlichkeit kommt es den Walachen durchaus nicht so sehr an, wie denn auch Alt und Jung, Mann und Weib, ohne Unterschied ihre Wohnung mit den Schweinen und Hühnern theilen.

Herm. Obst.

57) POMMERSCHER BAUER

AUS DEM WEIZACKER (KREIS PYRITZ)

Von CONSTANTIN von WIETERSHEIM.

Der landschaftliche Charakter Pommerns liegt, gleich der Ertragsfähigkeit des Bodens, zwischen den Extremen reizender Anmuth und einförmiger Oede, zwischen fettem Weizenboden und armen Sandschollen. Im Ganzen hat Pommern nur wenig fruchtbares Land; die eigentliche Korn- und Weizenkammer der Provinz liegt in dem zu Hinterpommern gehörenden Pyritzer Kreise, südöstlich von Stettin, nicht fern von dem durch seine Maränen berühmten Maduesee. das ist der fette, schwarze Pyritzer „Weizacker". Die Bauern des Weizackers sind von wendischem Stamme und ein tüchtiger, gesunder Menschenschlag von gedrungener Statur, in deren kräftigem Körper, den reichliche und derbe Kost im Stande hält, ein mannhafter, fester Sinn wohnt. Nur langsam und bedächtig thun sie sich neuen Eindrücken auf, das Althergekommene und Liebgewordene halten sie dafür mit Zähigkeit und Treue fest, und ausser allen anderen Vorzügen des pommerschen Wesens zeichnet sie besonders eine liebenswürdige, treuherzige Gutmüthigkeit aus. Sehr charakteristisch ist die Tracht der Landleute, die in manchen Stücken eine grosse Aehnlichkeit mit der Tracht der stammverwandten Bauern im Altenburgischen zeigt.

Der Rock und die Weste der Männer sind aus dunkelblauem Tuche, — sogenanntes preussisches Militärblau, — gefertigt. Die Einfassung der nach Militärschnitt angebrachten und mit drei Knöpfen versehenen Aermel-Aufschläge ist, wie die des Kragens, der auf der Rückseite nach unten spitz zuläuft, und der Vorderseite von Weste und Rock roth (militärroth); auch das Futter von Rock und Weste besteht aus demselben rothen Stoff wie die Einfassung. Die Knöpfe des Rockes sind aus schwarzem, die der Weste aus weissem Metall. Das Beinkleid ist aus hellem, d. h. ungefärbtem Wildleder gefertigt, über den rindsledernen, nur bis zur Mitte der Wade reichenden Stiefeln sind einige Finger breit die weisswollenen Strümpfe sichtbar. Als ein besonderer Schmuck ist das schwarzseidene Halstuch zu betrachten, welches, mit Sorgfalt in eine grosse, breite Schleife geknotet, fast bis zum Ende der Weste zwei lange Zipfel herabsendet, die unten mit bunter Stickerei geschmückt sind. Ein schwarzer Filzhut mit abwärts gerichteter Krämpe bildet die Kopfbedeckung. Der Kopftheil des Hutes ist zweimal mit einem schwarzen Seidentuche umwunden, welches auf dem hinteren Rande der Krämpe zu einer mächtigen Schleife geschlungen ist und von da in zwei langen Enden über den Rücken bis zu den Hüften hinabfällt.

C. v. W.

58. POMMERSCHES BAUERNMÄDCHEN

AUS DEM WEIZACKER (KREIS PYRITZ).

Von CONSTANTIN von WIETERSHEIM.

Die Bauersfrauen vom Pyritzer „Weizacker" zeigen in ihrer Tracht eine besondere Vorliebe für grelle Farben, namentlich für roth und blau, die sowohl im Stoff der einzelnen Kleidungsstücke, als auch im Besatze derselben immer wiederkehren und fast keine andere Farben-Nuance, ausser etwa noch grün und gelb, aufkommen lassen. Blau vor Allem ist die Lieblingsfarbe der Mädchen, ihre Hauben, die über einem weissen, dreieckig gefalteten, mit der Spitze über den Hinterkopf fallenden Tuche („Strich") getragen werden, bestehen aus blauer Seide; blau sind die seidenen Bänder, mit denen die Haube unter dem Kinn zugebunden wird, und blau ist die breite Schleife am hinteren Ende der Haube, von der zwei lange, blaue Bänder bis zu den Hüften herabfallen. Die Kopfbedeckung der Frauen ist der Form nach dieselbe, wie die der Mädchen, nur besteht sie aus schwarzer, statt aus blauer Seide.

Die Jacke der Frauen und Mädchen ist von demselben blauen Stoffe gefertigt, wie der Rock der Männer. Dieselbe ist am

Halse, besonders am vorderen Theile, weit ausgeschnitten; rings um den Halsausschnitt und vorn an der Brust, wo die Jacke zugehakt wird, läuft ein blauseidener Besatz, welcher unterhalb der Brust in einer breiten Schleife endet. Auch die Aermel der Jacke zeigen am Handgelenk denselben Besatz, der, ähnlich dem sogenannten brandenburgischen Militär-Aermelaufschlag, an der hinteren Armseite von der Handwurzel bis zum Ellenbogen geht, am Handgelenk mit drei gelben Metallknöpfen besetzt ist, und von dem zwei kurze Bandstreifen zwischen Ellenbogen und Hand herabhängen. Ueber der Jacke wird ein grosses, schwarzseidenes Tuch getragen, welches mit bunten Blumen reich gestickt und mit kleinen, weissen, runden Metallstückchen dicht besetzt ist. Auf dem Rücken wird dieses Tuch in mehrere Falten gelegt, welche durch eine Stecknadel zusammengehalten werden, so dass es ringsum gleich weit herabfällt. Den Hals schmückt eine Reihe grosser Bernsteinperlen, und als Besatz des Hemdes tritt am Halse und an den Handgelenken eine weisse Krause hervor.

Der vielfach eng gefaltete Rock besteht aus selbstgefertigtem Wollenzeuge mit senkrechten, meist rothen, aber auch blauen und andersfarbigen Streifen; am Knie, bis wohin der Rock nur reicht, tritt unter dem breiten, blauseidenen Besatz ungefähr einen Finger breit das weisse Hemd hervor, und auch die roth, blau und gelb gestreifte Schurze, die aber nicht immer getragen wird, reicht ein wenig über den Rock herunter. Bei grossem Staat werden oft zehn oder elf eng gefaltete Röcke, welche durch dicke Wulste am Leibchen festgehalten werden und der ohnedies nicht schmächtigen Gestalt noch mehr ein gedrungenes Ansehen geben, und fünf bis sechs Brusttücher übereinander getragen. Bei solcher Gelegenheit, z. B. beim Kirchgang, gehören dazu ausserdem noch ein kleiner Pelzmuff und pelzbesetzte Lederhandschuhe, die bei allen festlichen Gelegenheiten, sowohl Sommer wie Winter, getragen werden. Die Strümpfe der Mädchen sind aus rother Wolle gefertigt und an den äusseren Seiten mit bunter Stickerei geschmückt; die Frauen dagegen tragen schwarzwollene Strümpfe.

40

Die Schuhe von schwarzem Leder sind jetzt gewöhnlich weit ausgeschnitten, während noch vor wenigen Jahren Schuhe mit Schnallen und hohen Absätzen getragen wurden. Im Winter und bei schlechtem Wetter trägt das gesammte weibliche Geschlecht des Pyritzer Weizackers Stulpenstiefel mit gelben oder grünen Stulpen.

Die Tracht der Kinder unterscheidet sich von derjenigen der Erwachsenen durch nichts weiter, als dass die Knaben eine schwarze, runde Pelzmütze tragen.

C. v. W.

59) LAPPE AUS KARASJOCK

IN FINMARKEN (NORWEGEN).

Von VINC. ST.-LERCHE.

Weit nach Norden, über den Polarkreis hinaus, führen wir den Beschauer zu einem halbwilden Volke, das seinem Untergange entgegengeht und in hundert Jahren mit seiner weichen Sprache und seinen melancholischen Gesängen fast ganz verschwunden sein wird, — zu den Lappen Finmarkens.

Hier, wo nur wenige Wochen die wärmende Sonne den ewigen Winter unterdrückt, um die darbende Erde mit einem Teppich zu decken, so weich und so reich und so farbenprächtig, als wäre er den Tropen entsprossen, hier hat sich der Lappe, von seinen stärkeren Nachbarn verdrängt, in die unendlichen Einöden des Hochgebirges und der einsamen Tundren zurückgezogen, hier zieht er mit Weib und Kind, mit Zelt und Herde von Stätte zu Stätte, und wo seine Rennthiere reichliche Nahrung finden, da schlägt er sein Zelt auf oder baut sich aus Erde und Steinen, aus Reisern und Moos seine niedrige „Gamme", die elendeste Behausung wohl, die noch in Europa von menschlichen Wesen bewohnt wird.

Und hier in ihren Zelten haben wir gelegen, ihren Liedern haben wir gelauscht, ihre Mahlzeit getheilt und an ihrem Erstaunen uns ergötzt, wenn es dem Aquarellpinsel oder dem flüchtigen Bleistift gelang, ihre Züge und Trachten auf's Papier zu fesseln. Das war im Sommer. Die Sonne stand unaufhörlich am Firmamente, warm sandte sie ihre Strahlen über die kleine Ansiedelung, die da auf der Ebene am Bache zerstreut lag; hell beleuchtete sie die kleine Schaar der wunderbaren, fremdartigen Gestalten, wie sie ihrem Tagewerk nachgingen, die Rennthiere eintrieben, fingen, melkten oder schlachteten, wie sie im Bache fischten, und nach gethaner Arbeit sich durch unendliches Rauchen aus den kurzen Stahlpfeifen und unermüdliches Plappern in der fremd klingenden Sprache erholten.

Die Tracht der Lappen ist malerisch und farbenprächtig, wie die der meisten Nomadenvölker. Die lange Winternacht steigert wohl noch bei den Lappen die Freude an strahlenden Farben, die man überall findet. Männer und Weiber kleiden sich fast gleich, nur mit dem Unterschiede, dass das Kleid der Männer kürzer ist und nur bis an's Knie reicht, während das der Weiber bis zur halben Wade geht. Die Kopfbedeckung ist meistentheils verschieden, wie z. B. in Ost-Finmarken, während in Helgeland und in Schwedisch-Lappmarken Männer und Frauen die gleiche Kopfbedeckung tragen. Im Winter sind Alle, Mann, Weib und Kind, in Anzüge von Rennthierfellen, die haarige Seite nach aussen gekehrt, gekleidet, welche „Päsk“, „Muod“, „Mudd“ genannt werden, und von denen nur der Kragen mit buntem Tuch besetzt und gestickt ist. Die Aermeren, die sich nicht den Luxus eines Kleiderwechsels gestatten können, tragen auch im Sommer die alten Mudd's, die vor Schmutz starren und greulich anzusehen sind. Die wohlhabenden Lappen dagegen tragen im Sommer Anzüge von grobem oder feinem Wollenstoffe, meistens naturfarben, also von schmutzigem Weissgrau, oft jedoch auch in den buntesten Farben, blau, grün, roth, immer aber mit anderem Tuch eingefasst, und deren Kragen und Halsöffnung noch dazu mit Silber- oder Zinndraht kunstvoll gestickt sind. Der Rock ist blusenförmig, wird wie ein Hemd angezogen und mit einem messing- oder zinnbeschlagenen, ledernen Gürtel zusammengehalten, über den er um den ganzen Leib über dem Gürtel emporgezogen wird; die dadurch entstehende, überhängende Bauschung ist zugleich die Reisetasche und die Vorrathskammer des Lappen, wenn er im Gebirge herumschwärmt oder sonst auf Reisen geht. Hier bewahrt er Proviant und Munition, kurz alle seine Bedürfnisse auf, und was darin nicht mehr Platz findet, baumelt, besonders bei den Weibern ein ganzer Kurzwaaren-Laden, vom Gürtel herunter; Scheere und Tabacksbeutel, Löffel und Nähzeug, Pfeife und Pfriemen, vor allem das unentbehrliche Messer, eine dolchartige, mit einem Griffe von Rennthierhorn versehene Waffe, die in lederner, oft mit eingenähtem Zinndraht oder mit Messingbeschlägen verzierter Scheide steckt. Die Hosen sind durchgehends von gegerbtem Leder, ziemlich eng, reichen bis auf den Fuss und werden in die höchst eigenthümlichen Schuhe (Komager) gesteckt. Diese Schuhe, die an die Moccasins der Indianer Nordamerikas erinnern, werden aus der Stirnhaut der Rennthiere verfertigt und zwar so, dass der ganze Schuh aus Einem Stück besteht, das nach oben gebogen und über dem Fusse mit einem anderen Stück Leder zugenäht wird. Er hat nach unseren Begriffen also weder Sohle noch Absatz, wird um den Knöchel über die eingesteckte Hose fest zusammengeschnürt und soll eine sehr angenehme Fussbekleidung sein, wofür wohl am besten der Umstand spricht, dass fast sämmtliche Norweger, die in Finmarken reisen oder längere Zeit dort verweilen müssen, sich seiner bedienen. Strümpfe kennt der Lappe ebensowenig wie Hemden; dafür wird der Schuh mit einer Art weichen und schmiegsamen Grases ausgefüllt, welches man jeden Tag wechselt, und wovon der Lappe in seiner Busenfalte gewöhnlich ein paar ansehnliche Flechten mitführt.

Die Kopfbedeckung ist, wie gesagt, in den verschiedenen Theilen des skandinavischen und russischen Lapplandes verschieden. Während im schwedischen Lapplande und im südlichen Theile von

44

Norwegisch-Finmarken von beiden Geschlechtern eine zuckerhut-förmige, an die älteren Baretts der katholischen Geistlichkeit erinnernde, schwarze Mütze mit farbiger Kante getragen wird (wie die Mütze des Knaben auf dem folgenden Blatte), benutzen die Männer Ost-Finmarkens eine der polnischen Mütze ähnliche Kopf-bedeckung von verschiedenfarbigem Tuche. Der obere, viereckige Theil derselben ist von dunklerer Farbe und wird im Winter mit einem Kissen voll Daunen ausgepolstert, theils um den Kopf warm zu halten, theils um ihn beim Umschlagen der Rennthierschlitten gegen Verletzungen zu schützen. Der Rand ist immer von hellerem, möglichst buntem Tuche oder von Rennthierfell, oft noch oben und unten andersfarbig eingefasst.

V. St.-L.

[60)] LAPPEN-FRAU AUS KARASJOCK

IN FINMARKEN (NORWEGEN).

Von VINC. ST. LERCHE.

Die Kleidung der Lappenweiber ist durchgehends der Männertracht gleich und wird ganz ebenso getragen, nur dass der Rock länger ist, und dass in verschiedenen Theilen des Landes die Mütze eine abweichende Form hat, wie z. B. gerade in Karasjock, wo der höchst eigenthümliche Kopfputz der Weiber aus einem curiosen Mitteldinge zwischen phrygischer Mütze und französischem Kürassierhelm besteht. Die auf unserem Blatte dargestellte Lappin trägt ein solches Wunder internationaler Damenmode, welches, aus verschiedenfarbigem Tuche über einem soliden Gestell von Draht zusammengenäht und mit seidenen Bändern besetzt und festgebunden, vorn das Gesicht mit schmalen Spitzen einrahmt. Der Rock besteht im Winter aus Rennthierfellen, im Sommer aus meist naturfarbenem Wollenstoff, und ist an Hals, Aermeln und Untertheil bunt eingefasst. Um den Hals tragen die Weiber buntfarbige wollene, kattunene oder seidene Tücher, die sie sich in der nächsten grösseren Ortschaft kaufen; vom Gürtel, der oft silberbeschlagen ist, hangen an einem metallenen oder beinernen Ringe

Messer, Scheere, Pfriemen herab und oft auch die kurze Tabackspfeife von Stahl nebst Tabacksbeutel, denn in Lappland huldigen auch die Frauen, besonders die älteren, dem Laster des Rauchens sowohl, wie dem des Trinkens. Die Finger der meistens wohlgeformten Hand schmücken massive Ringe aus vergoldetem Silber, und die Füsse stecken, wie bei den Männern, in dem landesüblichen „Komager". Die Kinder werden, so lange sie noch nicht laufen können, in der sogenannten „Komse" aufbewahrt. Es ist dies weiter nichts, als eine Schachtel von dünnem Holze, mit weichem Moose gefüllt und mit einer Oeffnung für den Kopf des Kindes. In diese Schachtel wird das Kind gesteckt; über der Oeffnung werden Fäden mit bunten Perlen oder, wenn es kalt ist, Stücke Zeug befestigt. Beim Gehen wird die Komse mittelst eines Riemens auf der Schulter der Mutter getragen. Der Knabe, den unsere Lappin an der Hand führt, ist, wie die Form seiner Mütze anzeigt, aus einem westlicheren Theile Finmarkens; seine Kleidung unterscheidet sich sonst fast gar nicht von der der Erwachsenen.

Bei den Lappen sind Männer wie Weiber klein; sie erreichen selten eine grössere Höhe als fünf Fuss. Die Augen sind bei Allen im Alter, von dem unaufhörlichen Rauche in den Zelten und wahrscheinlich auch von dem Wiederschein der Sonne auf den Schneemassen, entzündet, und die Weiber, die in der Jugend mitunter nicht unschön sind, werden bei zunehmendem Alter wahre Hexengestalten Shakespearischer Phantasie.

V. St.-L.

BLÄTTER

FÜR

KOSTÜMKUNDE.

HISTORISCHE UND VOLKS-TRACHTEN.

Unter Mitwirkung von

G. Benczúr, Otto Brausewetter, C. Breitbach, Adolf Burger(†),
Ludwig Burger, Julius Ehrentraut, W. Gentz, Alois Greil, Friedrich
Hiddemann, Ferdinand Keller, Vinc. St.-Lerche, Jean Lulvès, Franz
Meyerheim, B. Nordenberg, Bernhard Plockhorst, Rudolph Schick,
Norbert Schroedl, Franz Skarbina, Gustav Spangenberg, Franz
Thelen, Paul Thumann, W. Timm, Joseph Watter, Carl Werner,
Constantin von Wietersheim u. A.

herausgegeben von

A. von HEYDEN.

NEUE FOLGE, SECHSTES HEFT.

(61.—72. BLATT.)

BERLIN.

FRANZ LIPPERHEIDE.

1878.

INHALT.

HISTORISCHE TRACHTEN.

VOLKS-TRACHTEN.

[61] VENETIANISCHER EDELMANN.

ZWEITE HÄLFTE DES XVII. JAHRHUNDERTS.

Von JOSEPH WATTER.

Wer möchte in diesem geputzten Nobile der einst so mächtigen Republik den Enkel jener einfach schwarz gekleideten Würden-
träger erkennen, welche wir in den zahlreichen Portraits der grossen
venetianischen Maler des sechzehnten Jahrhunderts bewundern? Ist
er nicht ganz französischer Hofmann von der Schule und dem Hofe
Ludwigs XIV., Ludwigs des Grossen, wie ihn seine Bewunderer
nennen? Von Kopf bis Fuss trägt er die Selbstbewunderung, das
Vergnügen an seiner pompösen Stattlichkeit zur Schau. Nichts
erinnert an das alte Venedig, als allenfalls der Mantel auf seiner
Schulter, der übrigens mit dem volantartigen Besatz und Behang
von schwarzer Seide sich ebenfalls zeitgemäss gemacht hat. Schon
trägt er den dreieckigen Hut unter dem Arm: die grosse Allonge-
Perrücke, Kopfbedeckung genug, duldet ihn nicht mehr auf sich.
Ihre gewaltigen Lockenflügel, — etwas wild noch, denn wir stehen
in der ersten Periode ihrer Blüthe, — liegen ganz nach der Regel,
der eine auf der Brust, der andere auf dem Rücken. Die Masse
der Haare ist so überwältigend, dass der Bart schon gänzlich da-

vor verschwunden ist. Die schlichte venetianische Spitze hat sich
an Manschetten und Kragen in die zarte Spitze der zweiten Hälfte
des siebzehnten Jahrhunderts verwandelt, welche zu dieser Zeit die
Franzosen und Belgier aufnahmen. Die Form des Kragens hat
sich unter den verhüllenden Flügeln der Perrücke in zwei unter
dem Kinn herabhängende Lappen verändert; sie sollten bald in
der modischen Welt von der »Steenkerke« abgelöst werden. Auf
der Brust tritt, wie in den letzten Zeiten des dreissigjährigen
Krieges, noch das Hemd faltig und überhängend heraus, aber es
zeigt bereits mit seinen übergeschlagenen Krausen den Anfang des
Jabot. Leibrock und Beinbekleidung schwanken ebenfalls noch
zwischen dem ausgesprochenen Kostüm der Zeit des dreissigjährigen
Krieges und jenem Ludwigs XIV. Die faltige, schwarze Seiden-
masse um die Oberschenkel, die Bänder und Schleifen darüber,
gehören der Zeit des Ueberganges an, welche die ersten drei Jahrzehnte der Regierung jenes Königs bilden. Dagegen sind die
Strümpfe, sowie die Schuhe mit ihren rothen Absätzen und Schnallen
schon völlig auf der Höhe der neuen Zeit und des neuen Kostüms,
welche sich zwischen 1670 und 1680 vollenden.

Die Figur dieses Nobile ist einem Kupferstiche entnommen,
welcher die Unterschrift trägt: *Nobile Veneto prima di metter
Veste . . . A. Zuchi sculp.*

J. F.

62) ELISABETH, GRÄFIN VON DEVON.

ERSTE HÄLFTE DES XVII. JAHRHUNDERTS.

Von JOSEPH WATTER.

Diese blonde Engländerin, der höchsten Aristokratie angehörig, repräsentirt uns die Damen am Hofe des unglücklichen Königs Karl I. Ein schlichtes, einfaches, natürliches Kostüm, und doch voll Reiz und Vornehmheit! Es ist noch völlig unangetastet von der Steifheit und pompösen Ueberschwänglichkeit der Formen, wie sie bald darauf am Hofe Ludwigs XIV. und unter dem dort herrschenden Ceremoniel entstanden. Der Geist, der in diesem Kostüm herrscht, ist der freie und malerische Charakter, der nach den steifen spanischen Moden, die in der zweiten Hälfte des sechzehnten und noch im Anfange des siebzehnten Jahrhunderts herrschten, nicht ohne Mitwirkung des Einflusses, welchen der dreissigjährige Krieg und sein abenteuerlich kriegerischer Geist auf die ganze Welt übte, entstanden war. Das Haar fällt so frei und zwanglos in seinen Locken von dem schönen Kopfe herunter, als ob es der Natur allein überlassen gewesen wäre, es zu ordnen. Nur ein kleiner Scheitel, der quer über die Stirne läuft und ein paar feine Löckchen über sie herabsendet, zeigt, dass auch diese Frisur

unter dem Zeitgeschmacke, unter der Mode steht. Dieser kleine
Querscheitel, den unsere Damen von heute nachahmen, ohne dem
Haare sonst die gleiche Freiheit, den gleichen Fall zu schenken,
ist entscheidend. Das Haar hatte nach den steifen Coiffuren der
spanischen Modeherrschaft, etwa um das Jahr 1620, überall be-
gonnen, zu natürlichen Formen zurückzukehren; zwischen 1630
und 1640 trägt es schon völlig die Form, wie wir sie an der
Gräfin von Devon sehen, und behauptet sich so bis zum Jahre
1660, ja selbst noch darüber hinaus. Während der Mann, dessen
Haar die gleiche Tendenz hatte, damals sich die gewaltige Perrücke
auf das Haupt setzte, stieg das Haar der Damen wieder empor,
bis es zu der künstlich überhöhten Coiffure der Fontange führte.

Natürlich, wie das Haar, erscheint auch der ganze Anzug der
Gräfin von Devon. An Brust, Hals und Händen verschmäht sie
selbst die damals allgemein üblichen Spitzen. Nur aus den kurzen Aermeln tritt ein feiner, weisser Stoff faltig und duftig hervor.
Das weisse Atlaskleid schmückt sich nur mit einigen goldenen
Streifen und etlichen grünen Schleifen, Faveurs genannt, weil auch
der Herr sie als Gunstbezeugungen seiner Dame trug. Die einfache Form des Kleides mit etwas hoher Taille und einem Ueberfall des Leibchens auf die Hüften, der an das kriegerische Wams
jener Zeit erinnert, hatte sich um das Jahr 1630 festgestellt. Der
Reifrock, welcher früher darunter in sehr unschöner Weise getragen
wurde, ist gefallen, und weiterer Schmuck hat sich noch nicht,
wenigstens nicht bedeutsam, eingestellt. Er sollte aber kommen.
Wenige Jahrzehnte später sinkt die Taille herunter, strebt nach
möglichster Enge, und das Corset wird zu Hülfe gerufen. Gleichzeitig kommen Robe und Schleppe, hohe Stöckelschuhe auf, und
was sonst mehr zu den Moden der Zeit Ludwigs XIV. gehört.

Unsere Figur ist die Copie eines Gemäldes (oder vielmehr eines
Kupferstiches nach demselben) von Anton van Dyck, dem grossen
Portraitisten der aristokratischen Damen Englands jener Zeit.

J. F.

65) SCHEIBENSCHÜTZE.

ENDE DES XVI. JAHRHUNDERTS.

Von FRANZ MEYERHEIM.

Das vorliegende Kostüm, einem alten holländischen Kupferstiche des siebzehnten Jahrhunderts entnommen, dürfte ein Mitglied einer holländischen Schützengilde vorstellen; jedoch scheint es mehr ein vom ursprünglichen Künstler arrangirtes, als ein wirklich getragenes Kostüm zu sein, denn es zeigt Formen des sechzehnten Jahrhunderts neben denen des siebzehnten, wie solche in Wirklichkeit kaum neben einander zu finden gewesen sein mögen. Hut und Wams gehören dem siebzehnten Jahrhundert an, während die Bekleidung der unteren Körpertheile durchaus dem sechzehnten Jahrhundert entnommen ist. Der breite, befederte Hut entspricht der Form, wie ihn die Gestalten des Jacques Callot tragen, dem überhaupt die ganze Erscheinung unserer Figur einigermassen folgt. Das enge Wams ist durch Bandschleifen von heller Farbe geschlossen und zeigt eng anliegende Aermel, aus denen an der Hand weisse Manschetten hervortreten. Die Aermelnaht an der Schulter wird durch Schulterpuffen gedeckt, welche durch kleine Knöpfchen geziert sind. Die Bekleidung des Beines besteht aus drei gesonderten Stücken, aus der engen Kniehose *(haute de chausses)*, der Strumpfhose *(bas de chausses)*, über welche an der Hüfte, kaum bis zum Schlusse der Beine reichend, die weite, wulstige Schosshose *(trousse)* getragen wird. Diese sowie die Kniehose ist an dem unteren Saume des Wamses durch Bänder und Schleifen befestigt. Die Strumpfhose, welche meist noch genäht, aber doch auch schon gestrickt vorkommt, ist unter dem Knie durch ein mächtiges Strumpfband gehalten; häufig sind alle Theile der Beinbekleidung verschieden gefärbt, jedenfalls aber Schosshose und Knieband andersfarbig, als Schenkel und Strumpf. Der hellfarbige, geschlitzte Schuh hat die Kuhmaulform verlassen und sich der Form des Fusses angeschmiegt. Die Waffe, welche unser Schütze führt, ist die grosse Flaschenzug-Armbrust *(arbalète à moufle, à tours)*, wie solche früher in Belgien vorzugsweise zur Vertheidigung der Wälle und beim Scheibenschiessen verwendet wurde. Sie hat vor dem mächtigen Stahlbogen jederzeit einen Fussbügel zum Hineinsetzen des Fusses beim Spannen und eine runde, in einem Charnier bewegliche Visirplatte. An der rechten Seite trägt der Schütze den Flaschenzug zum Spannen der Sehne und vielleicht auch die, auf unserer Zeichnung nicht sichtbare Bolzentasche.

A. v. H.

(66) VORNEHME DEUTSCHE FRAU.

ENDE DES XV. JAHRHUNDERTS.

Von FRANZ MEYERHEIM.

Um das Jahr 1500 malte Meister Michel Wohlgemut aus
Nürnberg die überaus prächtige und heute noch wohlerhaltene
Decoration des sogenannten Huldigungssaales im Rathhause zu
Goslar. Eine Sage berichtet, dass der junge Albrecht Dürer
dabei der Gehülfe des alten Meisters gewesen sei, allein es ist
nicht der geringste Anhalt für eine solche Annahme vorhanden,
da Dürer zu der Zeit, als jene Arbeit durch Wohlgemut ausgeführt sein muss, bereits ein Decennium aus der Werkstatt seines
Lehrers geschieden war, der ihm freilich bis zum Lebensende
seine Freundschaft schenkte. Unter den dargestellten Figuren
befinden sich auch die Sibyllen, und einer derselben ist das vorliegende Kostüm entlehnt.

Es ist die Tracht einer vornehmen Frau jener Zeit, gleichviel,
ob dieselbe eine zinnengekrönte Burg oder ein hochgegiebeltes Ge-
schlechterhaus einer reichen Stadt bewohnt hat. Das Kleid von feinem, weissem Wollenstoff, mit gelben Blumen bedeckt, welche vielleicht in Seide eingewebt waren, zeigt in ziemlich tiefem Aus-

schnitte den Hals und die Brust. Es schmiegt sich an den Oberkörper zwanglos an und wird, in kurzer Entfernung unter der
Brust in zahlreichen Falten sich zum Rocke erweiternd, um die
Taille durch einen mit Schnalle versehenen, goldenen Gürtel zusammengefasst. Bestimmt, über den Arm geworfen oder durch
die Hand gehoben zu werden, hat das Kleid eine sehr bedeutende
Länge und legt sich daher in mächtigem Faltenflusse auf den
Boden. Der Aermel ist weit, glockenförmig und erreicht mit
seiner Spitze fast den Boden. Der ganze Rock scheint, nach
dem kleinen, zufälligen Aufschlage an der rechten Seite zu schliessen,
wie der Aermel mit blauem Stoffe gefüttert zu sein. Ein breiter
Besatz von dunkelblauem Stoffe, Tuch oder Sammet, durch ein
Schmuckstück am Busen geziert, verbrämt in der Form eines lateinischen T den Halsausschnitt. Dagegen fehlt am unteren Rande
des Rockes jeder farbige Besatz. Das Unterkleid von hellblauem
Stoffe verräth sich nur durch den überaus kurzen, engen, durch
Knöpfe geschlossenen Unterärmel. Den Kopf ziert, alles Haar
verdeckend, eine hohe, spitze Haube von weissem Stoffe mit Goldstickerei und einer Spitze von Goldbrocat; über diese legt sich
ein turbanartiger, mit Goldbändern umwundener Wulst, von dem
eines dieser Goldbänder zur Schulter herabfällt. Dass dem Halse
einer so eleganten Frau ein reicher Schmuck zierlicher Goldketten
nicht fehlen darf, ist selbstverständlich.

A. v. H.

69) VORNEHMER FLORENTINER.

MITTE DES XV. JAHRHUNDERTS.

Von A. von HEYDEN.

.

Die an vorzüglichen Kunstwerken so reiche Gallerie in Turin besitzt ein Bild von Antonio Pollajuolo, den jungen Tobias mit dem Engel, welchem wir das vorliegende Kostüm entlehnen. Während der führende Engel in antikem Gewande einherschreitet, trägt der junge Tobias die Tracht jener Tage in reichster Ausstattung und Eleganz, die namentlich durch die Neigung des Künstlers, alles, was Metallschmuck ist, mit so minutiöser Genauigkeit auszuführen, als ob er eine Musterkarte für sein eigentliches Geschäft, die Goldschmiedearbeit, zu geben beabsichtige, besonderen Reiz erhält.

Eine zierliche, mit violettem Seidenstoffe ausgeschlagene Mütze, wie es scheint, von feinem, olivengrünem Plüsch, deckt den mit langen, wallenden Haaren bedeckten Kopf; eine goldene Schnur umsäumt den hinten aufgeschlagenen Rand des Hutes, um dessen Kopftheil sich am oberen Drittel der Höhe eine Kette von rothen Steinen in stilvoller Goldeinfassung legt. Die Sendelbinde von violetter, gelbschillernder Seide fällt von der rechten Seite über die linke Schulter nach dem Rücken. Ein

Trappert*) von grünem Sammet mit hermelinartigem, weissem Pelz
gefüttert, bedeckt den Körper bis an die Oberschenkel und schliesst
mit einem kleinen Stehkragen, der vorn mit goldener Schnur
über dem ihn zierenden Goldsaum geschlossen ist, so dass der
weisse Hemdkragen unter der Schnur sichtbar wird, an den Hals.
Der Halsschlitz setzt sich bis unter das Brustbein fort und lässt hier
ebenfalls, nur durch zwei zierliche Nestel geschlossen, das Hemd durchblicken. Der Rock, um die Brust sehr knapp anschliessend, erweitert sich am Ende des Brustschlitzes durch einen in Stossfalten
angesetzten Schoss, der wahrscheinlich am Rücken ebenso hoch auf-
steigt, wie an der Brustseite, ähnlich, wie dies uns bereits von
Nr. 25 unserer »Blätter für Kostümkunde« her bekannt ist, und ist
durch eine goldene, mit runden Metallquasten versehene Schnur
um die Taille gegürtet. Die ziemlich weiten Aermel sind ebenfalls
mit Pelz ausgeschlagen, der an den seitlichen Aermellöchern breit
hervortritt, während er sonst nur schmal die Säume verbrämt.
Unser Florentiner hat den linken Aermel angezogen, den
rechten Arm dagegen nur durch den seitlichen Aermelschlitz geschoben, wodurch der Aermel selbst lang herabhängt. Die Arme
sind mit Goldstoff bekleidet; da wir vorn an den Schlitzen das
weisse Hemd sehen, so muss die Jacke, der diese knappe Arm-
bekleidung angehört, an der Brust tief ausgeschnitten sein, was
sehr häufig vorkommender Form entspricht. Auch dieser enge
Aermel ist an der Rückseite vom Handgelenk bis zum Ellenbogen aufgeschlitzt, um das Hemd bauschig hervortreten zu lassen,
wobei durch zwei Bündchen dem Goldärmel seine Knappheit ge-
wahrt bleibt.

    Ueber die linke Schulter ist ein rother Mantel geworfen, der auf

---

*) »Trappert«, »Trapphart«, auch »Tappert« (nach J. Falke aus dem Keltischen stammend),
bezeichnet den Oberrock des XIV. und XV. Jahrhunderts neben der »Huke«. Beide unterscheiden sich wesentlich dadurch von einander, dass der Trappert gegurtet wird, während die
Huke glatt und ungegürtet über die Hüften fällt. Trappert wie Huke können beide bis auf
die Füsse reichen und beide aufgeschlitzt sein, um das Bein und das kostbare Pelzfutter
zu zeigen.

der rechten Schulter befestigt ist, und dessen an den Rändern ausge-
franstes Futter aus dem nämlichen Stoffe zu bestehen scheint, wie die
Sendelbinde; es ist ebenfalls violett mit gelben Lichtern. Das Bein
deckt eine rothe Strumpfhose, während die Füsse in fast bis
zur Wade aufsteigenden Stiefeln von violettem Stoffe stecken;
dieselben haben, wie fast immer in Italien, eine kurze Spitze in
Verlängerung der Mittelzehe, sind mit Schnürbändern an der Innenseite geschlossen und oben durch einen grünen plüschartigen
Wulst geziert.

A. v. H.

70. EDLE VENETIANERIN.

ERSTE HÄLFTE DES XV. JAHRHUNDERTS.

Von A. von HEYDEN.

Kaum in einer zweiten Gallerie drängt sich dem Beschauer ein so fertiges Bild des Lebens und der Cultur einer bestimmten Periode auf, als in dem Saale der Academie von Venedig, welcher fast ganz angefüllt ist von jenen grossen Bildern des Gentile Bellini und des Vittore Carpaccio. Die einzelnen Gestalten dieser Bilder sind für den Kostümhistoriker eine Quelle reichster Belehrung für die Zeit der zweiten Hälfte des XV. Jahrhunderts in Venedig; ein Theil derselben ist vielfach publicirt, aber die Fülle des Interessanten ist noch lange nicht erschöpft. Das Original des vorliegenden Blattes, die Gestalt einer vornehmen Venetianerin, gehört dem vierten Bilde der Legende der Heiligen Ursula von Carpaccio an, der, wie Crowe und Cavalcaselle in ihrer Geschichte der italienischen Malerei sagen, »sich in Wahrheit mit den Toilettengeheimnissen seiner Zeitgenossen trotz dem besten Schneider vertraut zeigt«.

Unsere Dame stellt die Jungfrau Ursula dar, welche an der Landungsbrücke dem englischen Prinzen die Hand reicht; das Kostüm des Letzteren hat Hefner-Alteneck im zweiten Bande seiner Trachten des christlichen Mittelalters auf Tafel 169 veröffentlicht.

Das Haupt der Dame, deren langes, wallendes Haar, nach

der damals in Venedig herrschenden Mode hellblond*), bis weit
über den Rücken herabfällt, deckt eine einfache, rothe Haube,
die mit Goldborte und einer Doppelreihe von Perlen gesäumt,
sowie mit einem Schmuckstück auf dem Scheitel geziert ist. Ein
Kleid von olivengrünem Stoffe, wie es scheint, von Wolle, reicht
ohne Schleppe bis auf den Boden, genau auf demselben ab-
schneidend. Die Taille ist auffallend kurz und endet unmittelbar
unter der Brust; sie ist bis zum Rockansatze weit ausgeschnitten
und legt sich über die Schulter mit schmalem Schulterstück. Der
Saum des Ausschnitts ist durch Gold und Perlenbesatz geziert,
während das ganze Bruststück von einem reichen, goldgestickten
Latze gebildet wird, auf dessen Mitte sich das Kleinod der kostbaren, zweimal um den Hals geschlungenen, goldenen Kette legt.
Aus dem Aermelloche treten weite, weisse Linnenärmel hervor,
welche, durch drei knappe Ueberärmel in kleidsamster Weise zu
Puffen zusammengedrängt, überall und zuletzt noch einmal aus
den grossen Puffenlöchern der Unterärmel heraustreten und
über dem Handgelenke eine kleine Manschette bilden. Diese
Ueberärmel sind von demselben Stoffe, wie Rock und Leibchen,
untereinander durch feine Seidenschnüre verbunden und mit Goldbändern gesäumt. Der ungeschlitzte Aermel des Oberarms trägt
ein grosses Schmuckstück aus Perlen und rothen Steinen in Gold-
fassung.

Ueber dem grünen Kleide trägt die Dame einen rothen Dop-
pelrock von Seidenstoff, welcher seine schleppende Länge rundum
bewahrt und daher, durch die linke Hand zusammengerafft und in
reiche Falten gelegt, so weit gehoben werden muss, dass das
grüne Kleid über dem Boden sichtbar wird und sich hinten eine
kurze Schleppe bildet. Handschuhe, welche wir wiederholt auf
den Bildern Carpaccio's bei Männern finden, trägt unsere Dame nicht.

A. v. H.

---

*) Das blonde Haar der venetianischen Damen im XV. und XVI. Jahrhundert ist nicht
naturfarben, sondern künstlich an der Sonne gebleicht. Vecellio giebt in seinem berühmten
Kostümbuche die Abbildung und Beschreibung dieser Modequälerei.

VOLKS-TRACHTEN.

[63) BAUER AUS BORTFELD

BEI BRAUNSCHWEIG.

Von BERNHARD PLOCKHORST.

Die Braunschweiger Bauern haben noch ihre altherkömmliche Tracht, welche in den verschiedenen Dörfern sich wohl nach Form und Farbe etwas anders zeigt, aber den Landmann immer vom modewechselnden Städter deutlich unterscheidet.

In dem hübschen, grossen Kirchdorfe Bortfeld, welches zwei Stunden nordwestlich von Braunschweig an dem Saume des mit prächtigen Waldbäumen bestellten Pawel'schen Gehölzes liegt, ist diese alte Tracht noch ganz in ihrer Echtheit erhalten. Die Männer tragen, selbst bei der Arbeit auf dem Felde, den sehr grossen, schwarzen Filzhut, dessen breite Krämpe von zwei, auch von drei Seiten aufgeschlagen wird, und der, in letzterem Falle dem alten, sogenannten Dreimaster gleichend, den Kopf allerdings gegen Sonnenstrahlen, wie gegen Schnee und Regen zu schützen vermag. Der weit über die Kniee herabreichende, lange Rock ist von derber, weisser Leinewand, mit rothem Wollenzeuge gefüttert, und wird auf der Brust mit einer Reihe von dicht aneinander sitzenden Metallknöpfen, die rund und flach, am Sonntags-Rocke oft von Silber sind, zugeknöpft. Das grosse und dicke Halstuch ist gewöhnlich von schwarzer Farbe, oft von schwarzer Seide, und lässt darüber den weissen Hemdkragen wenig sichtbar werden. Die jetzt übliche, zweireihige Weste von schwarzem, auch buntgeblümtem Stoffe, ist eine Neuerung, von der sich auch hier nach und nach geltend machenden Mode eingeführt. Aeltere Männer

tragen noch das rothe, wollene Wams, das sie auch ‹Kruper› nennen, weil man, wie mir der alte Kothsasse Voges in Bortfeld sagte, ‹herin krupen mott› durch die Halsöffnung, die nach der Brust zu nur durch einige Knöpfe erweitert ist. Die Kniehosen sind von hellgelbem oder von dunkelgrünem Leder, im Sommer auch von weisser Leinewand. Blaue Strümpfe, gewöhnlich mit weissen Zwickeln verziert, darüber oft weisse Gamaschen, und die mit grossen Metallschnallen versehenen, dicken Lederschuhe vollenden diese eigenthümliche Bauern-Tracht, welcher man in den niedersächsischen Dörfern von der Weser bis zum Harze überall begegnet. Sie erscheint heller und heiterer, als die moderne, schwarze Kleidung der Städter; aber es wird leider auch diese Originalität wohl mit der Zeit vor der zunehmenden Macht der Mode schwinden müssen.

B. Pl.

64) BÄUERIN AUS BORTFELD

BEI BRAUNSCHWEIG.

Von BERNHARD PLOCKHORST.

Die Frauen und Mädchen des Braunschweiger Landes haben
meist blondes oder braunes Haar, welches, aus der Stirne straff
zurückgekämmt, in einem Neste auf dem Hinterkopfe zusammen-
geflochten ist. Darüber wird ein kleines, schwarzes Käppchen
getragen, von welchem schwarze, breite Bänder sehr lang, oft bis
zu den Kniekehlen herabfallen. Bei den Wohlhabenderen sind
diese Bänder von Seide, manchmal handbreit; sie bilden bei der
Bewegung schöne Linien, flattern im Winde weit ab und machen
einen Haupttheil des Festtags-Schmuckes bei dem weiblichen Landvolke aus. Ueber den Schultern liegt ein breiter, weisser Leinen-
kragen in strahlenförmigen Falten. Um den Hals schlingt sich
eine Reihe von Glasperlen, die bei Wohlhabenden und an Festtagen auch mit einer goldenen Kette vertauscht wird; auch das
enganliegende Mieder von bunt geblümtem Kattun, oft auch von
schwarzem Sammet, ist mit Schnüren von Glasperlen oder Goldketten behangen. Beim Ausgehen wird gewöhnlich über das
Mieder ein bunt geblümtes Band von den lebhaftesten Farben

gesteckt. Die weissen Hemdsärmel, an den Rändern oft gestickt, reichen nur wenig über den Ellenbogen und lassen den Unterarm frei. Die wollenen Röcke sind gewöhnlich roth, unten mit grünen oder schwarzen Bändern besetzt, und werden immer weitfaltig getragen. Hin und wieder findet man auch auf einzelnen Dörfern dunkelgrüne, blaue und schwarze Röcke, mit farbigen Bändern besetzt. Die Schürze ist eben so lang, wie der Rock, und so breit, dass sie beide Hüften deckt; sie wird bei der Arbeit, wie beim Kirchgange und an Festtagen, getragen und ist gewöhnlich von derber Leinewand mit gestreiften Mustern, oder von schwarzer Seide, oder auch von weissem, ganz feinem Stoff, mit reichen Stickereien in den unteren Ecken versehen.

Für gewöhnlich, zu Hause und auf dem Felde, tragen die Bauersfrauen blaue, bei kirchlichen Gelegenheiten schwarze, und zum Tanze weisse, mit gestickten Zwickeln verzierte Strümpfe, dazu sehr schmucke, bunte Strumpfbänder. Die Schuhe haben stets schwarze Schleifen, von metallenen, blanken Schnallen gehalten. Selten sieht man die Bauersfrauen in der Stadt ohne ihren grossen Regenschirm, dessen Farbe gewöhnlich roth oder blau ist.

Im Winter tragen die wohlhabenderen Bauern mit Vorliebe allerlei Pelzwerk. Die Männer sieht man dann in Schafpelzen, mit einer dicken, runden Pelzmütze auf dem Kopfe; die Frauen mit Pelzhandschuhen, auch Pelzmanschetten und grossen Pelzkragen, welche oft genug Zeugniss davon geben, dass es unter den niedersächsischen Bauern, zumal in braunschweigischen und hannoverschen Dörfern, sehr reiche Leute giebt. Dieser oft von Geschlecht zu Geschlecht vererbte Reichthum tritt bei Schmausereien und namentlich bei Hochzeitsfesten recht hervor, und nicht selten wird solche Feier unter lebhafter Betheiligung der umliegenden Ortschaften auf drei Tage ausgedehnt. Sonst aber legt der Bauer sein Geld lieber in den Kasten und leiht es nicht einmal gern auf gute Zinsen aus, denn im Allgemeinen ist er sehr zurückhaltend, ja misstrauisch, namentlich den Städtern gegenüber. Hierin liegt auch wohl der hauptsächliche Grund dafür, dass sich unter dem Landvolke jener Gegend die alte, plattdeutsche Sprache sowohl, als auch manche altherkömmliche Eigenthümlichkeit in Sitten und Gebräuchen bis auf den heutigen Tag erhalten hat.

B. Pl.

[67] JUNGER BAUER AUS VALLE

IN SÄTERSDALEN (NORWEGEN).

Von VINC. ST.-LERCHE.

Sätersdalen ist die südlichste und längste Thalmulde Norwegens, die vom Filefjeld, der Grenze zwischen den Stiftern Bergen
und Christiania, in einer Länge von ungefähr dreissig Meilen sich bis
nach Christiansand erstreckt und von einem ziemlich bedeutenden
Flusse, der Otterå, durchströmt wird. Die durch hohe Felsen ab-
getrennte Lage hat den Bewohnern dieses Thalgebietes, besonders
der oberen Theile desselben, bis in die jüngste Zeit hinein ihre
Eigenthümlichkeiten in Sprache, Tracht und Sitten erhalten. Es
ist ein kräftiger und gesunder, aber, nach der Aussage Landes-
kundiger, hartköpfiger und streitsüchtiger Volksstamm.

Die Tracht, die für die Frauen nicht ohne Reiz ist, giebt den
Männern ein höchst komisches Aussehen; denn so ein ›Sätersdöl‹,
wie die norwegische Benennung dafür lautet, besteht eigentlich
nur aus einer ungeheuren Hose, in welcher der Mann, wie eine
Brille in einem Futteral, ganz und gar eingekapselt ist. Sie reicht
vorn und hinten bis an den Hals, nur unter den Armen ist sie
etwas eingeschnitten und wird über den Schultern durch die,

wenige Zoll langen Hosenträger zusammengehalten, welche vorn reichverzierte Messingbeschläge tragen. Die Hose sowohl, wie die überaus kurze Weste und die nicht längere Jacke sind von grauem, selbstgewirktem, dickem Wollenstoffe verfertigt, mit grünen oder auch schwarzen Aufschlägen und mit bunten Litzen eingefasst und ausgenäht. Bei den Aermeren sind die Knöpfe der Jacke, Hose und Weste von Messing, bei den Reicheren dagegen von Silber; bei Allen aber sind die Halsknöpfe mit ihrem Behang und die ringförmigen Schnallen, die das Hemd zusammenhalten, von edlerem Metalle, theilweise sogar vergoldet. Als Kopfbedeckung dient ein eigenthümlich geformter Cylinderhut, der gewöhnlich mit einer silbernen Kette umwickelt ist. Junggesellen, deren Haare ganz kurz geschnitten sind, tragen auf der rechten Seite der Stirn ein paar lange, von Wetter und Sonne noch mehr gebleichte Strähne ihres meistens flachsblonden Haares. Dies alles giebt dem ›Sätersdöl‹ ein höchst originelles Ansehen, das ihn von den Bauern aus anderen Gegenden Norwegens, wenn auch nicht gerade sehr vortheilhaft, unterscheidet. Unser Bauer, Terje Thorsen Lunden mit Namen, ist bei einem Aufenthalte in Christiansand im Sommer 1873 nach dem Leben gezeichnet.

V. St.-L.

⁶⁸⁾ BAUERNMÄDCHEN AUS VALLE

IN SÄTERSDALEN (NORWEGEN).

Von VINC. ST.-LERCHE.

Auch das weibliche Kostüm von Sätersdalen zeichnet sich durch Originalität aus, wenn es auch nicht so bizarr ist, wie die Männertracht. Von schön gewachsenen Frauen getragen, sieht die Tracht sogar sehr malerisch aus. Leider sind aber auch die dortigen Mädchen nicht ohne Ausnahme schön, weder von Gesicht, noch von Körperbildung. In Bezug auf die Reinlichkeit hat Sätersdalen sogar einen sprüchwörtlich schlechten Ruf.

Macht sich die Männertracht durch ihre übermässige Länge bemerkbar, so leistet das Weiberkostüm in Bezug auf Kürze das denkbar Möglichste. Die Röcke, von denen der untere etwas länger ist, als der obere, reichen kaum bis an die Kniee und werden um den Leib durch einen Gürtel von farbigem Wollengespinnst zusammengehalten, so dass der obere Theil des Rockes wie ein Mieder Brust und Rücken bedeckt. Der Oberrock, von einem eigenthümlich gerippt gewebten Stoffe, der sich in feine Falten legt und nach unten sehr ausbauscht, ist von dunkler, meist schwarzer oder blauer Farbe und mit bunten, grünen und rothen

Litzen besetzt; der einige Zoll längere Unterrock dagegen von weissem, dickem Stoffe mit schwarzer Einfassung. Die Jacke ist vollständig derjenigen der Männer gleich, auch ebenso wie diese eingefasst und mit Knöpfen besetzt, und wird auf der Brust offen getragen. Die wohlgeformten Füsse stecken in langen, gezwickelten, dunkelfarbigen Wollenstrümpfen, und die ausgeschnittenen Schuhe sind, obschon derb und solid gebaut, von zierlicher Form. Der Kopf wird von einem breiten, meist rothseidenen Tuche bedeckt, das die Frauen über der Stirn mit einem Knoten festknüpfen, und dessen Zipfel um den Hals geschlungen werden; die Hände tragen buntgestickte, wollene Halbhandschuhe. Das leinene Hemd wird von der ›Sölje‹ zusammengehalten. Diese Söljen, die man überall bei den Bauern Norwegens findet, und die jetzt zum europäischen Modeschmuck geworden, sind grosse, silberne, schnallenförmige Broschen, die mit vergoldeten Plättchen, Kreuzchen oder Filigran-Zieraten behangen sind, — oft von wunderbar feiner Arbeit, wie überhaupt die norwegischen Bauern von je her in Silberarbeiten und Holzschnitzereien Ausgezeichnetes geleistet haben.

Das originellste und für Sätersdalen eigenthümliche Stück der weiblichen Tracht ist der ›Tjeld‹, ein Kleidungsstück, welches dem schottischen Plaid oder dem Shawl unserer Damen entspricht. Es ist dies eine von jenen Decken, weiss mit bunten Streifen, welche die Bauern in den meisten Gegenden Norwegens selbst anfertigen und als Bettdecken oder Wandbehang benutzen, eine Sitte, die noch aus der heidnischen Zeit stammt, wo die ganze Festhalle des nordischen Hauses in Manneshöhe mit solchen bunten Decken behangen war. Der Gebrauch derselben als Umschlagetuch hat sich aber nur noch in Sätersdalen erhalten, und ein hochgewachsenes, stolzblickendes Sätersdals-Mädchen auf ihrem Wege von oder nach der Kirche, mit ihrem besten Sonntagsstaate und reichem Silberschmucke angethan, den Tjeld malerisch um die Schultern drapirt, gewährt in der That einen gar stattlichen Anblick.

V. St.-L.

71) CIOCIARE

AUS DEM SABINERGEBIRGE.

Von NORBERT SCHROEDL.

Die nationale Bauerntracht, welche für uns ehedem von der Vorstellung des ›Italieners‹ und der ›Italienerin‹ fast untrennbar schien, jenes einfache, in hohem Grade malerische und eigenthümlich stilvolle Kostüm, das, durch Leopold Robert künstlerisch geadelt, seitdem eine so bedeutende Rolle in der modernen Genremalerei gespielt hat, beginnt längst schon in der Wirklichkeit mehr und mehr ausser Gebrauch zu kommen und zu verschwinden. Selbst in den Felsennestern des Sabinergebirges und den verstecktesten ehemaligen Briganten-Heimstätten zwischen Rom und Neapel begegnet man heute nur noch ausnahmsweise den pittoresk gekleideten Männer- und Frauengestalten, welche ehemals den Künstlern so prächtige natürliche Modelle gaben, während sie heute für ihre, noch immer auf dem Kunstmarkt begehrten ›Römischen Landleute‹ die lebendigen Urbilder fast nur noch in den künstlich kostümirten Modellen der Via Sistina finden können.

Unser Kostümbild zeigt einen jener ›Ciociaren‹, — sie führen diesen Namen von den Sandalen, welche sie statt der Schuhe

tragen, — aus Saracinesco, einer der kleinen Ortschaften, welche,
wie aus dem Gestein selbst hervorgewachsen, an den kahlen Klippen
vieler Bergspitzen des Sabinergebirges nisten, gekleidet in die
Tracht, in der sie an Sonn- und Festtagen noch in die Städtchen
herabkommen, um ihre Andacht bei gewissen mächtigen Heiligen
zu verrichten und auf den Marktplätzen umherzustehen. Diese
Tracht besteht aus einem groben, leinenen Hemde, das nicht immer
die den Malern so werthen bräunlich-warmen Töne zeigt, welche
langer, ununterbrochener Gebrauch der Wäsche giebt, sondern
nicht selten auch im reinsten Weiss leuchtet; einer Kniehose, bald
aus dunkelfarbigem Sammet, bald aus Leinenzeug, welche um die
Hüften durch einen breiten, mit Taschen versehenen Ledergurt
oder einen mehrfach um den Leib gewickelten, rothen Baumwollen-
Shawl festgehalten werden. Die Beine, vom Knie abwärts, stecken
in gestrickten, gemusterten Wollenstrümpfen oder in ledernen
Gamaschen. Die Füsse sind mit blauen oder weissen Leinewand-
lappen umwickelt, über welche durch schmale Lederriemen oder
starke Bindfaden die rings um den Fussrand aufgeschlagene Fell-
sohle befestigt ist. Jene Riemen sind lang genug, um weiter
hinauf das Bein bis zum Knie zu umwickeln. Ueber dem Hemd
wird eine meist rothe, gelbe oder blaue Weste mit einer Reihe
Metallknöpfe getragen, die im Winter wohl zuweilen einer aus
zottigem Ziegenfell geschnittenen weicht. Eine blaue oder schwarze
Tuchjacke, welche im Sommer regelmässig, wie ein Dolman auf
der einen Schulter hängend, getragen wird, ein geknüllter, spitz-
köpfiger Filzhut, hinten auf das dicht in die Stirn hinein sich
krausende, dunkle Haar gestülpt, im Winter ein rothes, dickes
Tuch um den Hals gewunden und wohl auch ein Radmantel von
blauem Tuch vollenden den Anzug und dessen malerischen Effect.
Ein über die Schulter gehängter, leinener Sack oder eine grosse,
lederne Tasche am Riemen zur Aufnahme kleiner Habseligkeiten
fehlt ausserdem selten bei den Trägern dieses Kostüms.

L. P.

239 MÄDCHEN AUS TRASTEVERE

(ROM).

Von RUDOLPH SCHICK.

In einer Centrale des Fremdenverkehrs, wie das heutige Rom, kann man kaum noch erwarten, ein National-Kostüm in lebendigem Gebrauch zu finden. So ist denn auch die kleidsame Tracht der römischen Vorstädter, der Trasteveriner, von welcher unsere Abbildung ein Beispiel giebt, fast ganz verschwunden. Zuweilen nur findet sich in der Hinterlassenschaft der Mutter oder gar der Grossmutter noch eines oder das andere jener Kostüme, welches dann manchmal in den Ottobrate, den volksthümlichen Weinlesefesten im October, wieder hervorgesucht und theils aus einem gewissen nationalen Selbstgefühl, theils wegen seiner Kostbarkeit gegenüber der modernen Kattuntracht, oder wohl auch aus fröhlicher Laune wieder angelegt wird.

Alle Vorstellungen patriarchalischen Glückes und Friedens, die der Nordländer der ewigen Stadt entgegenbringt, und die ihm durch den mächtig sich regenden Zeitgeist jetzt fast überall genommen werden, erwachen, wenn man an einem Donnerstage oder Sonntage (den auserwählten Tagen) Carretti und Car-

rettini mit lärmenden, fröhlichen Menschen in jenen halbvergessenen
Trachten, Volksweisen singend und Tamburelli schlagend, zu ihren
Lieblingsplätzen, zum Monte Testaccio oder zur Porta Pia hinaus-
fahren sieht, um sich dort am zierlichen Saltarello oder am Boccia-
Spiel zu ergötzen.

Die hier dargestellte Tracht ist am meisten derjenigen der
Albanerinnen ähnlich, nur dass die Letzteren zur Jacke, über die
sie gern ein Busentuch von gemustertem Tüll stecken, meistens
rothes Tuch wählen, und dieselbe an den Enden der Aermel mit
breitem Goldband besetzen. Der Geschmack der Trasteveriner geht
aber auf dunkeln Sammet, sowohl für das Männer- als für das
Frauen-Kostüm. So ist auch hier die Jacke von olivenbraunem
Sammet oder Plüsch und in angenehmem Farbencontrast mit blauem
Seidenband besetzt. Der in Languettenform geschnittene Kragen,
die zackigen Aufschläge am Ende des Aermels und die doppelten
Achselklappen sind mit einer schmalen, weissen Kante oder Spitze
eingefasst. Die Achselklappen haben in den vier inneren Ecken
blau übersponnene Seidenknöpfe, von denen die unteren durch
eine blaue Schnur mit daranhängender, gleichfarbiger Quaste verbunden sind.

Die Jacke ist knapp und kurz, so dass das graue Mieder
mit seinen dunkelrothen Schnüren vorn gleichsam als Brustlatz und
unten als ein schmaler Streifen zu sehen ist. Ein weisses Busentuch von feinem Stoff ist unter der Sammetjacke um den Nacken
geschlagen und im Mieder vorn verborgen. Der Rock ist von
gelber Seide und mit breitem, blauem Seidenband so besetzt, dass
ein schmaler Streifen vom Kleide unten sichtbar bleibt.

Das dunkle, üppige Haar ist auf dem glatt anliegenden Scheitel
seitwärts in breiten Rädern, hinten als Nest geordnet, und der
Kamm trägt eine zierliche, diademartige, silberne Bekrönung. Zum
Ueberfluss ist das Haar noch durch eine lange, silberne Nadel oder
einen Pfeil gehalten und mit einem rothen Bande, das mit seinen
Enden zum Nacken herunterfällt, umbunden.

Die Ohrgehänge bestehen aus zwei länglichen Ringen von

fest aneinander gereihten Silber- oder Goldperlen, in deren Mitte
eine runde Koralle hängt. Solche Ohrringe sieht man bei den
Frauen des römischen Gebietes manchmal in so enormer Grösse,
dass man an den Schmuck wilder Völkerstämme erinnert wird.
Der Hals ist oft überladen mit Ketten. Unser Mädchen trägt
deren zwei, eine lange, silberne, deren Glieder die Form von
Käferzangen haben, und die selten bei einem italienischen National-
Kostüm fehlende Korallenkette. An der ersteren hängt ein goldenes Herz, das irgend ein geweihtes Bildchen enthalten mag.

Die Schürze hat einen languettenförmigen Saum und ist mit
besonderem Fleiss gearbeitet, tambourirt und gestickt. In ihrer
oberen Hälfte sind in Ausschnitte zwei Taschen von rother Seide
eingesetzt, die jedoch mehr den Zweck eines Zierates, als den
wirklicher Verwendung zu haben scheinen. Im Gürtel stecken
zwei silberne Strickzeughalter, die sogenannten Ciappe. Die schwarzen Lederschuhe haben silberne, gepresste Schnallen, wie sie die
italienischen Priester noch heute tragen.

Zur Erklärung der Stellung habe ich nur noch zuzufügen,
dass unser Modell zum ersten Male, dazu in so »altmodischem«
Kostüm einem Maler zum Abconterfeien stand und deshalb über
eine gewisse Verlegenheit nicht Herr werden konnte.

R. S.

BLÄTTER

FÜR

KOSTÜMKUNDE.

BLÄTTER

FÜR

KOSTÜMKUNDE.

HISTORISCHE UND VOLKS-TRACHTEN.

—

NEUE FOLGE, ZWEITER BAND.

BESCHREIBENDER THEIL.

Unter Mitwirkung von

Otto Brausewetter, Carl Breitbach, Adolf Burger (†),
Franz Defregger, Julius Ehrentraut, Wilhelm Gentz, Alois Greil,
W. Hasemann, Vinc. St.-Lerche, Jean Lulvès, Joh. Makloth, Franz
Meyerheim (†), B. Nordenberg, Rudolph Schick, Paul Sembtner,
Franz Skarbina, Franz Thelen, Paul Thumann u. A.

herausgegeben von

A. von HEYDEN.

BERLIN.
FRANZ LIPPERHEIDE
1881.

Pierer'sche Hofbuchdruckerei Stephan Geibel & Co. in Altenburg.

INHALT DES ZWEITEN BANDES.

HISTORISCHE TRACHTEN.

V

VII

VOLKS-TRACHTEN.

DEUTSCHLAND.

IX

73. PERSISCHER HEERFÜHRER.

XV. JAHRHUNDERT.

Von ALOIS GREIL.

Das k. k. österreichische Museum für Kunst und Industrie verwahrt in seinen Sammlungen u. A. ein grösseres Miniaturen-Werk, eine indische Arbeit aus dem fünfzehnten Jahrhundert, dessen Inhalt einen Helden- und Liebesroman behandelt. Der ganze phantasievolle Reichthum der Form und Farbe in den Trachten, Waffen, Architekturen etc., welcher dem Orient überhaupt eigen, tritt in diesen Blättern dem Beschauer entgegen und gestattet einen hochinteressanten Einblick in jene Epoche indo-persischen Culturlebens. Wie darin vorkommende Siegel verschiedener Sultane beweisen, war dieses Werk in den damaligen Kriegen wiederholt Beutestück in wechselseitigem Besitze des einen oder anderen Siegers. Diesem kostbaren Buche ist das vorstehende Bild, ebenso wie die noch folgenden persischen und indischen Trachten entlehnt. Nach verschiedenen Einzelheiten zu urtheilen, dürfte der hier dargestellte Krieger einen persischen Heerführer darstellen.

Der Rock, auf dem Originale von einem brillanten Blau, war jedenfalls von Seide. Um den Hals und längs der Brust ist derselbe mit dunklem Stoffe besetzt und mit einer von kurzen Fransen gezierten, weissen Bordüre eingefasst. Der ganze Rock ist mit kleinen, ornamentirten Metallscheiben in gleichmässiger Vertheilung besetzt, wodurch derselbe einen panzerähnlichen Charakter erhält. Die Aermel reichen nur bis zur Hälfte des Oberarmes; von da an erscheinen die Aermel einer zweiten Jacke, welche daruntergezogen ist. Die sehr weiten Beinkleider, zur Hälfte aus andersfarbigem Stoffe gefertigt, sind mit reich ornamentirten Metallscheiben zum Schutze für das Knie besetzt. Unterhalb derselben ist durch verschieden geformte Metallstreifen, welche, eng aneinander befestigt, über den Schienbeinen das Bild einer Lanzenspitze bilden, der untere Theil des Beinkleides zugleich geschützt und verziert; jedenfalls in einer Weise, welche den Bewegungen des Trägers, zumal auf dem Pferde, kein Hinderniss bot. (Der Krieger ist auf dem Originale auf einem prachtvoll gezäumten und geschmückten Pferde sitzend dargestellt.)

Der reich ciselirte Helm gleicht in der ihm seit Alters eigenen Form einer halbrunden, ziemlich scharf zugespitzten Kappe, ähnlich den Helmformen, welche noch jetzt bei einzelnen persischen Stämmen sich vorfinden. Der hier dargestellte hat kein Naseneisen und nur ganz kurzen Nackenschutz. Der Stirnrand des Helmes, sowie die Wangenklappen sind schön ornamentirt; die Spitze ziert eine Straussfeder. Den Vorderarm schützen eiserne Armschienen. Dieselben bestehen aus zwei Theilen, deren oberer nur bis zur Hälfte des Vorderarmes reicht, während der andere Theil mit seiner abgerundeten Spitze bis über den Ellenbogen geht und somit diesen vollkommen schützt, ohne die Bewegungen des Armes im Mindesten zu hemmen. Ganz ähnliche Armschienen, die nicht unter das fünfzehnte Jahrhundert zurückreichen, sind auch heutzutage noch anzutreffen.

Reiche Verzierung ward dem Schilde zu Theil. Derselbe besteht aus festem Holz mit einem Ueberzuge von starkem Leder, ist kreisrund, stark gewölbt und zeigt reiche Verzierungen in Malerei und Vergoldung. In der Mitte hat er eine metallene Scheibe, mit schwarzen Fransen eingefasst; ebenso ist der äussere Rand des Schildes mit einer metallenen, ornamentirten Einfassung verstärkt. In der Hand trägt der Krieger als echte, altorientalische Waffe einen Rundkolben von äusserst schöner Form, mit langem Handgriff von gedrehtem, hartem Holz, an dessen unterem Ende ein Metallknopf angebracht ist. Der sehr zierlich ornamentirte Kolbenknauf ist von vergoldetem Stahl. Als zweite Waffe dient das an einem ledernen, mit Beschlagen gezierten Gürtel hängende Schwert. Die Schnüre, womit das letztere am Gürtel befestigt ist, sind in einer eigenthümlichen Knotenform gedreht und geflochten. Das Schwert selbst hat eine gerade Klinge. Der Griff desselben mit birnförmigem Knauf ist vergoldet, ebenso die verzierten Beschläge der Scheide, welche, aus Holz bestehend, mit einem Ueberzuge von Fischhaut, Leder, Seide, oder (wie hier dargestellt) von Sammet bekleidet war. Die Fussbekleidung schliesslich bildeten spitze, ausgeschnittene Lederschuhe von verschiedener Farbe und mit aufgenähten Stickereien.

A. G.

74) PERSISCHER GELEHRTER.

XV. JAHRHUNDERT.

Von ALOIS GREIL.

Bei diesem Trachtenbilde eines Magiers oder Gelehrten, — derselben Quelle entstammend, wie das vorhergehende Blatt, — spricht sich durch das lange, kaftanartige Kleid und die turbanähnliche Kopfbedeckung unverkennbar arabischer Einfluss aus. Hingegen ist der, auf den grünen Seidengrund des Rockes in regelmässiger Vertheilung goldgestickte Granatapfel eine besonders charakteristische Hauptform der persischen Ornamentik. Eigenthümlich ist, was übrigens für alle indo-persischen Trachten dieser Epoche gilt, die Art und Weise, wie die obere Körperbekleidung, sei es nun Rock oder Jacke, schliesst.

Das Kleid theilt sich nämlich nicht in der Mitte, sondern, vom Halse aus quer über die Brust sich legend, geht das Ende seitlich rückwärts, und das Ganze wird nur durch den Lendengürtel festgehalten. Die Aermel des Kleides der dargestellten Figur sind lang und ziemlich weit; am Handgelenke sind die engeren Aermel eines rothen Unterkleides sichtbar. In dem langen Stoffgürtel steckt ein Dolch in rother, bronzeverzierter Scheide, der

1

breiten Form der Klinge nach, dem Hindu-Khuttar, der Ochsen-
zunge des XV. Jahrhunderts ähnlich. An einer aus geflochtenen,
aneinander gereihten Kugeln gebildeten, paternosterähnlichen
Schnur mit zwei Quastenenden steckt im Gürtel ein metallenes
Tintenfass, das Standesabzeichen des Trägers.

Den Kopf bedeckt ein weisses, faltiges Tuch, über welches
ein turbanähnlicher Wulst, aus schmalen, weissen Zeugstreifen oder
Bändern geflochten, gewickelt ist. Ein dem Hüftengürtel ähnlicher
schmaler Zeugstreifen fällt von der linken Schulter über den Arm;
ob vom Turban ausgehend, ist auf dem Originale nicht ersichtlich.
Die sonst unbekleideten Füsse stecken in rothen, weit ausgeschnittenen Lederschuhen.

A. G.

75. TRACHT EINER VORNEHMEN INDIERIN.

XV. JAHRHUNDERT.

Von ALOIS GREIL.

In dem bereits erwähnten Miniaturen-Werke, welchem diese
Trachtenbilder entnommen sind, ist die Anzahl der Darstellungen
weiblicher Figuren, gegenüber derjenigen männlicher, ziemlich
gering; auch gleichen erstere in den Kostümen einander so sehr,
dass die hier abgebildete weibliche Figur als Repräsentantin für
die damalige Frauentracht der höheren Stände Indiens gelten kann.

Ein Rock von purpurfarbiger Seide, vorn etwas kürzer und
rückwärts eine kleine Schleppe bildend, schliesst an den Hüften
knapp an. Darüber fällt ein kurzer Faltenwurf von hellgelber
Seide. Den Oberkörper bekleidet ein kurzes, enganliegendes Leibchen, tief ausgeschnitten, von lichtblauem Sammet. Zwischen dem
Rocke und dem Jäckchen ist in Handbreite der blosse Körper sichtbar. An den Rändern und den Schultern ist das mit nur sehr kurzen
Aermeln versehene Jäckchen mit Goldtressen besetzt. Den Arm
schmückt vom Handgelenk an zuerst eine Reihe von sechs bis
sieben ganz einfachen, farbig emaillirten, glatten Reifen, die, der

6

Form des Armes entsprechend, allmalig grösser werden. Den Oberarm umfassen grössere, theils einfach runde, theils verzierte, schwere Goldringe. Aehnliche Ringe, nur etwas oval geformt, schmücken den Fuss, welcher ausser kleinen, gelben Lederpantoffeln keinerlei Bekleidung trägt. Dem Form-Charakter der Ringe entsprechen auch die grossen, scheibenförmigen Ohrgehänge.

Eigenthümlich ist die Kopftracht. Die schweren, seidenartigen Haare sind am Vorderhaupte glatt zurückgekämmt und zu einem einzigen, langen Zopfe geflochten, welcher über den Rücken hinabfällt. Darüber breitet sich der weite, feine Mousselin-Schleier, dessen Enden über die Arme fliessen. Noch sei der Vollständigkeit wegen der Gebrauch erwähnt, den sowohl die Frauen der Araber und Perser, als auch die Hindu-Frauen pflegten und noch pflegen, nämlich die Augenbrauen und -Lider schwarz und die Fingernagel roth zu färben.

A. G.

76) INDISCHER BOGENSCHÜTZE.

XV. JAHRHUNDERT.

Von ALOIS GREIL.

Bei dieser Figur, welche ebenfalls der Handschrift angehört, der wir die vorhergehenden Trachten entnahmen, ist der Charakter der persischen Tracht mit dem der indischen eigenthümlich verwebt. Die Bekleidung aus dunkelbraunem Wollenstoff besteht aus weiten Beinkleidern ohne jede Verzierung, darüber ein weites Obergewand, das an den Schüssen in langen, zackigen Ausschnitten endigt. Die Aermel des Obergewandes schliessen an den Handgelenken knapp an, erweitern sich jedoch nach den Schultern zu. Festgehalten wird dieses Bekleidungsstück durch einen schwarzen Stoffgürtel, welcher an den Enden mit einer roth und weiss eingewirkten Bordüre verziert ist und gleich dem Rocke lange Zacken hat. Die Füsse sind durch rothe Lederschuhe geschützt. Echt indischen Charakters ist die mehrfach um den Hals gewundene und auf die Brust herabfallende Schnur von weissen Perlen; eine gleiche Schnur hängt auch vom Gürtel herab. Die mützenartige Kopfbedeckung, die Kirbasia, von gleicher Farbe und gleichem Stoffe wie die Kleidung, trägt ebenfalls als Schmuck eine vielreihig herumgewundene Perlenschnur und vorn an einer kleinen, agraffenartigen Metallhülse einen kurzen Reiherstutz.

Die Waffen sind in ihrer Form den persischen ähnlich. Das Schwert hat einen runden Knauf, einfache Querparirstange und eine gerade Klinge. Die Scheide, mit hellrother Schnur zum Umhängen versehen, ist mit äusserst einfachen Metallbeschlägen verziert. Das an der rechten Hüfte hängende Dolchmesser hat eine gekrümmte Klinge und metallene Scheide. Die linke Hand hält den Bogen, die vornehmste Waffe der orientalischen Völker. Derselbe war entweder von Holz geschnitzt oder aus Thiersehne gedreht. Die Pfeile, deren Länge nach Grösse und Spannung des Bogens verschieden ist, hat der dargestellte Schütze einfach zur rechten Hand im Gürtel stecken; er trägt somit weder Köcher noch Bogenfutteral. Der konisch gewölbte, reichbemalte Schild hängt an einer Wollenschnur über dem Rücken.

A. G.

77) BAUER AUS ALBONA

IN ISTRIEN.

Von A. von HEYDEN.

›Kaum giebt es ein anderes Land der österreichisch - ungarischen Monarchie, welches auf so kleinem Raume eine Bevölkerung
trägt, so verschieden durch Sprache, Ursprung, Traditionen und
Gewohnheiten, als Istrien,‹ sagt Bernardo Benussii in seinem *Ma-
nuale di Geografia dell' Istria*. Er giebt an, dass Istrien von 100,000
Italienern, — was wohl zu hoch gegriffen sein dürfte, — und
180,000 Slaven verschiedener Racen bewohnt sei, und in der That
haben sich auf diesem kleinen Lande nacheinander die Celten, die
Thracier, Liburner, Römer, Gepiden, Hunnen, Gothen, Byzantiner,
Langobarden, Deutschen und Venetianer herumgeschlagen, Einer
den Andern verdrängend und Jeder seine Spuren zurücklassend.
Hauptsächlich waren es jedoch die slavischen Einwanderungen, —
deren erste im VIII. und die zweite vom XIII. bis zum XVII. Jahrhundert erfolgte, — welche dem Lande seine Bevölkerung gaben.
Am meisten culturgebend tritt jedoch der Einfluss der Italiener
in die Augen, und das Jahr 1267, in welchem Parenzo, von
Capo d'Istria gedrängt, sich der Hoheit von Venedig freiwillig er-

gab, ist eines der wichtigsten Daten in der Geschichte der Halbinsel. Bald folgten die wichtigsten Küstenstädte, mit Ausnahme von Triest, diesem Beispiele und sicherten dadurch den italienischen Cultur-Einfluss an der Küste. Dagegen vertheidigten die Grafen von Istrien und Meran, namentlich die in den Kämpfen der deutschen Kaiser so oft genannten Grafen von Andechs, mit Kraft das Innere des Landes, welches endlich in die Lehenshoheit des Herzogs von Oester-reich, seit 1384 Graf von Istrien, überging, nachdem es vorher die Suprematie der Patriarchen von Aquileja abgeworfen hatte.

Der getheilte Einfluss Italiens und Oesterreichs ist dem Lande bis heutigen Tages geblieben, und dieser prägt sich auch scharf geschieden in der äusseren Erscheinung, namentlich der Frauentracht, aus. Das Innere des Landes, vom Nordosten beeinflusst, zeigt slavische, die Küsten, namentlich die Westküste, — freilich mit der sehr charakteristischen Ausnahme der morlachischen Gemeinde von Peroi bei Pola, — überwiegend italienische Erscheinung der Ein-wohner, wo nicht die nivellirende Nüchternheit unserer Tage jede Eigenart verwischt hat. Die Slaven selbst, obgleich sehr verschie-denen Familien dieses Völkerstammes angehörend, zeigen grosse Kostüm-Unterschiede fast nur bei den Frauen, bei diesen aber ziem-lich scharf; die Tschitschin im Nordosten Istriens hat wenig Aehn-lichkeit mit der Liburnerin von Albona oder der schönen Frau von Peroi. Bei den Männern hingegen bemerkt man eine ziemliche Uebereinstimmung in der Tracht der einzelnen Stämme, welche sich, obwohl scharf geschieden durch Sprache und Sitte, meistens nur durch die Farbe der Aufschläge oder durch kleine Differenzen im Schnitt der Kleider abgrenzen.

Wir geben in beifolgendem Trachtenbilde einen Ackerbauer aus der Gegend von Albona, deren Bewohner wohl noch am ehe-sten von den alten Liburnern abstammen dürften. Der ganze An-zug ist aus braunem Lodentuche gefertigt. Die mit Messingknöpfen besetzte Jacke wird malerisch über die Schulter geworfen, wenn der Träger deren Schutz gegen Kälte und Regen nicht beansprucht, für welchen Fall die älteren Leute ausserdem noch einen braunen

Mantel mit kurzem Ueberfallkragen auf den Schultern und schmalem, blauem Stehkragen besitzen. Die Aufschläge der Jacke sind blau oder roth, bald in breitem Ueberfall, bald nur als kurze, schmale Klappe auf den Aermel greifend. Im Grossen und Ganzen sind diese Aufschläge bei den Savrinern in der Umgegend von Triest, Capo d'Istria und Pirano roth, im übrigen Istrien blau oder grün; doch sah ich auch rothen Aufschlag unter den Bergleuten bei Albona und die grüne Farbe an den Aufschlägen und Haarbändern der Frauen bei den erst spät nach Istrien gekommenen Morlachen und Uskoken der Arsa-Gegend, die sich sonst des unveränderten Kleiderschnittes bedienen.

Die ärmellose Weste ist auch auf dem Rückentheile von braunem Lodentuch gemacht. Das Beinkleid reicht bis zum Knie und oft über dasselbe herab, sodass dieses nicht nackt über dem schafwollenen Strumpfe hervortritt. Dagegen lässt es unter der Weste das Hemd hervorbauschen. Fast nur durch die Beinbekleidung unterscheidet sich der Anzug der Tschitschen im Norden von dem der Bewohner der anderen Theile Istriens, welche das enge Beinkleid der Slovaken von weissem Lodentuche tragen. Die Füsse werden überall auf der ganzen Halbinsel mit den Opanken bekleidet, welche charakteristisch fast für die ganze slavische Völkerfamilie sind und sich auf früher erschienenen Kostümbildern unserer Sammlung (siehe z. B. das 53. und 54. Blatt) bereits dargestellt finden. Nur im Feiertags-Anzuge tauscht der Wohlhabende die Opanke mit einem derben Lederschuh ohne Absatz. Die Haare sind vom Scheitel glatt über den ganzen Kopf gekämmt, an der Stirn etwa einen Zoll über den Augen, hinten aber in der Tiefe des Ohrlappens glatt abgeschnitten und treten unter der kleinen, schwarzen Filzkappe, welche den Scheitel deckt, hervor; unter dieser Kappe jedoch, und zwar nur so weit, als sie den Kopf deckt, sind die Haare kurz und tonsurartig geschoren.

A. v. H.

281) FRAU AUS ALBONA

IN ISTRIEN.

Von A. von HEYDEN.

Das überaus einfache Kostüm der Frauen von Albona gehört gleichwohl zu den allerkleidsamsten, welche die österreichisch-ungarische Monarchie aufweisen kann.

Zwanglos sich anschmiegend, deckt den Oberkörper eine blaue Tuchjacke, welche, vorn ohne Verschluss, den Hals in weitem Ausschnitt heraustreten lässt. An dem unteren Saume des Rückens bemerkt man als einzigen Schmuck zwei kleine Ohren; der obere und vordere Rand des Kleidungsstückes zeigt rothen Passepoil, die Aermel blauen, rothen oder grünen Aufschlag von Tuch oder Seide. Der Rock von braunem Lodentuche, an dem ärmellosen, bis an die Brust reichenden Mieder mit scharfen Stossfalten angesetzt, ist in seiner ganzen Länge in scharfe Falten geknifft, welche dadurch dauernd erhalten werden, dass der Rock bei seiner Aufbewahrung in diese Falten gelegt und fest zusammengepresst, gebunden oder genäht wird. Ein Tuch von farbiger, am liebsten schillernder Seide deckt Schulter und Brust, und ein einfacher Gürtel von rother Wolle hängt mit seinen Enden an beiden Seiten von den Hüften bis über den Schoss herab. Die Strümpfe von Schafwolle sind öfters über den Knöcheln in kleine, dicht gedrängte Parallel-Falten gelegt, was ich am häufigsten in der Gegend südlich von Triest, bei Carcsana und Sermino gesehen habe; meist jedoch wird der Strumpf auch ohne diese nicht schöne Zuthat glatt getragen. Der Fuss steckt entweder in Opanken von

derselben Form, deren sich die Manner bedienen, oder bei Wohlhabenden in schwarzen Lederschuhen.

Was aber die Erscheinung dieser Bäuerinnen überaus eigenartig, fast vornehm macht, ist die Art, wie sie das Kopftuch, den Rosnik, tragen. Durch ganz Istrien ist das Kopftuch, welches fast überall von einem anderthalb Meter langen, vierzig Centimeter breiten, weissen Leinenstreifen gebildet wird, der Gegenstand besonderer

Toilettenkunst der Frauen, aber in der Art, wie die Alboneserinnen es tragen, wohl am kleidsamsten. Das Haar, bei diesen oft sehr schönen Frauen leicht gewellt, ist gescheitelt und im Nacken zu zwei, mit rothen Bändern durchflochtenen Zöpfen vereinigt, die sich über den Mittelkopf legen. Hierüber wird in kunstvoller Weise, so dass die Zöpfe mit ihren rothen Bändern häufig durchblicken, das zu einem schmalen Bande gefaltete Tuch turbanähnlich gelegt, so dass der roth gestickte Endsaum des einen Theiles als geschmackvolle Schleife über dem rechten Ohre sichtbar wird, während auf der linken Seite, nicht minder kleidsam, das lange Ende des Rosnik über Schulter und Brust herabfällt. Wir geben in dem hierneben abgebildeten Kopfe das Bild der linken Seite, auf welchem zugleich die Form des Mieders, an welchem der Rock befestigt ist, sowie das Hemd zu sehen ist. Eine Schnur von Korallen oder bunten Glasperlen, auch wohl von Bernsteinperlen, schmückt den Hals der meistens kleinen, aber überaus zierlichen Gestalten.

A. v. H.

79) ITALIENISCHES MÄDCHEN

AUS DIGNANO IN ISTRIEN.

Von A. von HEYDEN.

Die Bewohner von Dignano an der Westküste von Istrien und die einiger weniger umliegenden Ortschaften schreiben ihren Ursprung italienischen Einwanderungen zu, und zwar aus dem Süden der apenninischen Halbinsel. Die Tracht, welche wir hier abbilden, hat in der That in vielen Stücken Aehnlichkeit mit den bekannten Volkstrachten der südlicheren Theile des ehemaligen Kirchenstaates.

Das Mieder von farbiger Seide, ärmellos und mit tiefem Brustausschnitte, häufig mit Gold- oder Silberborten verbrämt, trägt einen scharf gefalteten Rock von dunklem, am häufigsten schwarzem Seidenstoffe, welcher, unten mit schmalem, farbigem Saume versehen, kaum den Knöchel des Fusses erreicht. Die weiten Aermel des weissen Linnenhemdes werden durch einen engen Ueberärmel von dem Stoffe des Rockes zu einem reichen Bausch auf der Schulter zurückgedrängt. Dieser engere Stoffärmel ist mit farbiger Bandschleife an den schmalen Achselstücken des Mieders befestigt und hat an der Hand farbige, oft silber- oder goldbesetzte Aufschläge. Ein weisses Spitzentuch, dreizipfelig über die Schulter gelegt, wird mit seinen vorderen Enden hinter den oberen Saum der ebenfalls dunkelfarbigen, dem Rocke ähnlich scharf gefalteten seidenen Schürze gesteckt, so dass die weissen Enden schärpenartig beiderseits über die Schürze fallen. Den Fuss bekleidet ein blauer Strumpf und schwarzer Schuh mit seidener Bandschleife. Das Haar wird in locker geflochtenen Zöpfen vom Nacken her über den Kopf gelegt und mit silbernen Pfeilen, ähnlich wie bei den Landmädchen aus der Umgegend Mailands, mit Nadeln befestigt, welche grosse, oft kunstvoll gearbeitete silberne Knöpfe tragen. Eine Kette von Gold, Korallen oder farbigen Glasperlen, sowie jene grossen, dünn gearbeiteten Ohrringe dürfen nicht fehlen, um den Anzug zu vollenden.

Zum Schutze gegen die Sonne tragen die Weiber einen sehr breiten, rundköpfigen Hut von schwarzem Filz, welcher, den Kopf nur in einer Fläche berührend, gegen das Gesicht geneigt aufgesetzt wird. Mitunter findet man beim Kirchgange oder bei festlichen Gelegenheiten das venetianische Schleiertuch, den Zendale, im ersteren Falle schwarz, im letzteren weiss. Neuerdings soll auch ein gestärktes weisses Kopftuch Sitte geworden sein, welches ich aber noch nicht gesehen habe.

A. v. H.

80 MORLACHISCHES MÄDCHEN

(BRAUTKOSTÜM) AUS ISTRIEN.

Von A. von HEYDEN.

Im Jahre 1658, nach den Verheerungen Istriens durch eine grosse Pest, schickte der Doge Giovanni Pesaro von Venedig einige morlachische Familien aus der Umgegend von Cattaro nach Istrien, wo sie sich in dem schönen, fruchtbaren Dorfe Peroi bei Pola niederliessen, welches von seinen Bewohnern verlassen war. Trotz unausgesetzter Verfolgungen bewahrten sie die Eigenart ihrer Heimath und, was am schwersten war, auch ihren griechischen Cultus. Ihr Fleiss, ihre Sittlichkeit und vor allem ihre Anhänglichkeit an die Regierung erwarben ihnen deren Wohlwollen, und so finden wir noch heute diese Gemeinde um ihren Popen geschaart und ausgezeichnet durch Tracht und Sitte, durch Wohlhabenheit und auffallende Schönheit ihrer Mitglieder, wie durch die Cultur ihrer Aecker. Freilich haben sich die Männer in ihrer Erscheinung fast ganz den übrigen Bauern Istriens angepasst, allein die Frauen sind dem schönen, reichen Kostüme der Heimath treu geblieben. Der Zufall bevorzugte mich, eine morlachische Braut aus diesem Dorfe wenige Tage vor ihrer Hochzeit im Brautstaate zeichnen zu können.

Ein ziemlich enger, aber faltiger Rock von dickem, grünem Wollenstoff, welcher die Knöchel des Fusses kaum erreicht und mit breiter, rother Borte gesäumt ist, bildet das ärmellose Oberkleid. Die Säume des tiefen Brustausschnittes und der Aermellöcher sind durch schön ornamentirte, mit der Hand gestickte Borten gesäumt; am Rücken legt sich das Mieder an das Genick an. Das Hauptschmuckstück des Kostüms, das Hemd, hat einen kurzen Stehkragen und ist durch reiche Stickerei in Roth, Blau und Gelb geziert, die namentlich den Brustausschnitt des Mieders bedeckt. Die schönen, stilvollen Muster der Stickerei entsprechen genau den Decorationsformen, wie sie durch Fischbach's Publicationen südslavischer Ornamente bekannt geworden sind. Ebenso sind die weiten, offenen Aermel des nicht überaus feinen Leinenhemdes, das in der Farbe aber einen um so wärmeren Ton hat, mit breiten Stickereien gesäumt und über und unter dem Ellenbogen, an der Innenseite des Aermels, mit dicken Fransen rothbrauner Seide besetzt, welche sich reich und malerisch auf den Arm legen. Ein Leinentuch, natürlich auch reich gestickt und mit vier Quasten von gemischter gelber und rother Seide geschmückt, legt sich turbanartig um den Kopf, hinten im Genick zu einem Knoten verschlungen. Ebenbürtig in seiner reichen Stickerei ist die Schürze von dickem Wollenstoff, an welcher seitwärts ein weisses Taschentuch hängt. Weisse Strümpfe von Schafwolle und Schuhe von Corduanleder mit rother Bandschleife oder Seidenquaste bekleiden die Füsse.

Eine besondere Zier, häufig ein Erbstück aus alter Zeit und daher oft von schöner, origineller Arbeit, ist eine grosse, runde Spange von Silber mit einigen bunten Edelsteinen besetzt, welche, über der Brust die beiden Flügel des Mieders zusammenhaltend, an demselben mit rothen Bandschleifen befestigt ist. Eine seidene Schnur oder Kette von Glasperlen am Halse trägt den Schmuck von Münzen und Schaustücken; dass die grossen Ohrringe nicht fehlen dürfen, bedarf keiner besonderen Erwähnung.

A. v. H.

[81)] KARL V., DEUTSCHER KAISER.

UM 1545.

Von JEAN LULVÈS.

Unser Bild, welches nach dem Portrait von Pantoja in der königlichen Gallerie zu Madrid gezeichnet ist, zeigt Karl V. um das Jahr 1545 und zwar in einer Rüstung, die jener sehr ähnlich ist, welche der Kaiser in der Schlacht bei Mühlberg (24. April 1547) trug, und in welcher ihn Tizian auf seinem berühmten Reiter-Portrait, ebenfalls in der Gallerie zu Madrid befindlich, dargestellt hat.

Der Oberkörper ist mit einer Rüstung aus polirtem Stahl mit vergoldeten Verzierungen bekleidet. Dieselbe besteht aus dem Brust- und Rückenpanzer, der Halsberge, den Achsel- und Armschienen, letztere mit dazu gehörigen Eisenhandschuhen, und dem sogenannten Krebs, welcher die Oberschenkel bedeckt. Bis auf letztere sind die Beine von der Eisenbekleidung frei und dafür mit hoch hinaufreichenden Lederstiefeln bekleidet. Zur Rüstung gehört ferner der kunstvoll gearbeitete Helm*) mit Visir und empor-

---

*) Auf dem oben erwähnten Reiter-Portrait Tizian's im Museum zu Madrid trägt Karl V. einen anderen Helm; es ist dies ein sogenannter Jagdhelm, ein deutscher Eisenhut mit einem

stehendem Kamme auf dem Scheitel, von weissen Straussfedern umwallt, die in einer am hinteren Theile des Helmes befindlichen Röhre befestigt werden. Unter dem Panzer, zwischen den Bein-schienen herabhangend, sehen wir ein sehr fein gearbeitetes Hemd von Stahlringen. Das Schwert

hängt an einem einfachen Riemen, der vorn zugeschnallt wird. Die Brust schmückt die Kette des Goldenen Vliesses. Die schon erwähnten hohen Reitstiefeln von naturfarbenem, weichem Leder reichen, an das Bein eng anschliessend, bis zur Mitte des Oberschenkels und werden an den kurzen Puff-hosen aus farbiger, gelb ge-stickter Seide mittelst Leder-riemen festgehalten, um das Heruntergleiten der Schäfte zu verhindern. Zum Schutz der rothen, seidenen Strumpfhosen werden über denselben lange

höheren Mittelkamm, ähnlich wie der »Morian« genannte Helm, und mit zwei niedrigeren Seitengraden. Er ist stark mit Stoff unterlegt, so dass dieses Futter als doppelter, geschlitzter Wulst über der Stirn und einfach ringsum hervortritt. Das Münchener National-Museum, die Ambraser und Laxenburger Sammlung, sowie das Artillerie-Museum zu Paris besitzen ähnliche Helme, welche ganz mit Stoff übersogen sind. Dieser Ueberzug und die starken Unterlagen sollen den Kopf gegen die Wirkung der Sonnenstrahlen auf den Helm schützen, ähnlich den Helmdecken des dreizehnten und vierzehnten Jahrhunderts.

Die Rüstung des Tizianschen Bildes ist, wie gesagt, derjenigen unseres Kostümbildes fast gleich; nur ist auf jenem die Schulterkachel kleiner, und als Schutz für den Unterarm bis an die Hand tritt an die Stelle der festen Schiene ein Panzerärmel aus Ringgeflecht, wie aus der Skizze ersichtlich. Halsberge, Brust- und Rückenpanzer, sowie der Lendenschutz scheinen auf beiden Bildern derselben Rüstung anzugehören; ebenso dürfte der Handschuh auf beiden Bil-dern derselbe sein. Auf dem Bilde von Tizian trägt der Kaiser überdies die Feldbinde und in der Rechten eine kurze Lanze.

A. v. H.

Strümpfe, aus Tuch genäht oder aus Wolle gewebt, getragen.
Die goldenen Sporen sind mit Riemen am Fusse befestigt, von
gewöhnlicher Grösse und kunstvoller Arbeit; besonders die in
dieser Zeit oft sehr grossen Räder zeigen die zierlichsten Formen.
In der rechten Hand hält der Kaiser den Commandostab von
Stahl, dessen Schaft mit Holz bekleidet ist.

J. L.

82. KÖLNER BÜRGERFRAU.

1633.

Von JEAN LULVÈS.

Wenn auch in Deutschland in der ersten Hälfte des siebzehnten Jahrhunderts bei den höheren Ständen der Einfluss der
spanisch-französischen Mode sich in der Tracht geltend machte,
so blieb doch der Bürgerstand im Allgemeinen der altherkömmlichen, selbständigen Form treu. Das vorliegende Bildniss einer
Bürgersfrau aus Köln (1633 gemalt von Godfridus de Wedike)
giebt hierfür ein bezeichnendes Beispiel. Es hat im Charakter
der Tracht und in der Haltung eine ehrbare Strenge; Reichthum
zeigt sich nur in den kostbaren Geweben und den verzierenden
Zuthaten; das Ganze wird von einem Gefühl der Schicklichkeit
und der Zurückhaltung beherrscht.

Die Farbe des Kleides ist schwarz; die dunklen Farben, wie
schwarz, braun oder dunkelgrün, wurden in jener Zeit meist für
das Oberkleid gewählt; dagegen wandte man für die Unterkleider
mehr grelle Farben, roth, gelb etc., an. Das Leibchen ist bis
zum Halse anschliessend; der Vordertheil desselben, sowie der
schon lange dem männlichen Wammse entlehnte schoossartige Vor-

stoss, ist von schwerem, mit kleinem Muster durchwirktem, seidenem Stoffe, zu beiden Seiten der Brusttheile des Leibchens mit gemustertem Atlas oder Taffet breit eingefasst. Die engen Aermel sammt den Achselklappen, sowie der untere, breite Besatz des Oberrockes, sind von demselben Stoffe, wie das Mittelstück des Mieders; der Rückentheil des in enge Falten gelegten Leibchens, der Hüftwulst des oberen Rockes und der Rock selbst sind von Wolle oder Tuch.

Eine übertrieben grosse Halskrause von steifem Leinen reicht bis zur Schulter. Die Haube, deren vorderer, hochstehender Theil fächerartig das Gesicht umrahmt, ist gleichfalls von feinem, in kleine Falten gelegtem Leinen, mit feinen Spitzen besetzt, und bedeckt beinahe vollständig das einfach zurückgekämmte Haar. Die langen, steifen Manschetten sind gleichfalls mit Spitzen besetzt. Die Schuhe, von Leder, Sammet oder Tuch, laufen spitz zu und sind auf dem Spann mit einer Schleife geziert, auch nach der damaligen Mode mit sehr hohen Absätzen versehen. Um die Taille liegt eine schwere Goldkette, welche, der Form des unteren Randes des Mieders folgend, vorn durch eine mit Gold-fäden durchwirkte Bandschleife zusammengehalten, in dreifacher, langer Schürzung auf das Kleid hinunterhängt; an dem Ende der Kette wurden einige zierliche Gegenstände von Goldschmiede-Arbeit befestigt, wie kleine Messer, Tabletten, Kapseln für wohl-riechende Essenzen etc., Alles, ebenso wie die zahlreichen Ringe auf der Hand, von durchbrochener, ciselirter Arbeit, mit Edel-steinen und Perlen besetzt. Die Handschuhe sind von hellfarbigem Leder, die ausgezackten, langen Stulpen reich mit Stickereien verziert.

J. L.

83) JUNGER KROATISCHER GEBIRGS-BAUER.

Von FRANZ SKARBINA.

Der junge Kroat, welchen ich auf einer festlichen Zusammen-kunft der Einwohner von Prekižje und Šestine in der Umgegend von Agram zeichnete, ist als ein Muster-Exemplar des süd-slavischen Typus anzusehen. Seine Feiertagskleidung besteht, wie immer, aus weissem Leinen. Das kurze Hemd, am Halse mit einem ziemlich breiten Ueberfallkragen, ist in der Taille in enge Falten zusammengenäht, so dass der untere Theil schossartig ab-steht, und wird über den Beinkleidern lose hängend getragen. Die Aermel des Hemdes sind lang und verhältnissmässig weit, am Schulterstück in engen Falten angesetzt und werden am Hand-gelenk breit umgeschlagen. Die auch in Ungarn vorkommenden, sehr weiten, grobleinenen Beinkleider, Gatyen genannt, welche am unteren Rande ausgefranst sind oder vielmehr, da die Leinewand unten nicht gesäumt ist, ihre natürlichen Fransen haben, werden meist lose hängend getragen oder, wie im vorliegenden Falle, in die Schaftstiefel gesteckt, mitunter auch in die Riemen der nationalen Opanken (eine Art Bundschuhe; siehe die Beschreibung derselben beim 39. und 53. Blatte) eingeschnürt. Ueber dem Hemd trägt unser Bauer eine ärmellose, weiss ausgenähte Tuchweste, mit einer dichten Reihe Knöpfe von Weissmetall besetzt, welche ein Hauptstück des kroatischen Kostüms bildet, in Farbe und Verzierung aber keiner Regel unterworfen ist. Ebenso unentbehrlich ist dem Bauer seine Umhängetasche von rothem, genarbtem Leder, deren grosser, viereckiger Deckel weiss überzogen und mit rothwollenen Fransen-Reihen verziert ist. Die Form des Hutes wechselt sehr; am häufigsten findet man den runden, schwarzen Filzhut mit schmaler Krämpe, dessen niedriger Kopf mit einer Reihe gelber Fransen umwunden ist. In diesen steckt an Festtagen fast immer ein buntfarbiges, vergoldetes Heiligenbild, den Schutzpatron des Trägers darstellend, welcher allerdings häufig seinen Platz mit dem Busche der Liebsten theilen muss, falls dieser nicht schon seinen eigentlichen Platz ›dem Herzen nahe‹ gefunden hat.

Unser Kroat hat sich ausserdem für dieses Fest mit Mundvorrath wohl versehen; derselbe besteht in dem nie fehlenden Spanferkel, das an einem Holzspiesse über der Schulter getragen wird, während der olivengrün glasirte, weitbauchige Weinkrug, der seit Jahrhunderten schon bei den Kroaten in stets derselben Form vorkommt, das nöthige Getränk enthält.

F. Sk.

84) KROATISCHES BAUERNMÄDCHEN.

Von FRANZ SKARBINA.

Die Landbewohnerinnen Kroatiens sind, wie fast alle Gebirgsbewohner, meist von Mittelgrösse, dabei jedoch von schlanker,
elastischer Figur, und besitzen jene natürliche Anmuth, wie sie
der Süden seinen Kindern stets zu Theil werden lässt. Der echt
slavische Typus erscheint bei den Kroatinnen rein und veredelt
und giebt der weiblichen Gestalt bei einem schönen Ebenmass der
Verhältnisse, einer gewissen Eleganz der Bewegungen und Zierlichkeit der Hände und Füsse, einen eigenen Reiz, welcher durch
die Fülle des starken, blauschwarzen Haares, durch das warm-
braune Incarnat und vor allem durch die tiefen, brennenden Augen
nur gesteigert wird. Dazu kommt noch die kleidsame Tracht mit
ihren scharfen, entschiedenen Farben. Dem Klima des Landes
angemessen, ist natürlich das Weiss die Hauptfarbe, und fast alle
Kleidungsstücke bestehen aus mehr oder weniger starkem, weissem
oder ungebleichtem Leinen.

Der Rock, meist von ungebleichter Leinewand, ist über einem
um die Taille gelegten Wulst in enge, feine Falten genäht und
reicht ungefähr bis zu den Knöcheln. Die Schürze von gleichem
Stoffe ist am unteren Rande mit Streifen von rother, gelber oder

violetter Farbe oder auch von verschiedenen Farben durchwebt. Auffallend ist die Vorliebe für die rothe Farbe in der Ausschmückung und Ausnähung der Kleidung, nicht allein in Kroatien, sondern auch in Slavonien, Dalmatien, Siebenbürgen etc.; freilich ist das Roth auf den weissen Stoffen stets von guter Wirkung. Roth gemustert ist auch das Kopftuch, welches einen wesentlichen Bestandtheil des weiblichen Kostüms bildet und auf mannigfaltige Art gebunden getragen wird. Bald liegt es glatt um den Kopf, die Enden hinten in einander geschlungen, bedeckt so das Haar vollständig und bildet, nach vorn geschoben, einen Schirm gegen die Sonne; ein anderes Mal wird es nach der Art der Bäuerinnen aus der römischen Campagna eckig zusammengelegt und lässt, nur nach hinten herabfallend, an den Seiten die starken, schwarzen Haarzöpfe sichtbar werden, welche mit breiten Bändern von rother oder grüner Farbe geschmückt sind.

Ueber dem Hemd, welches häufig in äusserst züchtiger Weise die alleinige Bekleidung des Oberkörpers bildet und an den bis zu den Handgelenken reichenden Aermeln zierlich gestickt ist, wird ebenfalls eine breite, fast die ganze Brust bedeckende, rothe Schleife getragen. Einen Hauptschmuck der Kroatinnen bilden die zahlreich um den Hals geschlungenen Perlenstränge, bei denen neben Gelb und Blau ebenfalls wieder Roth die vorherrschende Farbe ist. Ueber dem blusenartigen Hemd wird auch mitunter ein kurzes, leinenes Leibchen ohne Aermel getragen.

Die Fussbekleidung in fast allen slavischen Ländern ist die bei beiden Geschlechtern übereinstimmende Opanke.

F. Sk.

85) ITALIENISCHER HAUPTMANN.

1490.

Von RUDOLPH SCHICK.

Das Gemälde, dem diese Kostümfigur entnommen ist, befindet
sich in der Kirche San Niccolò in Treviso, der Nachbarstadt Venedigs. Es nimmt über den geschnitzten Sitzreihen der Geistlichen einen ausgedehnten Theil der linken Wand des Chores ein
und umrahmt ein Grabmal, welches aus einem, auf consolartigem
Vorbau ruhenden, vom Alter mit schwärzlicher Patina überzogenen
Marmor-Sarkophag besteht, der mit schönen Ornament-Sculpturen
bedeckt ist. Zur Seite desselben, in Fresco lebensgross gemalt,
stehen, — gleichsam als Grabeshüter, — zwei stattliche Krieger, der
zur Linken mit einem Morgenstern, der andere mit einem grossen
Schwert bewaffnet.

Die Grabschrift unter dem Sarkophag theilt dieses Monument
dem Agostino Vonico zu, der unter dem Papst Innocenz VIII.
(1482—1492), dem Zeitgenossen Maximilian's, römischer Senator
gewesen. Da er hier in Treviso bestattet worden, kann man wohl
annehmen, dass er aus einer Trevisaner Familie stammte, die nach
dem Tode ihres Anverwandten dieses einfassende Gemälde von

einem Meister Venedigs, — ich vermuthe Carpaccio oder Gentile Bellini, — hat ausführen lassen. Das Todesjahr des Senators giebt die lateinische Inschrift auf 1490 an.

Auf die Senatorenstellen pflegten die vornehmen Geschlechter der Städte ein Vorrecht zu haben, und bei dem kriegerischen, kampflustigen Geist, der in jener Zeit durch alle Stände ging, und der selbst die Geistlichen veranlasste, ihre Privat-Interessen mit den Waffen in der Hand zu erkämpfen oder kampfbereit zu vertheidigen, kann es kaum Verwunderung erregen, dass am obigen Grabmal durch diese militärischen Wachen ein Charakter ritterlicher und — — ich möchte sagen — absoluter Selbständigkeit, fast wie bei einem kleinen Fürsten, herausgekehrt ist. Bauten doch damals die Patrizier ihre Paläste wie wehrhafte Burgen; unternahmen es doch die kriegerischen Barone, das Colosseum, das Grabmal der Caecilia Metella und andere antike Ruinen mitten in Rom zu ihren Festungen umzugestalten, und war es doch den Städtern ein tägliches Schauspiel geworden, diese kleinen Herren wie Kriegsherren, mit Clienten und Söldnergefolge, kühn und trotzig durch die Strassen ziehen zu sehen.

Die Kriegerfiguren, deren eine unser Kostümbild giebt, scheinen nach dem Charakter des Kopfes sowohl, wie nach der Individualität des Kostüms, fast getreue Portrait-Figuren zu sein, und zeigen in Haltung, Kleidung und Bewaffnung eine gewisse Vornehmheit, die sie nicht als gewöhnliche Söldner, sondern als Clienten unseres Senators und als Führer oder Impresarii solcher Miethstruppen erscheinen lässt. Eine Unterstützung findet diese Vermuthung dadurch, dass auf einem von Carpaccio's Bildern zum Leben der heiligen Ursula in der Academie zu Venedig ein ganz ähnlich gekleideter und mit Morgenstern bewaffneter Krieger zu Pferde zwischen Söldnern zu Fuss dargestellt ist.

Ueber einem knapp anschliessenden, kurzen, hellblauen Wamms, dessen geschlitzte und weissgepuffte Aermel nur sichtbar sind, trägt unser Held einen bis zum halben Oberschenkel reichenden Kettenpanzer, der an den weiten, bis zum Ellenbogen reichenden Aermeln

und am unteren Saume mit einem Messing- oder Goldrande umsäumt erscheint. Ueber diesen Kettenharnisch hat er ein knappes,
ärmelloses Staatswamms, den Lendner, aus violettem, schwarz gemustertem, burgundischem Sammet gezogen. Der Halsausschnitt
desselben ist mit einem schwarzen Sammetstreifen eingefasst und
lässt als schmalen, weissen Streifen darüber das Hemd vorschauen.
Den ungefärbten, weissen Ledergurt trägt er lose und hat daran nach
rückwärts einen Dolch hängen. Auch die Beine scheinen, so schlank
sie im Bilde gemalt sind, unter den braunrothen, anschliessenden
Tricots*) mit Kettenpanzer bedeckt zu sein, wie sich nach den,
unter den glatten Stahlschienen des Unterschenkels vorkommenden
Füsslingen von Kettenstoff vermuthen liesse. Es wäre jedoch auch
möglich, dass die letzteren auf der Spanne, an dem Gelenk der
Beinschienen, festgenietet sind und dort ihr Ende haben.**) Ueber
den Morgenstern ist Specielleres nicht zu sagen. Da unsere Figur
nicht kampfbereit, sondern in friedlicher Ehrenwacht dasteht, hat
der Maler ihr nur eine schwarze Sammetkappe und nicht den Helm
zur Kopfbedeckung gegeben.

Zum Schluss kann ich nicht unterlassen, auf die Figur von
Nr. 25 der »Blätter für Kostümkunde« hinzuweisen, die, wenn
auch im Einzelnen total verschieden, dennoch im Gesammt-Typus
viel Verwandtes zeigt, so dass sie helfen kann, dem Beschauer das
Bild jener Zeit in kostümlicher Hinsicht zu ergänzen.

R. S.

---

*) Wir bemerken, dass hierunter keinesfalls eine gestrickte, sondern eine knappe genähte
Stoffhose zu verstehen ist.

**) Ich habe in der That eine derartige Anordnung deutlich erkennbar auf einem Bilde von
Francesco Francia in Bologna gefunden, wo der Füssling sogar nur ein an der Beinschiene
angehefteter Kettenstoff-Lappen ist, der an der Fussspitze durch eine rothe Bandschleife gehalten
wird. Es tritt hier auch am unteren Rande der gegliederten Kniekachel ein kurzer Ketten-
lappen hervor. A. v. H.

86) FRANZÖSISCHE EDELDAME.

MITTE DES XVII. JAHRHUNDERTS.

Von O. BRAUSEWETTER.

Wir sehen hier die Copie einer Zeichnung des französischen Malers und Kupferstechers Abraham Bosse vor uns, welcher von 1610 bis 1678 lebte, und dessen fruchtbare künstlerische Thätigkeit uns in einer langen Reihe von Darstellungen ein so reiches und anschauliches Bild seiner Zeit hinterlassen hat, dass wir daraus eine grosse Menge von Eigenthümlichkeiten des damaligen Lebens, im Hause wie in der Oeffentlichkeit, in Sitten, Trachten, Einrichtungen und Hantirungen kennen lernen.

Die Zeit genau zu bestimmen, in welcher der Haupt-Charakter der vorliegenden Tracht am meisten verbreitet war, dürfte nicht leicht sein. Auch die Mode der heutigen Zeit bringt längst bei Seite Gelegtes wieder in Anwendung, und so darf es nicht auffallen, dass die Form der Achselstücke genau dieselbe ist, welche sich bei der sonst so entgegengesetzten, überaus steifen Tracht der letzten Jahrzehnte des vorhergehenden Jahrhunderts findet. Auch Kragen und Aermel zeigen noch Reminiscenzen aus dieser Zeit, sind jedoch erheblich freier in der Form geworden. Der grosse, mit Draht gesteifte Spitzenkragen steht nicht mehr aufrecht, sondern neigt sich in leichtem Schwunge auf Hals und Schultern herab. Während er früher in vielfache Bauschen abgeschnürt war, wird der langgeschlitzte Unterärmel jetzt unter dem Ellenbogengelenk in zwei Bauschen abgetheilt. An derselben Stelle wird der Aermel des oberen Rockes, der *robe*, durch eine Schleife, auch wohl durch einen Knopf geschlossen, wenn er nicht frei herunter hängt.

Die erwähnten Veränderungen vollziehen sich etwa im Jahre 1620. Da indessen die Form des Leibchens und das freie Arrangement des Haares auf eine spätere Zeit hindeuten, und da ferner unzweifelhaft spätere Blätter von der Hand des nämlichen Künstlers ganz ähnliche Kleiderformen zeigen, scheint mir die Mitte des siebzehnten Jahrhunderts die Zeit zu sein, in welcher die in Rede stehende Mode vielfach getragen wurde, wobei nicht zu vergessen ist, dass neu Auftauchendes weit längere Zeit zu seiner Ausbreitung gebrauchte und das einmal in weiteren Kreisen Angenommene sich weit länger erhielt.

Auffällig ist bei der vorliegenden Tracht das gänzliche Fehlen jeder sichtbaren Verbindung der beiden Seiten des oberen Rockes über der Brust. Das auch sonst wohl vorkommende, gürtelartig um die Taille geschlungene Band kann jedenfalls das feste Anschliessen der *robe* nicht bewerkstelligen. Die hier fehlende Verbindung wurde entweder durch Schnurwerk oder durch drei bis vier Schliessspangen, *brandebourgs* genannt, hergestellt.

O. B.

[87] HOLZSCHLITTER

AUS VORARLBERG.

Von J. MAKLOTH.

Erst in den letzten Jahrzehnten wurde man in Deutschland, — und es lässt sich fast behaupten, auch in Oesterreich selbst, — auf die Existenz des zu letzterem gehörigen Landes Vorarlberg allgemeiner aufmerksam. Nur allzuhäufig wird dasselbe heute noch in den Gesammtnamen ›Tirol‹ einbegriffen. Und doch hat es nicht nur seinen eigenen Landtag, sondern ist weit entschiedener, als durch seine hohen Grenzgebirge, durch Abstammung und Charakter der Bevölkerung von diesem Nachbarlande getrennt. Seine etwa hunderttausend Einwohner gehören zumeist dem alemannischen Sprachstamme an, und nur in den gebirgigen Theilen an der Tiroler und Schweizer Grenze sind einzelne Gruppen von Bajuvaren und Romanen eingesprengt. So gemahnen, nach weiter Wanderschaft abgesetzten Gesteinsfindlingen gleich, die beiden Thalschaften der Walser an ihre ferne Heimath. Der schweizer-alemannische Dialekt, der nunmehr durchweg von Allen gesprochen wird, zeigt immer noch in seiner scharfen Nuancirung und mit den vielfach, besonders in Ortsnamen bewahrten romanischen Bezeichnungen genau

34

die Grenzen der in ihrem Ursprunge verschiedenen und bis in die Neuzeit ziemlich abgeschlossenen Thalgemeinden.

Die charakteristische Tracht findet sich bei den Männern einzig noch im hinteren Bregenzer Walde, und selbst da nur bei der älteren Generation. Die jüngere gefällt sich, wo nicht in städtischer Sitte, doch in städtischer Kleidung; die Arbeit freilich bedingt Abänderungen in derselben, je nach Art und Umständen.

Gras und Holz sind die Haupterzeugnisse des zum grössten Theile gebirgigen Landes. Zum Grase führt man das Vieh im Sommer hinauf; das Holz muss mühselig im Winter von den steilen Höhen herabgeholt werden. Zwischen den vorn hochaufgebogenen Hörnern des mit Baumstämmen beladenen Schlittens gleiten die kräftigen Männer, mehr selbst geschleift in hemmendem Entgegenstemmen, als die Last hinter sich herziehend, zwischen den Felstrümmern der Wasserrisse und an den steinigen Halden abwärts, bis zu irgend einer der Achen, welche das Holz dann in die Ebene hinaus und dem Bodensee zu flössen. Dass in dem scharfen Gestein zum Schutze gegen Schnee und Eis das Schuhwerk die Hauptrolle spielt, ist selbstverständlich; die mit mächtigen Nägeln beschlagene Sohle muss das Gleiten verhindern, ein gamaschenartiger Bund aus Leder oder Tuch den Knöchel vor Stössen und Verletzungen bewahren. Dieser Bund wird um den Schuh und das untere Ende des Beinkleides geschnürt, das gleich der Joppe aus grauem oder braunem Loden*) besteht. Gestrickte

---

*) Loden ist der, in den deutschen und österreichischen Alpenländern vorwiegend zur Männertracht gebräuchliche Kleidungsstoff, wie ihn ebenso auch die ungarische und kroatische »Bunda« zeigt. Er ist ein eigentliches Product der Haus-Industrie; mancher Bauer hält sich einige Schafe lediglich zu dem Behufe, die nöthige Wolle selbst zu gewinnen; indess benutzt man zum Loden auch wohl Ziegenwolle und als Beimischung selbst Rinder- und Hundehaare. Die geschorene Wolle wird zum Zerzausen, Lockern und Mischen meist ungewaschen auf eine Krempel, eine gewöhnlich von der Hand, selten vom Wasser getriebene Maschine gegeben, — man nennt dies: Kardetschen. Dann wird die Wolle mit der Hand gesponnen und hierauf gewirkt. Die grösseren Bauernhäuser hatten ehedem eigene Webstühle, auf welchen wandernde Tuchmacher oder Gesellen die Arbeit verrichteten; heutzutage trägt der Weber meistens seinen Webstuhl von Haus zu Haus. Entweder wird der Loden einfach oder »zwillisch« gewirkt, welch letzteres Gewebe eine grössere Dauerhaftigkeit besitzt. Das vom Webstuhl gekommene, noch lockere Zeug wird endlich unter Anwendung eines Paares Stampfen und reinen Wassers

35

Wollfäustlinge, »Däumling« genannt, bekleiden die Hände. Der grau-grüne Filzhut, Strickbund, Beil und Ledertasche machen die Ausrüstung vollständig, zu der schliesslich auch noch der aus Zirbelholz gedrehte Pfeifenstummel gehört.

gewalkt, wodurch es die gehörige Dichtigkeit erlangt. Im Uebrigen wird keine weitere Appretur angewandt; der Loden bleibt also auch ungeschoren, hat keinen »Strich«, und der Faden bleibt »rund«. So ist es auch da noch geblieben, wo man Wollespinnereien einrichtete, oder wo, um den Loden im Grossen zu fabriciren, Maschinen in Anwendung gebracht werden.

Meist behält der Loden seine Naturfarbe; indessen stellt man durch Mischung (auf der Krempel) von weisser und schwarzer (brauner) Wolle alle Arten von Grau her. Rein weisser Loden wird meist nur für die Wettermäntel der Hirten, Schiffer u. s. w. verarbeitet. Solche weisse Wettermäntel sahen wir z. B. auf dem Hallstädter See und in dem, von Innichen im Pusterthal ausgehenden Sextenthal, während man in dem, letzterem nahe gelegenen halb-italienischen Ampezzo nur dunkeln Loden antrifft. Wird der Loden gefärbt, so geschieht dies im Stück; Jäger tragen ihn nicht selten grün; im Ennsthale und in Oberösterreich soll er noch besonders schwarz gefärbt werden.

Wie oben bemerkt, kommt die Wolle meist ungewaschen, also mit ihrer natürlichen Fettigkeit, zur Verarbeitung. Um den Loden gegen Regen, Schnee und Kälte noch widerstandsfähiger zu machen, wird die Wolle vor dem Wirken auch wohl noch in Leinöl getränkt; man nennt den Loden dann »Erlinger«. Ein solches, stets geschmeidiges Gewebe wäre auch anderswo, von dem billigeren Preise abgesehen, dem unkleidsamen englischen Waterproof vorzuziehen; an Leichtigkeit steht es demselben kaum nach, da jene Bereitung mit Leinöl ein verhältnismässig dünnes Gewebe zulässt, das gegen Feuchtigkeit und Nässe sicheren Schutz verleiht. In Viktring bei Klagenfurt wird ein sogenannter Gentleman-Loden fabricirt, der sich durch besondere Feinheit und Dauerhaftigkeit auszeichnet. Er soll, wie die Kleiderstoffe unserer Vorväter, ganze Generationen aushalten.

F. L.

88) MÄDCHEN AUS MONTAFUN

IN VORARLBERG.

Von J. MAKLOTH.

Die grossen, langgestreckten Thäler Vorarlbergs, die, von himmelhohen Bergen eingeschlossen, nur einen ganz schmalen, leicht zu sperrenden Ausgang für den Verkehr mit der übrigen Welt offen lassen, haben eine Conservirung in Volkssitte und Tracht am meisten begünstigt. Ein solches Thal ist das »Montafun«, welches sich südlich von Bludenz gegen die Schweizergrenze hinanzieht und in seinen obersten Ausläufen an die Silvretta-Gruppe stösst, die den mächtigen Markstein zwischen Vorarlberg, Tirol und dem Prätigäu bildet. Bei den Männern, die von Kindheit an den Sommer ausser Landes zubringen, — als Knaben schon in der Eigenschaft von Viehhirten und Aehrenlesern im Schwabenlande, späterhin als Maurer, Stuccateure, Krautschneider u. dergl. im Elsass und rheinabwärts bis nach Holland, — hat sich fast alle Eigenthümlichkeit verwischt; sprechen sie doch sogar häufig französisch. Die Frauen aber, die in der Mehrzahl jahraus, jahrein zu Hause bleiben, haben den heimischen Brauch bis heute treu behütet.

.

Es ist ein zierliches Geschlecht; das romanische Blut schlägt noch vor, wenn auch die Sprache deutsch ist. Es schärft den feinen Schnitt der Gesichter, färbt Haar und Auge dunkel und schmeidigt die schlanke Gestalt, die in der ernsten, dunkeln Kleidung einen gar wohlgefälligen Eindruck macht. Wunderlich ist diese allerdings ein wenig auf den ersten Blick. Schon der eigenthümliche Filzhut, das »Mässle« genannt, mit der oberen Ausweitung und der dieselbe überragenden, auch beim Pinzgauer Hut vorkommenden Haarglorie, ist befremdlich. Das Mässle ist aber so sehr Mode geworden, dass es die, nur noch hie und da von alten Frauen getragene Pelzmütze mit dem grünen Tuchboden fast ganz verdrängt hat. Daneben wird bei kirchlichen Festlichkeiten das »Brautschäppele«, ein Goldkränzchen, das nur Jungfrauen gebührt, [*] und im Hochsommer bei der Arbeit das leichte Kopftuch getragen.

In ähnlicher Weise überraschend wirkt das sichtliche Bestreben, die natürliche Form der Büste nicht nur nicht zu unterstützen, sondern sogar in's Gegentheil zu verändern. Schöne Touristinnen im Vorarlbergischen, welche sich das Vergnügen nicht versagen wollen, auch einmal im Sommer eine kleine Maskerade vorzunehmen, müssen nach einigen vergeblichen Versuchen zumeist darauf verzichten, sich als Montafunerin darzustellen; denn was jene künstliche Verkümmerung durch den enggeschnittenen Latz betrifft, welche bei den Montafunerinnen, wie bei den Walserinnen und Bregenzerwälderinnen, schon von Jugend auf geübt wird, so sind diese in der Erreichung ihres Zweckes glücklicher geworden, als die Chinesinnen, die es doch noch nicht dahin gebracht haben, ihre Füsse gänzlich verschwinden zu lassen.

An das »Müder« aus schwarzem Tuche, unter dessen Brustverschnürung, den »Prüsnestlen«, ein buntfarbiger, mit Vorliebe grün-violett gehaltener, zuweilen goldgestickter »Vorstecker« hindurchgleisst, schliesst sich ein weiter, dickfaltiger Rock aus »Kurer«,

_____

[*] Ein späteres Blatt wird die Tracht eines »Schäppelmeiggi« veranschaulichen.

einem schwarzen, haarigen Wollenstoffe, der beinahe vollständig
von einer blauen Leinen- oder auch Seidenschürze verdeckt wird.
Der ausgeschnittene. flache Schuh lässt die rothen Strümpfe sehen,
die in Montafun selbst in vorzüglicher, starker Qualität gewirkt
werden. Beim Ausgange kommt über das Mieder und die weissen
Hemdärmel noch eine kurze, vorn offene »Tschoppe« aus schwarzem Damentuch und das ganz lose geschlungene, schwarzseidene
Halstuch hinzu; das umfangreiche »Regendächle«, beim Kirchgange
auch noch Gebetbuch und Rosenkranz, dürfen nicht fehlen.

89) BAUERNBRÄUTIGAM

AUS DER NÜRNBERGER GEGEND. Um 1669.

Von *JEAN LULVÈS*.

Die Zeichnung des vorliegenden Kostüms ist dem im Jahre
1669 bei Johann Kramer in Nürnberg erschienenen, höchst selten
gewordenen Kostümbüchlein »Nürnberger Kleider-Arten« entnommen. Dasselbe zeigt uns auf Blatt 35: »Der Bauern-Bräu-
tigam mit seiner Braut«, mit der Unterschrift:

Mein Greth
Eitza (jetzt) geth
Mit mir zu der Kirch und Strassen
Da wölln wir uns zsammen geben lassen.

Die Tracht der Braut werden wir auf dem nächstfolgenden
Blatte geben. Leider sind die Kupferstiche des Originals nicht
colorirt, so dass wir diesem Mangel nur durch Benutzung ander-
weitiger Hülfsmittel abhelfen konnten, zunächst eines, dem vorliegenden Werke nachgeahmten anderen Nürnberger Trachten-
büchleins: »Kleidungsarten und *Prospecten* zu Nürnberg«, das etwa
dem Jahre 1700 angehört.

Während das Bauern-Kostüm des Werktages im siebzehnten Jahrhundert wenig abweicht von dem, wie es uns aus den Darstellungen von Dürer und Pieter Breughel bekannt ist, hat die Festtracht sich ganz dem Schnitte des siebzehnten Jahrhunderts bequemt. Der Rock von mässiger Länge hat einen eng gefalteten Schooss und an den Schultern die charakteristischen Puffen (Schwalbennester). Ein kleiner Stehkragen erweitert sich vorn am Halse zu einem ziemlich breiten Ueberschlag und lässt einen steifen, gekrausten Hemdkragen sehen. Der Stoff des Rockes ist grobes, schwarzes Tuch. Das am Stehkragen, den Aufschlägen und dem unteren Saume des Rockes übertretende Futter ist grün. Das Beinkleid, ebenfalls von schwarzer Farbe, entspricht dem allgemeinen Schnitte des sechzehnten Jahrhunderts und reicht bis zum Knie, wo es über dem schwarzwollenen Strumpf mit einem schwarzen Wollenbande in einer Schleife zusammengebunden ist. Der schwarze Lederschuh hat einen hohen Latz auf dem Spann und ist über demselben gebunden. Auf dem Kopfe trägt unser Bräutigam einen breitkrämpigen, ein wenig zugespitzten Hut, auf dem sehr eigenartig zwei ineinander geschlungene grüne Kränzlein angebracht sind. Die Haare sind von mässiger Länge.

J. L.

90) BAUERNBRAUT

AUS DER NÜRNBERGER GEGEND. Um 1669.

Von JEAN LULVÈS.

Der Holzschnitt zeigt uns die Braut des auf dem vorigen Blatte dargestellten Bräutigams in ihrem Hochzeitsstaate. Die glatt anliegende Jacke von schwarzem Wollenstoffe entspricht, was Kragen, Schulterpuffen und Aermel anlangt, genau dem männlichen Kostüm. Auch die gleiche, grossgefaltete Krause des Hemdes sieht in gleicher Weise aus dem umgeschlagenen Kragen der Jacke hervor; nur der Schooss derselben ist kürzer und ungefältelt. Der rundum in enge Falten gelegte Rock von grobem, grünen Wollenstoff wird mit einem rothen Saum von ziemlicher Breite abgeschlossen. Ein zweiter, dunkelfarbiger Rock, der ungefaltet zu sein scheint, tritt wenig unter dem farbigen Saume des oberen Rockes hervor. Dunkle Strümpfe und schwere Schuhe mit hohem Latz, den Männerschuhen gleich, bekleiden die Füsse. Eine breite Schürze von weisser Leinewand bedeckt die ganze vordere Hälfte des Rockes. Eigenthümlich ist die Kopftracht. Die Haare sind in den Nacken gekämmt und in einem einzigen, lang herunterhängenden Zopfe vereinigt, der mit rothen Bändern

42

durchflochten ist, während, vom Ansatze des Zopfes ausgehend,
wo eine grosse Blume befestigt ist, eine mit Gold und bunten
Steinen geschmückte, diademartige Binde, ganz ähnlich der noch
jetzt in Ungarn gebräuchlichen »Barta«, den Scheitel ziert. Ausser
diesem Schmuckstücke bemerkt man von Zierat nur noch kleine
Ohrringe.

J. L.

91) BAUER AUS SCHÖNNA

BEI MERAN (SÜDTIROL).

Von FRANZ SKARBINA.

Die charakteristischen Volkstrachten der Meraner Umgegend
unterscheiden sich trotz der anscheinenden Gleichheit streng nach
den Ortschaften oder Thälern von einander. Gewöhnlich besteht
dieses Abzeichen in verschiedenfarbigen Jacken- und Aermel-Aufschlägen, — die Farbe der Jacke ist wohl immer die braune, — falls
nicht die Kleidung, wie in dem bekannten schiefthürmigen Dorfe
Terlan in der Nähe von Meran, uns merkwürdigerweise eine
Total-Veränderung des ganzen Schnittes weist.

Unser Bauer ist nun der Repräsentant der allgemeinen Tracht,
wie ich sie in Obermais, Goyen, Verdins, Dorf Tirol u. s. w. sah.
Ich zeichnete ihn in dem, eine Stunde oberhalb von Meran gelegenen, grossen Dorfe Schönna, welches uns Paul Heyse in seinen
›Meraner Novellen‹ so treu schildert. Er trägt die obenerwähnte
charakteristische braune Schoossjacke von derbem, lodenartigem
Stoff. Sie hat eine kurze Taille und ist mit vier Schoossklappen
versehen, welche so angesetzt sind, dass die folgende immer die
vorhergehende mit dem Rande deckt. Diese Form erinnert an die

44

Koller der ersten Hälfte des XVII. Jahrhunderts, denen sie wohl entstammen mag. Zu bemerken ist noch bei der Jacke, dass sie kragenlos ist und weder Knöpfe noch sonst irgend einen Verschluss besitzt; sie ist vorn herunter mit einer Art Rabatte besetzt, welche bei den Bewohnern der oben genannten Ortschaften aus rothem Tuche besteht; doch sah ich auch Aufschläge vom Stoffe der Jacke und nur farbig eingefasst.

Das Leibchen von rothem Tuche ist ebenfalls kragenlos und wird vom Halse abwärts durch eine Anzahl Knöpfe aus Messing geschlossen. Die rothe Farbe des Leibchens findet man meist nur bei älteren Bauern, während die jungen mit Vorliebe farbig gestreifte Stoffe tragen. Fast ganz bedeckt wird dasselbe durch die breiten, ledernen Hosenträger, welche, aus Einem Stück Leder bestehend, sich hinten in zwei und vorn in vier Theile zerspalten, während die Mitte in der vollen Breite des Riemens mit einem Loche zum Durchstecken des Kopfes versehen ist. Häufig sind diese Tragriemen vorn auf der Brust mit dem Namenszuge des Besitzers oder dem kaiserlichen Adler in Pfauenfederkielen kunstvoll bestickt. Eine gleiche Verzierung zeigt der breite, um die Hüften gelegte Leibgurt, welcher aus starkem Leder besteht und durch eine ciselirte Schnalle von Messing zusammengehalten wird.

Den Oberschenkel schützt die derblederne Gebirgshose, welche, bis zum Knie gehend und dann abgerundet, dort eine Art kleiner Kappe bildet, sodass beim gestreckten Bein das Knie von der Hose noch bedeckt ist, während die Kniekehle frei bleibt. Mein verwittertes Modell trug ein Exemplar von wunderbarer Verkommenheit, wie man überhaupt nur an den häufigen Feiertagen einer schönen schwarzen, sammetartigen Hose begegnet. Dieselbe hat immer zwei Seitentaschen und ausserdem vorn rechts noch eine Quertasche. Unser Bauer trägt, da Feiertag ist, lange, bis unter die Kniee gehende Strümpfe; an Werktagen sind dagegen die kurzen Stutzeln üblich, welche Fuss und Fussgelenk frei lassen. Der Fuss steckt in dicksohligen, groblederner Bundschuhen, welche vorn auf dem Fussblatte durch einen dünnen ledernen Riemen ge-

BAUER AUS SCHÖNNA

BEI MERAN s. 75 c

Von FRANZ SKARBINA

Die charakteristischen Volkstrachten der Meraner Umgegend unterscheiden sich trotz der anscheinenden Gleichheit streng nach den Ortschaften oder Thälern von einander. Gewöhnlich besteht dieses Abzeichen in verschiedenfarbigen Jacken- und Aermel-Aufschlägen, — die Farbe der Jacke ist wohl immer die braune. — falls nicht die Kleidung, wie in dem bekannten schiefthurmigen Dorfe Terlan in der Nähe von Meran, uns merkwürdigerweise eine total Veränderung des ganzen Schnittes weist.

Unser Bauer ist nun der Repräsentant der allgemeinen Tracht wie ich sie in Obermais, Goyen, Verdins, Dorf Tirol u. s. w. sah. Ich zeichnete ihn in dem, eine Stunde oberhalb von Meran gelegenen, grossen Dorfe Schönna, welches uns Paul Heyse in seinen «Meraner Novellen» so treu schildert. Er trägt die oben erwähnte charakteristische braune Schoossjacke von derbem, Stoff. Sie hat eine kurze Taille und ist mit vier S? versehen, welche so angesetzt sind, dass die ? vorhergehende mit dem Rande deckt. Di?

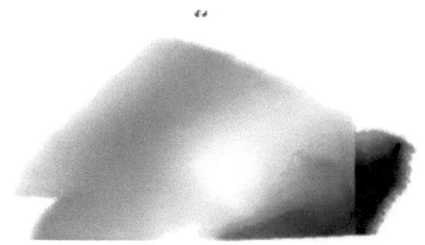

Kaiser ... ersten ... XII. jahrhunderts, denen sie wo...
... ... en se noch bei der Jacke, dass ...
... ... Arm noch sonst irgend ei...
schluss ... ... mit einer Art Kalau...
... ... oben genannten Orts...
... ... noch sah ich auch Auss...
... er ... ... eingefasst.

Das ... ... remem Tuche ist ebenda...
wird von Hals ... durch eine Anzahl Kno...
... ... Die rothe Farbe des Leibchen...
nur ... ... Laien während die junge...
... ... Fast ganz bedeckt ...
die ... ... Hosenträger, welche a...
... ... nunen in zwei und von ...
während die Säume in der vollen Bre...
... zum Durchstecken des Kopfe...
Diese ... ... vorn auf der Brus...
Besitzer über dem kaiserlichen A...   r
... ... Eine gleiche V...   ... en
Hüften ... Leibgurt, welche a...   Suden
durch eine ciselirte Schnalle vor...   ... bilden

Den Oberschenkel schu...   in seine
bis zum Knie gehend um ...   ... die ge-
Kappe bildet, sodass der ...   ... dort häufig
Hose noch bedeckt ...   ... genannt wer-
verwittertes Model ...   ... nahen Meeres ab.
menheit, wie man ...   ... ngarn, also gegen die
schönen schwarze ...   ... hin, liegt es offen, und
immer zwei S...   ... ugeschrieben werden, dass im
Quertasche. ...   ... nsser mitunter nicht höher steht,
die Knie ...   ... ch in dem wenige Meilen südlicher
kurzen S...   ... ge, Lorbeer und Cypresse im Freien
Der F...   ... der Höhe hält, wie an den geschützten
vorn ...   ... schen Hügellandes.

bunden werden; die Sohlen sind des rauhen Gebirgsterrains wegen mit einer Unzahl eiserner Nägel und Eisenstücken beschlagen.

Den Kopf unseres alten Bauern deckt ein alter, rundkrämpiger grüner Kegelfilz, von grün und rother Schnur vielfach umwunden. Diese Schnur hat eine tiefgehende Bedeutung, denn Roth tragen die jungen, unverheiratheten Leute, Grün diejenigen, welchen das Eheglück zu Theil wurde; beide Farben dienen zur Auszeichnung von Solchen, welche beides bereits hinter sich haben.

F. Sk.

⁹²⁾ MÄDCHEN

AUS DEM PUSTERTHALE (TIROL).

Von FRANZ DEFREGGER.

Das Pusterthal in Tirol liegt zwar am Südabhange des Haupt-
walles der Alpen, ist aber vom Himmel nicht entfernt mit der
gleichen Gunst gemässigter Lüfte bedacht, wie die benachbarten
Thäler am Eisak und der Etsch, die nur wenig weiter nach Süden
liegen. Auf der Nordseite wird es von den weiten Eisgefilden
der Hohen Tauern begrenzt, deren kalte Lüfte sich in seine
Sohlen herabsenken. Von Süden her wehrt dagegen die gewaltige Mauer der Kalkalpen, deren Gebiete nach der dort häufig
auftretenden Gesteinsart kurzweg »die Dolomiten« genannt werden, die lauen Lüfte des Mittags und des nahen Meeres ab.
Gegen Osten, in der Richtung gegen Ungarn, also gegen die
Länder mit schroffem Continental-Klima hin, liegt es offen, und
dieser Boden-Gestaltung muss es zugeschrieben werden, dass im
Pusterthal Winters der Wärmemesser mitunter nicht höher steht,
als zu Moskau, während er sich in dem wenige Meilen südlicher
gelegenen Bozen, wo Feige, Lorbeer und Cypresse im Freien
wachsen, ungefähr auf der Höhe hält, wie an den geschützten
Stellen des oberitalischen Hügellandes.

Auch die Bevölkerung unterscheidet sich wesentlich von den Ansiedlern am Eisak und an der Etsch. Während diese ein eigenthümliches Gemenge von Alemannen, Ladinern, Romanen, Gothen und den Nachkommen der dunkeln Rhätier darstellen, ist erstere rein bajuvarischen Stammes, indessen hier und dort, besonders in den nördlichen Seitenthälern, welche sich gegen die Hohen Tauern hinaufziehen, ein wenig mit dem Blute jener Wenden gemischt, die im neunten Jahrhundert durch den Baiernherzog Tassilo gegen Osten hinab gejagt wurden. —

Unser Bild zeigt uns ein Mädchen aus der Umgegend von Bruneck in der besseren Werktagstracht. Auf dem, allerdings sehr selten gewordenen breitkrämpigen, unter dem Kinne mit schwarzen Taffetbändern festgebundenen schwarzen Filzhute befinden sich zwei sogenannte Kugeln oder Knödel, dicke, schwarze Seidenquasten, deren man in früherer Zeit sogar vier trug. Das schwarze, seidene Halstuch wird in das grüne, wollene Brusttuch gesteckt, das unter der weissen, gefälteten Halskresse hervorsieht und mit grünen Seidenbändern (Haften) auf dem Mieder befestigt ist. Letzteres besteht aus rothem Stoff und ist in der Mitte mit drei Goldborten verziert. Die meist rothen Achselbänder, welche den Rock tragen, dienen auch zum Festhalten der Halskresse, welche an der unteren Seite Schlingen hat, durch welche die Tragbänder durchgezogen werden. Zwischen Brust und Hüfte umgeben den Körper rothe Seidenschnüre. Um den Hals wird mit Vorliebe, wie auch in anderen Gegenden, welche von bajuvarischen Stämmen bewohnt werden, eine mehrfach umschlungene silberne Kette getragen.

Ueber den früher gelben, jetzt meist schwarzen, wollenen, kurzen Rock wird das breite, blaue Fürtuch gebunden, das gleich dem Rocke reich gefältelt ist. Die Strümpfe werden seltener weiss, meist roth getragen, ohne Zweifel in Folge der Einwirkung slavischen Geschmackes. Die ausgeschnittenen Schuhe sind auf dem Spann mit hellrother Stickerei verziert.

Im Sommer stecken die Arme bis an die Ellenbogen in den

Hemdsärmeln; im Winter und bei festlichen Gelegenheiten wird von den Frauen eine schwarze Taffet-Jacke mit an den Schultern sehr breiten, bauschigen, sogenannten Räder-Aermeln, getragen; die engen Unterärmel haben zugespitzte Aufschläge von grünem Damast; dazu tritt im Winter für jeden Arm ein Muff von Fuchsbalg, nach der Hand zu mit schwarzem Sammet statt des Pelzes versehen, innen gewöhnlich mit Lammfell ausgefüttert; zum weiteren Schutz dienen derbe Fausthandschuhe, gleichfalls von Fuchspelz. —

Nicht so einfach wie heute war die Tracht vor fünfzig Jahren noch, zumal für eine Braut, wie unsere kleine Darstellung zeigt. Knödelhut, Jacke, Halskresse zeigen zwar keinen Unterschied; die Räder-Aermel dagegen blühten in mächtigster Fülle, wie ihre gewaltigen Vorfahren aus der Zeit um 1475*), der Mitte des XVI. Jahrhunderts, und dann wieder um 1620 etwa, wo diese Mode in Deutschland, Frankreich und den Niederlanden herrschte. Wir

haben hier ein recht schlagendes Beispiel, wie die heutige, im Absterben begriffene Landestracht in manchen Dingen nichts Anderes ist, als die festgehaltene Mode der Vornehmen früherer Jahrhunderte.

*) In der Liechtenstein'schen Gallerie zu Wien befindet sich ein, dem Jean Fouquet zugeschriebenes Bild mit der Jahreszahl 1476, das bereits die Räder-Aermel zeigt, »Rock mit hoch ausgestopften Schultern«, wie es der Katalog ausdrückt.

Der Kopfputz ballt sich am Hinterhaupte zu einem unförm-
lichen Wulst, die »Gegl« genannt; da, wo dieselbe am Kopfe
anliegt, trägt die Braut ein rothes, die verheirathete Frau ein
weisses Band eingeflochten. Der Rock ist von dunkelblauem
Wollenstoff; über der Kniegegend ist demselben ringsum ein
breites Band von schwarzem Sammet, der »Brahm« oder die
»Brähme«, aufgenäht. Hinten in der Mitte zieren die Brähme
bunte Bänder. Den Leib umschlingt die »Tschompina«, ein gestickter Gürtel von schwarzem Sammet, dessen Schliesse und
Enden in geradezu mittelalterlicher Art eingerichtet sind, letztere
mit silbernen Beschlägen und darin gefassten, hocherhabenen, nach-
gemachten Edelsteinen. An den hinten vereinigten Gürtelenden
hängt ein Messerbesteck, bei Bittgängen, Processionen u. s. w. als
Zeichen der künftigen Hausfrauenwürde ein Schlüssel. Heutzutage sind diese Gürtelenden über dem linken Knie vereinigt, entbehren übrigens jedes Anhängsels. Die Schürze ist weiss, mit
einem zollbreiten, rothen Seidenbande eingefasst, worüber eine
Spitze liegt; die Strümpfe sind gleichfalls weiss. Die Schuhe
haben auf dem Spann Ueberschläge, sogenannte »Latschen«, mit
weisser, durchlöcherter Stickerei, unter der ein grünes Seidenband
hervorsieht. —

Gleich der Frauentracht hatte die der Männer früher nicht
wenig auf sich; heute hat auch sie eine wesentliche Vereinfachung
erfahren.

93) DEUTSCHER EDLER

IN SCHELLENTRACHT. Um 1410.

Von A. von HEYDEN.

Das vorliegende Kostüm, dem Statuen-Schmucke des Braunschweiger Altstadt-Rathauses entlehnt, wo die Gestalt einen deut-
schen Kaiser darstellen soll, gehört dem Anfange des fünfzehnten
Jahrhunderts an. Der Künstler hat sich bei der Darstellung seines
Fürsten so sehr, als dies seinem Geschmacke möglich, von allen
Thorheiten und Ausschreitungen der tollen, entarteten Zeit entfernt gehalten. Es fehlen dem Gewande die Zatteln und langen
Hängeärmel, welche schon seit der zweiten Hälfte des vorhergehenden Jahrhunderts in der Mode ihr Wesen trieben und durch
Predigten und Kleiderordnungen in gleicher Weise erfolglos be-
kämpft wurden; es fehlen auch die langen Schnäbel an den Schuhen.
Unser Edler trägt einen ›Trappert‹ von mässiger Länge bis
an das Knie; derselbe ist reich gefaltet, an der Taille etwas eingeschnürt und reicht bis über die Halsgrube hinauf. Er scheint
ärmellos und als Glocke geschlossen zu sein, so dass er über
den Kopf gezogen werden muss; daher erweitert sich am Halse
vorn das Halsloch durch einen Schlitz, welcher zugenestelt wird,

wenn dieser Halstheil nicht vielleicht der ›Schecke‹ (Jacke) angehört und der Trappert einen weiteren, vom Mantel gedeckten
Halsausschnitt hat. Die engen Aermel des Trappert dürften an
der Hinterseite zugeknöpft sein; vielleicht bilden dieselben einen
Theil der Schecke, während der Trappert selbst ärmellos ist.
Da der Mantel die Schultern bedeckt, ist eine genaue Bestimmung unmöglich. Ein andersfarbiger, breiter Besatz ziert den
unteren Rand des einfarbigen, aus dickem Stoffe gefertigten
Kleides, welches durch den Dupfing geschmückt wird, einen aus
breiten, reich ornamentirten Metallgliedern gebildeten Hüftgürtel,
der wahrscheinlich an den Trappert angeheftet ist. Das Beinkleid, die sogenannte ›ganze Hose‹, ist knapp und zeigt den
Fuss ohne Schuhe mit einer mässigen Spitze, welche die Verlängerung der Ledersohlen ist. Auf die Schultern legt sich ein
nicht sehr langer, mit reichem ›Fürspann‹ auf der Brust geschlossener Mantel.

Ueber ihm zeigt sich der prachtvolle Halsschmuck, an welchem
an langen Kettchen Glöckchen von ziemlicher Grösse herabhängen.
Wenn dem heiligen Mauritius in Halle, dem sogenannten Schellen-
moritz, der Meister Conrad von Eimbeck um das Jahr 1411 einen
Schellengürtel umlegte und sogar der fromme Peter von Dresden
sich das Hallelujah der Engel nicht ohne Schellenbegleitung
denken kann:

Da die Engel singen
Nova cantica,
Und die Schellen klingen
In regis curia,
Eia, wer wir da!
Eia, wer wir da!

so durfte solcher Schmuck einer Erscheinung, unter der sich der
Künstler einen Kaiser dachte, gewiss nicht fehlen. Jacob Falke
leitet den Ausdruck ›mit Schall kommen‹ von dem Schellengetöse
her, mit welchem Jeder in seiner Tracht schon seine Ankunft an-
kündigte, der den Unsinn des Schellenschmuckes irgend bezahlen
konnte. Die Kleiderordnungen mussten endlich den Kampf gegen

denselben aufgeben, so dass die Stadt Ulm um 1411 das Tragen der Schellen, mit einziger Ausnahme in der Kirche, gestattete.

Den bartlosen Kopf, dessen lange, wohlgepflegte Haare bis zum Halse herabfallen, deckt ein mässig hoher Filzhut, dessen schmale Krämpe sich vorn zu einem breiten, in die Höhe geklappten Schilde erweitert (Figur 1). Der Hut dürfte von grauer, brauner oder schwarzer Farbe sein. Es ist leicht ersichtlich, wie diese aufgeklappte Krämpe allmälig in die Form des ebenfalls seitwärts aufgeschlagenen Schlapphutes des siebzehnten Jahrhunderts überleitet; aber dass dieselbe im ersten Drittel unseres Jahrhunderts wieder in ihre ursprüngliche Gestalt zurückgefallen ist, dürfte weniger bekannt sein. Der ›volle Wichs‹ des Breslauer Studenten forderte bis zum Ende der dreissiger Jahre den sogenannten Stürmer (Figur 2) als Kopfbedeckung, und dieser ist mit Ausnahme einiger kleinen Abänderungen und der grösseren Höhe in seiner unvergleichlichen Geschmacklosigkeit fast dem Hute unseres Trachtenbildes gleich.

Da ich an der Braunschweiger Original-Figur keine Spur von Bemalung gefunden, habe ich mein Bild nur nach Analogien coloriren können.

A. v. H.

94) DEUTSCHE FÜRSTIN

IN SCHELLENTRACHT. Um 1410.

Von A. von HEYDEN.

Ebenfalls dem Altstadt-Rathhause zu Braunschweig entnommen,
giebt dieses Bild die Tracht einer Frau der höchsten Stände aus
der angegebenen Zeit. Wir finden bei dem Künstler, der diese
Gestalt geschaffen, das schon bei dem vorigen Kostümbilde her-
vorgehobene Bestreben, sich von den Ausschreitungen der damaligen Mode so fern zu halten, wie dies einem für seine Zeit
Schaffenden irgend möglich sein mochte. Wir dürfen nur die vorliegende Gestalt mit den Darstellungen des berühmten Nürnberger
Teppichs im Germanischen Museum oder mit den Wandgemälden
von Schloss Runkelstein vergleichen, welche etwa derselben Zeit
angehören, um den vornehmen Sinn, der die Braunschweiger
Figuren veredelt, zu erkennen.

Unsere Dame trägt ein Kleid von reichgemustertem Stoffe,
welches, nach damaliger Sitte ohne Taillen-Ansatz, sich dem Körper
kleidsam anschliesst und sich nach unten zu grosser Länge und
Weite entwickelt. Es hat kurze, mit einer verzierten, golddurchwirkten Borte eingefasste Aermel und reicht über den Busen falten-
los bis zum Halsausschnitte. Den unteren Rand dieses Obergewandes ziert ein breiter, weisser Besatz, der wieder an beiden

Seiten mit goldener Borte eingefasst ist. Die Aermel des einfarbigen Unterkleides decken den ganzen Arm, dessen Hand das
Obergewand hebt, um unter dem breiten Saume desselben das
Unterkleid mit seinen reichen Falten sehen zu lassen, während
dieses seinerseits die mässig langen Spitzen des zierlichen Schuhes
nicht ganz zu bergen vermag. Auf dem Kopfe trägt die Dame
eine turbanartige Wulst, welche der in jener Zeit allen Nationen
gemeinsamen Mode der Vergrösserung des Kopfes Rechnung trägt.
Sie erinnert an den italienischen »balzo«, wie ihn eine Dame auf der
Darstellung der Hochzeit des Boccaccio Adimari mit Elisa Ricasoli
von einem unbekannten Meister (Academie von Florenz) trägt.
Aber auch auf Bildern der gothischen Periode in Italien, u. A. in
Pisa sehen wir jene berühmte Gestalt mit dem weissen Hündchen
auf der früher dem Orcagna zugeschriebenen Freske einen Kopfputz tragen, welcher dem unserer Dame sehr ähnelt und namentlich
auf den Holzschnitzwerken des XV. Jahrhunderts in ganz ähnlicher
Grundform wiederkehrt. Die Wulst wird über eine weisse Schutz-
haube auf die mit Goldbändern durchflochtenen breiten Zöpfe gesetzt; sie ist mit Goldstoffdamast bekleidet und trägt eine mächtige
Krone, sowie an den Seiten kurze Sendelbinden, deren Befestigung
an dem Bunde durch Goldknöpfe geziert wird. Ein Kleinod
schmückt den Kopfputz mitten über der Stirn.

Sehr charakteristisch ist die mit Schellen in Form von Glöckchen gezierte, überaus reiche »Hornfessel«, — so nannte man
diesen von der Schulter auf die Hüfte herabfallenden Gürtel. Ursprünglich wohl das Koppel, an dem der Jäger sein Hüfthorn trug,
machte die Mode jener Zeit ein vorzügliches Schmuckstück daraus,
welches reichliche Gelegenheit bot, die beliebten silbernen oder
vergoldeten Schellen anzubringen. Wir finden dasselbe aber auch
ohne Schellen, während diese nothwendige Zier an dem Hüftgürtel,
dem Dusing, der davon seinen Namen hat, getragen wird. Eine
zweite weibliche Gestalt an demselben Rathhause trägt die Schellen
an der mächtigen Schulterkette, welche über den Busen und
Rücken herabhängt.   A. v. H.

95) WENDISCHES BAUERNMÄDCHEN

(ARBEITSTRACHT) AUS DEM SPREEWALDE.

Von *ADOLF BURGER.*

Geschichtlich ist nicht nachweisbar, wann die Wenden in die später von ihnen besetzten Länder gekommen sind; fest steht nur, dass sie zu Anfang des achten Jahrhunderts den nord-östlichen Theil des jetzigen Deutschlands inne hatten. Im sechsten Jahrhundert erstreckte sich das wendische Gebiet nachweisbar bereits bis zur Oder. Eben so wenig jedoch, wie die Deutschen, waren sie ein politisch geeintes Volk; sie zerfielen vielmehr in einzelne Stämme, welche nur in losem Zusammenhange miteinander standen. Selbst Gefahren von Aussen vermochten sie nicht jederzeit zu vereinen. Dies ist namentlich der Grund, weshalb sie den späteren Angriffen der Deutschen nicht gewachsen waren und im Laufe der Jahrhunderte stammweise von denselben unterjocht wurden. So giebt es ein selbständiges Wendenvolk nicht mehr, und die edlen Geschlechter in demselben haben Sitten, Gebräuche und Sprache des Siegers angenommen. Nur in Mecklenburg, dem Wohnsitze der Obotriten, finden wir die einzige noch herrschende Fürstenfamilie wendischer Abkunft, die in dem tapferen Niclot ihren Ahnherrn verehrt.

Während so das Wendenvolk als Ganzes aufgehört hat, haben sich einzelne Theile innerhalb des Deutschthums erhalten, und noch jetzt geben die Volkstrachten an manchen schon längst deutsch redenden Orten einen sicheren Beweis dafür, dass ihre Vorfahren einst Wenden gewesen. So finden sich in den Mönchs-gütern auf Rügen, ebenso zu Pyritz mit Umgebung sichere Spuren wendischer Abkunft. Die Pommern, die an den Küsten in den Hünengräbern bewundernswerthe Zeugen früherer Culturperioden aufzuweisen haben, machen der wendischen Abkommenschaft alle Ehre, schon körperlich; ein pommersches Regiment in Regiments-Front ist viel breiter als jedes andere. Im Oderbruch hatte sich bis vor Kurzem eine besondere, an den wendischen Ursprung erinnernde Sonntagstracht bei den Frauen erhalten. Um Görlitz befinden sich wendische Enclaven, ebenso isolirt einige schwache Reste nahe der Elbmündung im hannöverschen Wendlande, Lüchow und Umgegend. An allen den genannten Orten ist die Sprache erst seit dem vorigen Jahrhundert erloschen, während die Trachten noch vielfach vorhanden sind. Eine wendische Colonie ist ferner in Bortfeld bei Braunschweig. Als südlichstes Ueberbleibsel wäre Altenburg zu erwähnen, schliesslich aber als der Hauptsitz des Wen-denthums jetziger Zeit: die Lausitz und in ihr der Spreewald.

Die Lausitz, die von Süden nach Norden fünfzehn Meilen und von Osten nach Westen über elf Meilen misst, bildet eine von deutschen Klängen umfluthete Sprachinsel, in welcher das wendische Sprachgebiet sechsundneunzig Quadratmeilen umfasst; davon gehören sechsundsiebzig Quadratmeilen unter preussische Hoheit, zwanzig Quadratmeilen zur königlich sächsischen Kreis-Direction Bautzen. Die Volkszählung von 1848 wies eine Zahl von 137,928 Seelen rein serbischer (wendischer) Bevölkerung nach; davon kamen 90,350 auf Preussen und von diesen 59,162 auf die Niederlausitz, welche erst am 18. Mai 1815 mit der Krone Preussen vereinigt wurde, während der fast genau in ihrem Mittel-punkte liegende Kreis Cottbus und in demselben Burg mit dem Ober-Spreewald schon 1445 von Kurfürst Friedrich II. für die

Mark Brandenburg erworben ward. Diesem Umstande sowohl, als auch der sumpfigen und deshalb noch jetzt oft schwer zugänglichen Lage des Spreewaldes, haben seine Bewohner es zu verdanken, dass Sprache, Sitten und Kleidung sich bei ihnen am reinsten erhalten haben.

Aeltere und neuere Naturforscher haben behauptet, dass die Lausitz vor Jahrtausenden ein See gewesen sei, und die wendische Bezeichnung dieses Landes als »Lusizi«, d. i. Sumpflandbewohner, deutet in der That auf eine solche Vergangenheit. Dem Spreewalde ist leicht nachzuweisen, dass er ein See war; noch heute sind die deutlichsten Spuren davon vorhanden, dass, wo jetzt Acker liegt und Häuser stehen, früher Wasserflächen gewesen sind. Die Bezeichnung Spreewald ist abzuleiten von Spreewa, geschichtlich zuerst erwähnt im Jahre 965, in einer Schenkungs-Urkunde des Kaisers Otto an das Stift Magdeburg. Durch seine tiefe, sumpfige Lage zu Zeiten von Wasser überfluthet, war er für den Deutschen unzugänglich und bildete für den Wenden einen guten Zufluchtsort, der ihn von deutscher Botmässigkeit frei erhielt. Der Zugang zu ihm war nur von den Wenden-Vesten Lübben und Lübbenau aus möglich und selbst von da aus auch nur zu Wasser. Die letzte Zuflucht bildete der Schlossberg in Burg, zu dessen Aufthürmung die Erde, wie die Nachgrabungen auf's Deutlichste nachweisen, mit Kähnen viele Meilen weit hergeholt worden sein muss. Nach mündlicher Tradition ist dieser Schlossberg der Ueberrest einer Festung, zwanzig Morgen gross, mit einer Abstufung und früher mit doppelten Wällen. Ein Theil des Schlossberges diente auch zum Begräbnissplatz, wie die im unterirdischen Gemäuer vorgefundenen Streithämmer, Urnenstücke, Thränen- und Opferkrüge darthun. Im dreissigjährigen und siebenjährigen Kriege wurde er zum sicheren Zufluchtsort für die Bewohner der Gegend, im weiteren Umkreise durch einen undurchdringlichen Sumpf und im engeren ausserdem durch einen breiten und tiefen Graben gegen feindliche Ueberfälle wohl geschützt.

Die ersten Ansiedelungen im Spreewalde sind uralt, und ihre

Entstehungszeit erscheint nicht nachweisbar; sie lagen ursprünglich in ähnlicher Weise zerstreut, wie etwa jetzt noch die ersten Ansiedelungen in Amerika und Australien; erst nach und nach entstanden mehr Gehöfte. So hatte z. B. Burg im Spreewalde, wo das eben Gesagte besonders gilt, im Jahre 1799 nur 2700 Einwohner, während gegenwärtig die Seelenzahl schon 4500 beträgt. Eine wirklich planmässige und wohlorganisirte Colonisation hat erst Friedrich der Grosse im Jahre 1763 in's Werk gesetzt, indem er deutsche Handwerker, zumeist Weber, denen er sogar eine besondere Fabrik erbauen liess, und Ackerbauer, letztere namentlich aus Oesterreich, im Spreewalde ansiedelte.

Ursprünglich erstreckte sich derselbe von Lübben bis unweit Guben und war bedeckt mit dem schönsten Urwalde, weshalb die Wenden in Blockhäusern wohnten und dieselben gern unter schattigen Bäumen errichteten. Sie waren zu dieser Bauart auch schon dadurch gezwungen, dass ihr Land ihnen weder Lehm noch Steine bot. Durch die zuerst von König Friedrich dem Grossen begonnene und später weiter geführte Canalisation wurde der Spreewald mehr und mehr entwässert, das Land zunächst auf den Anhöhen von Bäumen gesäubert und dann in Ackerland verwandelt. Durch immer weiter gehende Entwaldung wurde der Spreewald so eingeschränkt, dass er jetzt von Lübben aus nur noch sechs Meilen in der Länge und anderthalb Meilen in der Breite hat.

Stellen wir uns das Land vor, mit Jahrhunderte alten Bäumen bewachsen, durchzogen von unzähligen Gräben, — Landwege gab es nicht, — die durch ihre regelmässigen Ueberschwemmungen grosse Fruchtbarkeit hervorbrachten, so haben wir den Spreewald, wie er vor fünfzig Jahren noch war. Das Kind bekam, sobald es seine Arme brauchen konnte, ein Ruder in die Hand, um fahren zu lernen, wie man zu Lande gehen lernt. Der Greis, auf dem Lande schon hülflos, bewegte sich ohne Mühe in seinem leichten Kahne. Der Kahn beförderte den Täufling zur Kirche, brachte die glückliche Braut zur Wohnung des Neuvermälten und trug die Reste der Hingeschiedenen zur geheiligten Stätte. Dies gilt, wenn auch nicht im alten Umfange, heute noch, und nicht blos Männer, sondern auch Frauen verstehen es, den Kahn, selbst mit der schwersten Ladung, leicht und sicher zu führen, wenn es auch jetzt schon im Sommer Zeiten giebt, wo es an Wasser mangelt und das Getreide dann auf Karren und Tragen fortgeschafft werden muss. Früher war im Spreewalde das Pferd eine Seltenheit; jetzt müssen schon viele Bauern Pferde halten und Landwege bauen. Die neuerdings in Angriff genommene Stromregulirung wird vollends viele Kanäle trocken legen, die früher den gefüllten Kahn in die Scheuer führten. Das Blockhaus, im Sommer kühl, im Winter warm, ruhte auf grossen Steinen und liess stets eine Luftschicht zwischen dem Fussboden und der feuchten Erde, was jetzt bei Neubauten fortfällt. So sehen wir die ganze Gegend sich ändern, und damit auch den Menschen in Sitten, Gewohnheiten und überkommener Kleidung.

Die Arbeit auf feuchten Wiesen und Feldern, die Beförderung von Gras und Gartenerzeugnissen zu Kahn, machte nothwendig, dass Arme und Beine frei und unbekleidet gehalten wurden. Daher war der Rock kurz, und die Wendin fand nichts darin, wenn sie die Beine bis zum Knie und darüber hinaus nackt zeigte; dagegen fand sie nothwendig, die Brust bis zum Halse ängstlich zu bedecken. Geht die Spreewälderin zur Arbeit in's Freie, so macht sie eine sorgfältige Toilette, zieht blendendweisse Wäsche und Tücher an und leuchtet förmlich in ihrer Sauberkeit, wodurch sie schon aus der Ferne von einer Deutschen zu unterscheiden ist, die zur Landarbeit ihre schlechtesten Kleider anzieht. Auf dem Kopfe trägt die Spreewälderin ein Tuch von gewöhnlichem Kattun bis zum reichsten, seidedurchwirkten Stoff, welches in streng vorgeschriebene Falten gelegt und so um den Kopf gebunden ist, dass zwei Zipfel, sich deckend, hinten zum Rücken frei herunterfallen, die anderen Zipfel aber an beiden Seiten des Kopfes steif abstehen. Dieses Kopftuch (Lappa) deckt das Haar, einen Theil der Stirn und die Ohren bis auf die Ohrläppchen vollständig; je weiter aber das Wenden-Gebiet in's deutsche Land reicht, desto höher rückt das Kopftuch auf den Kopf zurück und zeigt das Stirnhaar. An der Art, wie die Falten des Kopftuches gebunden werden, ist das Dorf zu erkennen. Jede Dorfschaft hat ihre altüberkommene Kopftracht, d. h. ihre eigenthümliche Art, das Kopftuch zu binden und in gewisse Falten zu legen. Wir haben hier namentlich Burg im Auge, das an seinem alten Kostüme noch am treuesten festgehalten hat. Bei scharfem Sonnenscheine schützt das Gesicht ein schneeweisses Tuch, in — wiederum für jede Dorfschaft eigenthümliche — Falten gelegt, die Zipfel in einen Knoten mit abstehenden Enden unter dem Kinn gebunden, so dass das Gesicht umrahmt und von einem vorspringenden Stoffdache beschattet ist; die beiden anderen Zipfel hängen frei nach hinten. Oft löst das Mädchen den Knoten unter dem Kinn, legt die beiden Zipfel auf den Kopf, steckt sie mit einer Nadel fest und hat damit einen leichten Schirm, der nicht blos das Gesicht, sondern auch einen grossen Theil des Oberkörpers beschattet.

Der kurze Rock, meistens von einem weitleuchtenden Roth, besteht aus selbstgefertigtem Stoff, ist auch mit eigengewebter Leinewand gefüttert und sitzt an einem schwarzsammetnen Mieder mit weit ausgeschnittenen Armlöchern. Die blossen Arme sind mit einem kurzen, schneeweissen Aermel bekleidet, der zum Kittelchen gehört, einem westenartigen, leinenen Kleidungsstück, das unter das Mieder gezogen wird. Das Brusttuch (Zipfeltuch) ist im Nacken in Falten gefasst, die sorgfältig über die Brust gelegt sind. Die beiden vorderen Zipfel werden von einem Sammetbande am Körper festgehalten und unter der Schürze verborgen, die beiden hinteren werden auf dem Rücken festgesteckt. Die Schürze umgiebt den Körper in der Länge des Rockes und lässt diesen nur hinten zwei Hände breit sehen. Die Füsse sind nackt und werden nur bei rauhem Wetter und im Sonntagsstaate, den wir im nächsten Blatte abbilden werden, bekleidet.

K.

96) WENDISCHES BAUERNMÄDCHEN

(SONNTAGSTRACHT) AUS DEM SPREEWALDE.

Von *ADOLF BURGER*.

Den Haupttheil der Sonntagstracht einer wendischen Spreewälderin bildet eine Mütze, bestehend aus einem Pappegestell,
das an beiden Seiten des Kopfes fast zwei Hände breit vor-
springt und spitz zuläuft; daran ist eine steife, in viele kleine
Falten gepresste, weisse, zwei Hände breite Krause befestigt,
welche das Gesicht rund umgiebt und am Hinterkopfe wie quer
abgeschnitten erscheint. Das Pappegestell ist mit einem vor-
schriftsmässig gefalteten Tuche umkleidet und bedeckt Haar und
Ohr bis auf die Ohrläppchen. Zwei Zipfel vom Tuche, einer den
andern deckend, fallen frei dem Rücken, die anderen, in handbreite
Streifen zusammengelegt, den beiden Schultern zu. Dieses Tuch
ist an hohen Feiertagen und ernsten kirchlichen Festen, an denen
die Kleidung nur schwarz und weiss sein darf, weisser Damast,
an Sonntagen ein farbiger, oft sehr kostbarer Stoff. Unter dem
Kinn steckt eine Schleife mit über die Mützenkrause herabfallenden Enden, in der Farbe übereinstimmend mit dem Kopftuche.

Der Rock aus selbstgesponnenen und gewebten Stoffen
(Garnkette und Wollschuss), gefüttert mit selbstgefertigter Leine-

wand, ist unten mit einem breiten, bunten Seidenbande besetzt
und sitzt an einem schwarzen Sammetmieder mit ausgeschnittenen
Armlöchern. Die Farbe des Rockes ist an hohen Festtagen
schwarz, an Sonntagen nach eigenem Geschmack, von lebhafter
Farbe, meist roth. Auf staubigen oder Wiesenwegen wird der
Rock auf einer Seite mit der Hand gehoben, um ihn zu schonen.
Dadurch wird das weisse Futter des Rockes, sowie der dick-
wattirte, mit gutem Stoff überzogene Unterrock sichtbar, was der
Figur etwas Kokettes giebt. Die faltenreiche Schürze umgiebt
auch hier immer den ganzen Rock und lässt ihn hinten ebenfalls
nur einige Hände breit sehen. Der Oberarm ist mit einem kurzen,
mit feinen, breiten Spitzen besetzten Hemdärmel bekleidet, der
steifgestärkt und mit einem eingeplätteten Kniff versehen ist. Der
Aermel gehört zu dem beim vorigen Blatte schon erwähnten
Kittelchen. Das Brusttuch (Zipfeltuch) wird zur festlichen Kleidung ebenso umgelegt, wie in der Woche. An hohen Festtagen ist es von weisser oder schwarzer Farbe, an Sonntagen
lebhaft gefärbt, oft bunt und in den verschiedensten Stoffen. Die
Strümpfe sind stets weiss, die schwarzen Schuhe ausgeschnitten.
Im Winter wird eine dickgefütterte Tuchjacke getragen, die an
hohen Festtagen an der Brust einen weiten Ausschnitt mit fest
bestimmtem Tuchbesatz und Verzierung hat und nur schwarz sein
darf.[*]) Durch die steife Mütze, die fast Schulternbreite erreicht,
sind die Weiber an freier Kopf- und Körperbewegung einigermaassen gehindert und erhalten dadurch etwas Steifes und Pathe-
tisches, jedoch nichts Unschönes; vielmehr ist die Sonntagstracht
des Spreewaldes bei den meist körperlich schön gebauten Träge-
rinnen ein Bild, wie es malerischer kaum irgendwo wiedergefunden
werden könnte.   K.

---

[*]) Die Wintertracht der Spreewälderin folgt in einem späteren Blatte, ebenso das Braut-
kostüm derselben.

97) FRIEDRICH DER GROSSE

IN UNIFORM (INTERIMSROCK DER POTSDAMER GARDE).

Um 1780.

Von FRANZ SKARBINA.

König Friedrich II. trug seit dem siebenjährigen Kriege fast
unausgesetzt ein Kostüm, welches, obwohl militärisch, doch in
seiner Zusammenstellung in erster Reihe dem Geschmacke und
der Bequemlichkeit des greisen Monarchen angepasst war und
daher auch keinem Regimente der Armee angehörte; nur der
Rock war der Interimsrock der Potsdamer Garde.

Sämmtliche hier dargestellten Kostümstücke stammen aus
einer Berliner Privatsammlung und geben, verglichen und ergänzt
mit jenen, welche sich in der reichen Sammlung des Hohenzollern-
Museums im Schlosse Monbijou zu Berlin befinden, ein getreues
Bild von dem Aeusseren des grossen Königs in seinen letzten
Lebensjahren. Sie zeigen sämmtlich die Spuren seiner im Alter
gesteigerten Leidenschaft, des Schnupfens von Spaniol, welche
auch durch den reichen Schatz kostbarer Tabatièren im genannten Schlosse bewiesen wird.[*]

Die Kleidung des Königs besteht aus dem schon erwähnten
Uniformsrocke, einem an den Oberkörper eng anliegenden, eng-

---

[*] Näheres hierüber in »J. D. E. Preuss, Friedrich der Grosse« (Berlin, 1832). I., 409 ff.

ärmeligen Rocke von blauem Tuche mit verhältnissmässig langer Taille und vier sehr grossen und langen Schössen, welche bis weit unter das Knie herabreichen. Von diesen Schössen werden bei je zweien die äusseren Zipfel umgeschlagen und mit dem rothen Futter nach aussen zusammen gehakt. Der schmale Kragen und die offenen grossen Aufschläge bestehen aus scharlachrothem Tuche, wie überhaupt der Aufschlag des Aermels nichts weiter ist, als der umgeschlagene Theil des halb aufgeschlitzten Unterärmels. Dieser Schlitz kann auch durch zwei an der Längsnaht des Aermels sitzende Knöpfe geschlossen werden. Die silbernen, halbkugeligen Knöpfe des Rockes schliessen denselben vorn herunter in zwei eng zusammenstehenden Reihen. Jede Reihe hat sechs Knöpfe; ausserdem sitzen zwei hinten in der Taille und je zwei unter der grossen, auf den vorderen Rockflügeln befindlichen Tasche. Die linke Brustseite trägt

Friedrich der Grosse in Uniform.
(Interimsrock der Potsdamer Garde) Rückansicht.
Um 1780.

den in Silber gestickten Stern des schwarzen Adlerordens. Der Rock ist durchweg mit hellrother Seide gefüttert; doch trug der König auch rothes Plüschfutter, wie der in Monbijou aufbewahrte Rock zeigt. Zu bemerken ist noch die von der linken Schulternaht herabhängende silberne Fangschnur mit geflochtenem Achselstück und silbernen Hül-

sen an den Schnur-
enden. Sie reicht
bis in die Taille
hinunter.

Die Schoossweste
besteht aus schwefel-
gelbem Tuche mit
mattgelbem Seiden-
futter. Sie ist kra-
genlos, hat gleich
dem Rocke vier
Schoossklappen und
zwei bogenförmig
ausgeschnittene
Klappentaschen.

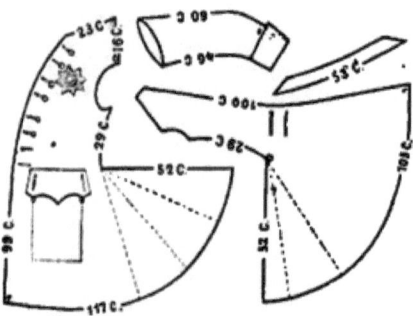

Schnittmuster des von Friedrich dem Grossen um 1780 getragenen Interimsrockes der Potsdamer Garde.

Die Knöpfe sind denen des Rockes gleich; zwölf schliessen die Weste vorn herunter, jedoch nur in einer Reihe, und je zwei sitzen unter der Tasche.

Die Hose von schwarzem Seidenreps, oder wie die in Schloss Monbijou befindliche von schwarzem Sammet, — letztere trug der König mit Vorliebe, — reicht bis unter das Knie; sie wird an der Seite durch vier Knöpfe und ein Knieband geschlossen. Um das Knie wurde ausserdem ein weisser Leinwandstreifen gelegt, die sogenannte Stiefel-Manschette.

Die Stiefel sind von weichem Rindsleder und wurden unter dem Knie zusammengeschoben getragen. Das Fussblatt ist über dem Spann viereckig angesetzt, die Spitze abgestumpft. Ueber dem niedrigen und breiten Absatz in halber Höhe der Ferse sitzt zwar ein Sporenleder, doch trug der König selten Sporen, in seinem Alter überhaupt nicht. Die ursprünglich schwarze Farbe der Stiefel wich sehr bald einem Rothbraun, da der König die Stiefel nie schwärzen oder wichsen liess.

Der schwarze Filzhut zeigt nicht, wie bis 1745, die gleichseitig dreieckige Form, sondern ist nach den Seiten mehr gestreckt; er hat hinten eine gerade Fläche und nach vorn eine leicht erhöhte Spitze. Die Vorderseite ist links noch mit der schwarzseidenen Hutschleife, mit silbernem Cordon und Knopf geschmückt, während in den Krämpen weisse Straussenfedern liegen.

Das Haar trug der König an der Seite vor dem Ohre in viele kleine Locken aufgerollt und hinten in einen bis zur Taille reichenden Zopf gebunden. Von dem feinen, an Jabot und Manschetten reich gestickten Hemd blieb nach obenhin wenig sichtbar, da der König den Hals durch die schwarzseidene, militärische Halsbinde schützte und die Uniform oben bis zum vorletzten Knopf geschlossen trug. Die Manschetten reichten fast bis zu den ersten Gelenken der Finger.

Die gerade Degenklinge mit der Devise ›pro gloria et patria‹ hat ein vergoldetes einfaches Gefäss mit Bügel und Stichblatt, braune Lederscheide und wurde, zwischen dem ersten und zweiten Rockflügel durchgesteckt, schräg nach hinten hängend getragen, während die silber- und schwarzgesponnene breite Scharpe, lose und tief um den Leib geschlungen, vorn auf der linken Seite herunterhing. Die Hände wurden durch gelblederne Handschuhe mit kurzen offenen Stulpen geschützt.

Erwähnt muss noch der historische, nie fehlende Krückstock aus spanischem Rohr mit goldener, emaillirter Krücke und schwarzseidenem Stockbande werden; er vervollständigt das Bild des grössten Helden und Mannes seiner Zeit: des Philosophen von Sanssouci.

F. Sk.

98) FRIEDRICH DER GROSSE

IN BÜRGERLICHER KLEIDUNG. Um 1780.

Von FRANZ SKARBINA.

Das vorliegende Kostüm entstammt ebenfalls einer beglaubig-
ten Berliner Privat-Sammlung von Kleidungsstücken und Reliquien
des grossen Königs aus seinen letzten Lebensjahren; es wurde von
ihm, der sonst ausschliesslich die auf dem vorigen Blatte dargestellte Uniform trug, nur in den frühen Morgenstunden benützt*)
und zeigt gleich jenem Kostüme an der Leibwäsche, dem Sammet
des Rockes und vorn an der Weste die deutlichen Spuren des
Spaniols. In dem Charakter der Tracht finden wir noch die
ganze Eigenthümlichkeit des zweiten Drittels des achtzehnten
Jahrhunderts ausgeprägt. Sie besteht hauptsächlich in der sehr
langen Taille des Rockes, dem Fehlen des Kragens, dem breiten
Rücken, welcher die weit auseinander stehenden Knöpfe in der
Taille bedingt, und den vier gleichmässig grossen Rockflügeln,
die bis weit über das Knie reichen.

Der Rock ist aus rothem Sammet gefertigt, mit gleichfarbigem
Seidenfutter und sammetüberzogenen Knöpfen. Die Aermel sind

---

*) Siehe Felix Eberty's »Preussische Geschichte« (III, 340), wo sich auch eine Notiz findet, dass
diese Sammetrocke Geschenke der Schwestern des Königs oder anderer fürstlicher Damen waren.

eng und kurz, kaum bis zur Handwurzel reichend und an der Schulter rund ausgebaucht. Sie sind von unten bis zur Hälfte des Unterarmes aufgeschlitzt und werden durch zwei unter dem Aufschlage sitzende Knöpfe geschlossen. Der kleine Aufschlag zeigt die offene, spitze (sogenannte schwedische) Form und ist auf der Rückseite mit rother Seide gefüttert.

Friedrich der Grosse in bürgerlicher Kleidung.
Um 1781. Rückansicht.

Der vordere Rockverschluss ist zum Ueberknöpfen eingerichtet; es stehen auf jeder Seite acht Knöpfe und zwar je zwei zusammen. Die Knopflöcher, welche von den Knöpfen bis zum Rande des Rockes laufen, sind mit rother Seide ausgenäht. Eigenthümlich ist die Form der Taschen, welche sich auf den beiden vorderen Rockflügeln befinden. Die Taschen sitzen auf der Mitte der letzteren in gleicher Höhe mit dem untersten Knopfe und gehen in etwas schräger Richtung von oben nach unten; der Rand der Taschenklappe ist mit zwei bogenförmigen Ausschnitten versehen.

Die Weste, welche aus zwei Vordertheilen besteht und so im Rocke angesetzt ist, dass sie mit demselben den Rücken gemeinschaftlich hat und daher mit ihm zugleich angezogen werden musste, besteht aus strohgelber Seide mit eingewebten Seidenblumen und aufgesetzter Silberstickerei. Sie ist, wie der Rock, kragenlos und hat mässig lange, schräg weggeschnittene freie Schoossklappen, welche nicht am Rocke festgenäht sind. Auf den Seiten sitzen zwei bogig ausgeschnittene Taschenklappen. Auch die zehn Knöpfe auf jeder Seite sitzen, wie beim Rocke, je zwei und zwei zusammen, während die langen Knopflöcher mit Seide ausgenäht sind. Die Knöpfe sind klein und haben oben eine silberne Platte, welche mit Silberdraht übersponnen ist.

Die anschliessende Kniehose besteht aus schwarzer Seide und wird an der Seite durch je vier seidenüberzogene Knöpfe und durch ein mit Puschel und Schlinge versehenes Knieband unter dem Knie geschlossen.

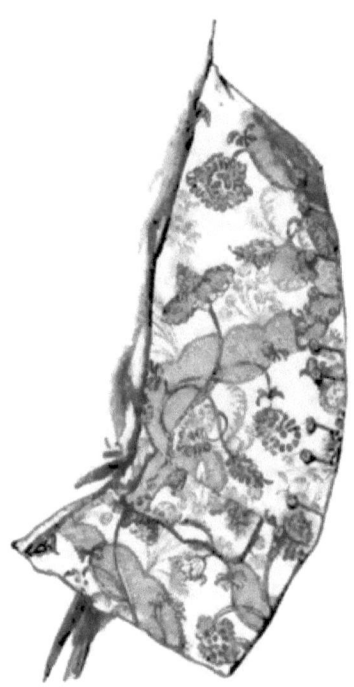

Weste Friedrichs des Grossen.
Geblümter Seidenstoff mit Silberstickerei.

Weissseidene Strümpfe und vorn abgestumpfte Schnallenschuhe mit breiten Absätzen, dazu ein vielgefaltetes, mit reicher Jabot- und Manschetten-Stickerei versehenes Hemd, vervollständigen das Kostüm.   F. Sk.

99) BAUER AUS DEM GUTACHTHALE

IM BADISCHEN SCHWARZWALDE.

Von CARL BREITBACH.

Fällt es uns im Schwarzwalde im Verhältniss zu anderen Gegenden des deutschen Landes immer noch leicht, wirkliche, unverkümmerte Originaltrachten aufzufinden, so gelingt das uns bei den Frauen und Mädchen doch mehr, als bei den Repräsentanten des »starken Geschlechts«. Die Männer und Bursche kommen schon etwas weiter in der Welt herum, als jene, und bringen Manches mit nach Hause, was die Einheit väterlicher Kostüm-Ueberlieferung stört. Ihre Art und Weise, sich zu »tragen«, ist dadurch stark von städtischer Mode angekränkelt, und die Kinder werden sogar überall ganz nach heutiger Art gekleidet.

Unser Mann hier macht jedoch eine Ausnahme. Er ist aus dem Gutachthale, welches bei der Station Hausach der badischen Schwarzwaldbahn, die es in seiner ganzen Länge durchläuft, beginnt und seinen Namen von dem Flüsschen Gutach hat, das in der Nähe von Hausach in die Kinzig mündet. Es ist ein echtes

Schwarzwaldthal: in seinem unteren Theile breit, gras- und obst-
reich, hie und dort einem kleinen Seitenthälchen das Herein-
schlüpfen gestattend; in der Mitte das malerische Hornberg,
zwischen hohen, steilen Bergen, deren höchster und steilster das
Schloss trägt, welches trotz seiner von einem Franzosenangriff
empfangenen Beschädigung noch immer gut erhalten erscheint.
In seinem oberen Verlauf, gegen Tryberg zu, wird das Thal wild
und felsig, so dass es den Namen der »kleinen Hölle« wohl
verdient. Weg und Steg zwängen sich mühsam durch die Felsen,
und sogar der Gutach wird es sauer, ihren Pfad zu finden, so
dass sie alle ihre Kraft zusammennimmt, um in sprudelnden Cas-
caden und Fällen das Gestein zu überspringen. Schwerer freilich
wird es noch der Bahn, sich hier Platz und Herrschaft zu er-
ringen. Der Mittelpunkt des ganzen Thalgrundes ist das Dorf
Gutach, das, auch echt schwarzwälderisch, nicht eng zusammen-
gebaut ist, sondern behaglich breit und weit sich in jenem
ausdehnt.

Die Gewandung des Gutachthaler Bauern ist bis auf Weniges
noch die altüberlieferte, die schon seine Väter getragen haben.
Sein Schuhwerk, feste Schnürschuhe, ist weniger auf gefälliges
Aussehen, als auf Tüchtigkeit und Ausdauer auf den steinigen
Gebirgswegen berechnet. Dazu kommen blauwollene, hohe
Strümpfe, die, unter dem Knie gebunden, bei älteren Leuten
auch noch eingestrickte Zwickel haben, und eine lederne Kniehose, die schon etwas aushalten kann und nicht so bald der Aus-
besserung bedarf. Die Hosenträger sind über der Brust durch
ein Querstück aus buntem, meist grüngestreiftem Gurt verbunden.
Um dieses sehen zu lassen, lässt der Gutachthaler Bauer die mit
Hornknöpfen besetzte Weste offen stehen. Von gleichem Stoffe,
wie diese, nämlich von schwarzem Manchester, mit dem das rothe
Flanellfutter seltsam contrastirt, ist auch der lange, fast mantel-
artig übergeworfene Rock, dessen Schnitt an den in Hessen gebräuchlichen weissleinenen Rock erinnert. Der weisse Hemdkragen
ist über ein lose geschlungenes, in langer Schleife über der Brust

herunterhängendes, rothes Halstuch übergeschlagen, während auf dem Kopfe anstatt des früher üblichen, breitkrämpigen Hutes nun meist der gewöhnliche runde Filzhut ruht.

Friedrich Lampert.

[100)] BAUERNMÄDCHEN

AUS DEM GUTACHTHALE IM BADISCHEN SCHWARZWALDE.

Von CARL BREITBACH.

Dem in der Beschreibung des vorigen Blattes geschilderten Schwarzwaldthale gehört auch das hier dargestellte Landmädchen an. Die robuste Dorfschöne war vom Wetter begünstigt, denn der rothe Regenschirm in ihrer Hand ist noch so fest zusammengedreht, wie sie ihn von Hause mitgenommen. Auch die kirschenähnlich auf dem Hute liegenden Chenille-Puffen scheinen unverletzt und ungenässt. Bei Mädchen sind diese von rother, bei Frauen von schwarzer Farbe, wohl immer in der Zahl dreizehn vorhanden und so arrangirt, dass von einer auf der Spitze des Hutes liegenden die übrigen zu je zwei und zwei strahlenförmig nach dem Rande zu auslaufen. Sie bedecken ein rundes, bastähnliches, durch Farbe und Lack fest verbundenes Geflecht, dem die lang über den Rücken hängenden Bänder von schwarzer Seide ein heiteres Ansehen geben. Ebenfalls schwarzseidene Bindebänder halten diesen Hut noch über einer Kappe von schwarzem Seidenzeuge mit einer breiten Barbe von schwarzem Krepp und grossen Schlingen mit Enden von breitem, schwarzem Seidenzeuge fest. Der Eindruck dieser etwas dunklen Umrahmung des Gesichts wird aufgehoben durch die bunte Seidenstickerei des gefalteten Halskollers und durch die blendende Weisse der Hemdärmel, an welchen bei Wohlhabenden ebenfalls die Handstickerei nicht fehlt. Das Mieder von moosgrünem Sammet hat schmale Achselbänder von gleichem Stoffe, ist ringsum von einer helleren grünen Borte eingefasst, die auch oben um den Halskoller läuft und als Spange über den Achseln das Mieder mit dem Halskoller verbindet. Die Hemd-ärmel fallen glockenförmig und ungeschlossen bis zum Ellenbogen vor. An das auf dem Rücken zusammengenestelte Mieder schliesst sich der gleichfarbige Rock von meist dunklem Wollenstoffe mit ziemlich breitem Besatz an. Die geräumige Schürze, mit breiter, querüber laufender, eingewirkter Borte, ist für gewöhnlich blau-leinen; geht's aber zu besonderer Festlichkeit, so muss auch sie von farbiger Seide sein. Der Fuss steckt in gereiften Strümpfen und ledernen Schnürstiefeln, die bis zum Knöchel reichen und auch bei dem »zarten Geschlecht« sich weg- und wetterhart er-weisen müssen.

Friedrich Lampert.

[191] SÄCHSISCHER BERGMANN.

Um 1600.

Von A. von HEYDEN.

Im ersten Bande seiner »Trachten des christlichen Mittelalters« giebt J. H. von Hefner-Alteneck auf dem Blatte 20 die
Bilder zweier Bergleute, welche
er den Glasfenstern des Münsters zu Freiburg im Breisgau
entlehnt hat, und die von ihm
in das Jahr 1280 verlegt werden. Wenn ich diesen von ihm
gegebenen Abbildungen noch
eine dritte dieser frühesten
bergmännischen Darstellungen
hinzufüge (Fig. 1), so soll dieselbe zeigen, wie den Anforderungen gemäss, welche der
Beruf an die Kleidung des
Bergmannes stellt, die Tracht
desselben sich im Laufe der Jahrhunderte wenig geändert hat.
Der faltige Kittel und der Schachthut sind theilweise bis auf die

Fig. 1.

neueste Zeit gekommen; der Gugel geht bis in das achtzehnte Jahrhundert hinauf und hat sich dann ausschliesslich in die Fahrhaube verwandelt. Die interessante Schürze der Freiburger Bilder, welche, zwischen den Beinen durchgezogen, das Gesäss zu decken scheint, fehlt gerade bei den von Hefner gewählten Gestalten; sie hat sich später in das bekannte Sitzleder ausgebildet. Die Beine der Freiburger Bergleute scheinen mit Lederstreifen umwunden, —

was ebenfalls den Hefner'schen Figuren fehlt, — während man in späterer Zeit sie durch Knieleder schützte; überhaupt scheint mir die gelbe Farbe der Kleidung in den Freiburger Bildern darauf hinzudeuten, dass der ganze Anzug aus Leder gefertigt gewesen sei, wohingegen die Kopfbedeckung, wie Hefner wohl richtig annimmt, ein aus Weiden- oder Buchenzweigen geflochtener Schachthut sein dürfte. Die grüne Farbe des noch heute gebräuchlichen Schachthutes lässt sich wohl auf die Natur-

Fig. 2.

farbe eines ursprünglich dazu verwandten Geflechtes aus Ruthen oder Binsen zurückführen; sie wäre sonst schwer zu erklären.

Fig. 2, einem Anno 1598 zu Nürnberg erschienenen Feldmessbuche*) entlehnt, hat einen kürzeren, braunen Kittel, einen weissen Gugel, hellbraunes Beinkleid und weisse Strümpfe.

---

*) *Methodus geometrica*, gedruckt durch Valentin Fuhrmann. Mit 45 Holzschnitttafeln. (7). XLV S.

Ganz ähnlich sind die Bergleute in Agricola's ›*Res metallica*‹ kostümirt.

Fig. 3 und 4 zeigen uns zwei Bergleute nach Bildern aus dem 1617 zu Zellerfeld gedruckten ›Berichte vom Bergwerk‹ von Löhneiss. Hier ist der Gugel nicht mehr vorhanden, sondern der Kittel selbst mit einer Kapuze versehen, welche der Mann mit der Wünschelruthe (der Ruthengänger, Fig. 4) über den Kopf gezogen hat. Fig. 3 ist aber mit einer langen, knap-

Fig. 3.   Fig. 4.

pen Hose, die sich wie eine Gamasche über den Fuss legt, bekleidet, ganz ähnlich, wie die beiden von Hefner in seinem dritten Bande unter Nr. 57 abgebildeten Bergknappen solche tragen. Auch hier finden wir, wie bei Fig. 2, die Kopfbedeckung weiss. Das Titelblatt zu Löhneiss' ›Bericht vom Bergwerk‹ zeigt ausserdem einen Bergbeamten mit einem fast bis auf die Kniee reichenden Kapuzenkittel als Ueberkleid über einem zweiten Rock, der noch etwas länger ist, und mit ganz ähnlicher Gamaschenhose. Besonders charakteristisch ist das überaus lange, mit seiner Spitze bis an die Waden reichende Leder.

Unser Kostümbild ist der neueren Kanzel des Domes von Freiberg in Sachsen entlehnt, welche, im durchgebildeten Renaissance-Stil gearbeitet, der zweiten Hälfte des sechzehnten Jahrhunderts angehört.

Der Bergmann, wahrscheinlich einen Steiger darstellend, trägt über dem Schachthute, der sein von mächtigem Barte umwalltes Haupt bedeckt, die bereits zur Fahrhaube entwickelte Kapuze; wir sehen also, dass die Fahrhaube neben dem Gugel schon ziemlich früh erscheint. Er ist in die Puffjacke gekleidet, ein ziemlich knappes, mit weiteren Aermeln versehenes Kleidungsstück mit einem kurzen, in dichte Falten gelegten Schoosse, dazu einem puffenartigen Saume an der Brustöffnung und um den Aermelansatz an der Schulter. Das Leder von beträchtlicher Länge wird über der mit vielen Knöpfen geschlossenen Schoossweste gegürtet. Mitunter findet man neben der Gurtschnalle das Leder zu zwei, rechts und links von ihr herabhängenden, langen Lappen erweitert. Vorn ist die Schärpertasche zu sehen, eine feste Ledertasche, in der sich zwei sehr starke Messer (Schärper oder Scherper genannt) befinden; die Tasche ist über die Schnalle des Leders genau in der Art, wie jezt die Patrontaschen des Militärs befestigt werden, geschoben. Häufig hängt neben der Schärpertasche noch ein besonderes langes Futteral herab, vielleicht um den Messstock zu tragen. Die Beinkleider sind im Gegensatz zu der Jacke, welche von braunem oder schwarzem Tuch gefertigt ist, hellfarbig und reichen bis an die Kniee, oder sie gehen gamaschenartig bis auf die festen Schuhe, unter dem Knie nur durch die Knieleder gegürtet, welche diesen Körpertheil bei der oft sehr beschwerlichen Stellung, in welcher der Bergmann seine Arbeit zu verrichten hat, schützen sollen. In heutiger Zeit sind diese Leder fast gänzlich ausser Gebrauch gekommen. In der Hand trägt der Bergmann die Bergbarte, eine Art Axt, welche oft in besonders reicher Ausführung ein Abzeichen für den Beamten bildet; das Freiburger Original trägt die Barte nicht, sondern hebt die Hand zu dem auf dem Kopfe ruhenden Kanzelfusse. Auf dem vielleicht

etwas älteren Altare der Bergleute in der Annakirche zu Anna-
berg tragen die Knappen noch mächtige Schwerter an der Seite.
Auch hier sind die Gugel und Fahrhauben weiss, bei sonst un-
verändertem Kittelschnitte die Beinkleider ganz knapp, einmal
sogar in bunten Streifen, nach Art
der Landsknechte; nur die Knieleder
fehlen überhaupt.

Im Besitze des Herrn Professors
Dr. Lessing zu Berlin befindet sich
eine kleine Holzfigur, einen Bergmann
darstellend, welche, dem siebzehnten
Jahrhundert angehörend, bereits die
breiten, übergreifenden Brustklappen
zeigt, welche die Puffjacke später angenommen und bis auf den heutigen
Tag behalten hat. Wir geben ein
Bild dieser Figur in Nr. 5. Ausserdem hat die Puffjacke hier am Halse
einen Klappkragen, der von der mächtigen Halskrause gedeckt wird. Besonders bemerkenswerth ist der Schachthut, der einen Nackenschutz hat und
auch das Ohr deckt; die Stirnklappe
wird durch ein besonderes Band gehalten. Wir finden hier neben der
Schärpertasche das bereits erwähnte
Futteral. Die Hose scheint bis an das
Knie zu reichen, das Unterbein mit
Strümpfen bekleidet zu sein, so wie es
bei den Harzer Bergleuten noch heute

Fig. 5.

Sitte ist, wenn sie nicht, wie meistens üblich, die Tuchgamasche
tragen, welche seitwärts durch Knöpfe geschlossen wird. Der Schuh
hat eine bis über die Knöchelhöhe reichende Zunge, über welcher
die vom Hacken herkommenden Laschen zugeschnallt werden.

Ich füge endlich hier in Fig. 6 noch die Abbildung eines Bergmannes bei, welche ich auf einem schönen, alten Meissner Kaffee-
und Thee-Service, dem Geh. L.-R. Dr. Keil in Leipzig gehörig,

fand. Die Puffjacke hat sich bereits in den heute gebräuchlichen
Kittel verwandelt, der, vorn offen, die
Weste sehen lässt und durch weisse
Schulterklappen geziert ist; die Beinkleider und Strümpfe sind weiss. Der
Schuh ist ähnlich dem der vorigen
Figur, allein die sehr grossen Knieleder sind am unteren Rande ausgezackt, eine Verzierung, die fast auf
allen Stücken des erwähnten Geschirres
wiederkehrt, mir aber ganz neu ist.
Den Kopf deckt ein niedriger, schwarzer Schachthut mit Stirnklappe, welche
Schlägel und Eisen und an der Seite
ein mir ebenfalls unerklärliches weisses
Kreuz ziert.

Fig. 6.

Eine sehr detaillirte Darstellung aller Grade der Bergbeamten
und Bergleute im achtzehnten Jahrhundert giebt das in Nürnberg
1721 bei Christoph Weigel erschienene Buch »Abbildung und
Beschreibung der sämmtlichen Bergbeamten und Bedienten nach
ihrem gewöhnlichen Rang und Ordnung im gehörigen Berghabit«.
Ein zweiter Theil behandelt in gleicher Weise die Hüttenbeamten.
Obwohl die Abbildungen schlecht und die Gestalten unglaublich
geziert sind, so geben sie doch, namentlich für die Beamtentracht
dieser Zeit, schätzbares Material.

A. v. H.

[102) DEUTSCHER KOCH.

ENDE DES FÜNFZEHNTEN JAHRHUNDERTS.

Von A. von HEYDEN.

Wir finden das vorliegende Kostüm eines Koches auf einem schönen Hautelisse-Teppich im Kunstgewerbe-Museum zu Berlin, der, zur Wandbekleidung bestimmt, die Geschichte der Susanna darstellt. Der Teppich zeigt neben den spitzen Schuhen bereits die breite Abrundung der Fussbekleidung, muss also dem Ende des fünfzehnten Jahrhunderts angehören, wohin auch die übrigen Kostüme der Darstellung weisen.

Unser Koch ist barhaupt, mit einem grossen Kochlöffel in der Hand, und scheint in lebhafter Thätigkeit. Er trägt eine schwarze Jacke mit tiefem, durch einen weissen Latz gedeckten Brustausschnitt. Die Aermel sind kurz und auf der Hinterseite bis zur Hälfte des Oberarmes geöffnet, so dass das weisse Hemd hier hervortritt und durch die weissrothen Bänder, welche die Aermelflügel verbinden, in bauschige Falten gedrückt wird. Merkwürdig sind die auf dem Teppich auch bei anderen Figuren vorkommenden kleinen, rothweissen Schulterpuffen, — vielleicht auch roth, weiss, gelb; die Farbe des Teppichs ist etwas unsicher, — welche

an die im siebzehnten Jahrhundert zuerst auftretenden Schwalbennester über dem Aermelansatze an der Schulter erinnern. Das
Bein ist mit knapper, rother Hose bekleidet, die an der inneren
Seite, wahrscheinlich über der Naht, einen gelblich-weissen Streifen
hat. Die Füsse stecken in schwarzen, wenig zugespitzten Stiefeln,
deren oberer Rand wulstartig übergeklappt ist; auf dem Spann
zeigen dieselben eine Klappe, welche mit einem Knopf geschlossen
wird, ähnlich einer Gamasche, — eine Form, die auch anderwärts
häufig vorkommt; nur ist hier auf beiden Füssen die Klappe nach
Einer Richtung, der rechten Seite, geschnitten.

A. v. H.

103) SPITZENKLÖPPLERIN

AUS DER UMGEGEND VON BRÜGGE, FLANDERN.

Von FRANZ THELEN.

Unsere Kostümfigur, eine alte Bauernfrau, am Klöppelkissen beschäftigt, giebt eine immer seltener werdende Erscheinung wieder. Das Spitzenklöppeln zieht sich mehr und mehr in die Klöster und Armenhäuser zurück, wo die armen Bauernkinder und Waisen, über ihre Spitzen gebückt, die schönen Tage der Jugend vertrauern und ihre hellen Augen und rothen Wangen bei der angestrengten, sitzenden Thätigkeit verlieren. Nur wenige Frauen aus der älteren Generation üben noch die Kunstfertigkeit, welche ehemals die Provinzen Flandern und Brabant reich und weltberühmt machte. Die Tracht ist die allgemeine der flandrischen Bauernfrauen, sowohl des inneren Landes, als auch des Küstenstriches.

Ueber das am Halse viereckig ausgeschnittene Hemd mit kurzen Aermeln zieht die Bäuerin bei rauhem Wetter eine rothwollene Jacke, deren Aermel nicht immer so lang sind, wie bei unserem Modell. Bei schöner Witterung wird diese Jacke weggelassen und das gestreifte Leibchen, welches sie sonst über der

Jacke trägt, gleich über dem Hemde getragen. Dieses Leibchen (*corsage*) ist ebenfalls im Viereck weit ausgeschnitten und mit Achselbändern versehen; es kommt nur von gestreiftem Zeuge vor, entweder engstreifig oder auf weissem Grunde abwechselnd schmal und breit gestreift. Letzteres Muster, von blauer Farbe, wird bevorzugt, besonders von den jungen Fischermädchen an der Küste, die das eng anschliessende Leibchen kokett genug zu tragen wissen.

Am unteren Rande dieses Kleidungsstückes ist ein rund um die Hüften laufender Wulst mit Rosshaar, Seegras oder Werg ausgestopft, über welchem die Röcke gebunden werden, wodurch diesen ein besserer Halt geboten ist. Der Rock, bei älteren Frauen oft von dunkler Farbe und einfarbig, wird gewöhnlich von gestreiftem Stoffe getragen, besonders in den Gegenden nach der Küste zu. Den ganzen Unterkörper bedeckt eine grosse, weite Schürze von blauem Leinen, die unterhalb des Gürtels hinten nochmals zusammengebunden wird. Die wollenen Strümpfe, in der Farbe verschieden, von alten Frauen aber vielfach schwarz getragen, werden an der Fussspitze noch von einer weissen oder gelben Socke bedeckt, und der oft zierlich geschnitzte, meist schwarze Holzschuh vervollständigt die Fussbekleidung. Um den Hals legen die flandrischen Frauen ein weisses Tuch, das die Schultern schützt und mit den übereinander geschlagenen Enden vorn in das Leibchen gesteckt wird.

Charakteristisch ist die Kopfbedeckung der flandrischen Bäuerinnen. Unter der kurzen, immer mit Flügeln versehenen Haube*) tragen die alten Frauen meistens noch eine Untermütze mit glattem Boden und handbreitem Ansatz aus leichtem Stoff, der sich bis zum Ohrläppchen über den Schädel legt, nach dem Boden zu wie

---

*) So billig eine imitirte Spitzenhaube zu kaufen ist, — zu fünfundsiebzig Centimes etwa, — so theuer sind die echten Spitzenflügelhauben, deren Werth bis zu sechzig Francs steigt. Je reicher sich die Frau dünkt, um so mehr verwendet sie für ihre Haube, welche übrigens in den Städten, namentlich in Antwerpen, mit bedeutend längeren Flügeln und höherem Boden getragen wird.

am vorderen Rande gefältelt ist und vorn auch einen hülsenartigen
Einschlag (Zug, Schaube) hat. Durch diesen stecken die Frauen
einen silbernen Bügel, der an der Wange hervorkommt und dort
mit einer aufgeschraubten Perle oder einem silbernen Knopfe geziert
ist. Diese Kappe wird gewöhnlich von der kurzen Flügelhaube
bedeckt, so dass nur der äussere Bügelrand und die Perlen sichtbar bleiben. Der Boden der Haube ist gefältelt, oft aber, besonders von jungen Frauen, so gesteift und festgebügelt, dass die
Falten nicht mehr bemerklich sind; in ihm befindet sich wieder
eine Schaube mit durchgezogenen Bändern, zu dem Zwecke, den
Haubenboden fest um das Haar anzuziehen, worauf die Bänder
oben auf dem Kopfe zusammengeknüpft werden. Ein schwarzes,
breites Seidenband wird über den breiten Vordertheil der Haube
gelegt und im Nacken in eine einfache Schleife gebunden, fest
genug, um sie selbst beim stärksten Winde zu halten, — an der
Küste ein sehr wichtiges Bedingniss.

F. Th.

[104] ALTE FRAU

AUS DEM VINTSCHGAU, TIROL.

Von FRANZ MEYERHEIM.

Wer von Meran an der Töll (Tirol) vorbei westwärts empor-
steigt, immer der Etsch entlang, gewinnt Einblick in ein wohl-
bebautes Thal, das sich, zwischen rauhen Bergen eingeklemmt,
bis gegen die schweizerische Grenze hinzieht; die nahen Ortler-
gletscher im Süden und die Oetzthalergletscher im Norden senden
milchweisse Bäche als kalte Grüsse in die Niederung. Das ist
der Vintschgau, einst ein Spielplatz römischer Cultur und ger-
manischer Sage, jetzt ein stilles, schönes Alpenthal, das dem
flüchtigen Besucher eine liebliche Augenweide und eine angenehme
Erinnerung bietet. Einer meiner Freunde aber, der dort daheim
ist, wird unfroh, wenn er daran denkt. Sein Vater besass einen
Hof bei Göflan; alle Felder lagen rings um das Haus, und darauf
schaffte er mit freudigem Fleisse, als ob keine Etsch vor seiner
Hausthür vorbeirauschte. Und die Etsch rauschte Jahre lang an
dem Damme vorbei, bis sie in einer lauen Juni-Nacht durchbrach
und unter dem Widerhall der Gebirgsdonner den Bauer zum
Bettler machte. Noch stehen die Ruinen des Hauses mitten in
dem wüsten Gerölle.

Wer so im engsten Gegenüber mit den Naturgewalten lebt und schafft, dem werden die Lippen herb und das Gesicht hart, selbst wenn es eine Frau ist, und über den Augen lagert ein trüber Ernst, hinter welchem oft kaum der Sohn die hingebende Herzensliebe entdeckt. So unsere Bäuerin. Der Ehereif an ihrem rechten Mittelfinger ist ihr einziger Schmuckgegenstand, und der reibt sich immer glänzend an dem Rosenkranz. Denn fester an die Religionsübung klammert sich der Mensch, der täglich in Thal und Berg, im Sommer und Winter, dem nahen Tode in's Auge schaut. Heute zumal scheint unsere Bäuerin auf dem Wege zu oder von der Sonntagskirche zu sein, wie das Gebetbuch mit dem weissen Elfenbeinkreuzchen auf ihrem Schoosse verräth, und da nahm sie wohl zugleich von dem Dorfkrämer ein Bündel Waaren mit sich heimwärts, da sie von ihrem entlegenen Hofe schwerlich vor dem nächsten Sonntag wieder herabkommt. Weit ist der Weg, und es ist nicht zu verwundern, dass sie einmal ein Rasterl hält; ›heurig‹ ist sie auch nicht mehr, und das ›Beinlwerk‹ wird schon morsch und alt, sonst trüge sie nicht die ›Fogelkappe‹. Es ist das die schwere Kappe aus dicker, schwarzer Schafwolle, in aufgeworfener Weise gestrickt und oben von einem festen, weissen Gupf geschlossen, welche wie ein riesiger Kerzenlöscher auf dem Kopfe wackelt. Schön ist die Kappe nicht, darum meiden sie die jungen Dirnen; practisch auch nicht, denn sie hilft weder für Sonne noch Regen; aber wo in der Welt hängt das Alter nicht an dem Hergebrachten? Man trägt die Kappe übrigens in verschiedenen Thälern mit anderen Abzeichen; in der Gegend von Innsbruck mit einem goldenen Bortenkreuz und einer Stecknadel auf dem Gupf, anderswo mit weissen Punkten in regelmässigen Zwischenräumen besetzt.

Den Kopf von dem Leibe gliedert das farbige, in unserem Falle schwarz-rothe Halstuch, das gewöhnlich aus Merino oder Thibet, aber auch oft, wenn die Bäuerin wohlhabend ist oder einen braven Sohn in der Stadt hat, aus geblümtem, farbigem Foulard- oder Seidenstoff verfertigt ist. Die Zipfel werden über der Brust gekreuzt und unter dem Leibchen versteckt. Letzteres, in der Landessprache ›Tschoap‹ genannt, ist aus schwarzblauem Tuch und hoch viereckig ausgeschnitten. Scherzweise wird das dicke Kleidungsstück wohl auch ›Schlechtwetterpanzer‹ genannt, denn ein solcher ist ja immer nöthig in einer Gegend, wo man selbst am Juli-Abend das Gletscherlüftchen spürt. Die Hals-öffnung wird im Vintschgau und Passeier mit grünen, wollenen Borten verbrämt, ebenso der Rand der Aermel, welche man im Sommer kurz und mit groben, leinenen Spitzen garnirt trägt. Im Winter aber werden die Aermel durch einen grünsammtnen Stutzen verlängert, dessen Ansatz an den eigentlichen Aermel ein dunkler Pelz verdeckt. Ebenso erhält der Stutzen oft an dem Handgelenk einen Pelzbesatz bis an die Finger.

An das kurze Leibchen schliesst sich ziemlich hoch der weite Rock, der bis an die Knöchel reicht. Der Stoff ist aus selbst-gesponnenem Leinengarn und aus Schafwolle hergestellt; Zettel und Einschlag müssen von verschiedener Farbe sein, also ent-weder eine Zusammenstellung von dunkelroth und blau, oder roth und grün und dergl. bilden. Bei der Verfertigung wird der Rock ringsum in dichte Stehfalten geordnet, und diese werden mit Kraft- und Nadelverbrauch, wie er nur Landschneiderinnen zuzutrauen ist, gut geheftet. Dann wird der ganze Rock stark befeuchtet oder in nasse Tücher eingeschlagen und zwischen zwei Brettern mittelst schwerer Steine acht bis vierzehn Tage gepresst, damit die Falten auch bei dem stärksten Regen nicht aufgehen. Ein solcher Rock, ›Wiefling‹ genannt, kostet der Eigenthümerin wegen des ungeheuren Stoffaufwandes nicht blos fünfzig bis sechzig Gulden bei der Anschaffung, sondern auch, so oft sie ihn anzieht, ein kleines Märtyrerthum von Lasttragen und Leibschneiden; er vererbt sich aber dafür auch, wie ein Kapital, auf Tochter und Enkelin. Trotzdem aber wird der grössere Theil dieses kostbaren Rockes durch die umfangreiche, dunkelblaue Schürze mit engen Falten, welche mit seidenen Bändern um die Hüfte gebunden wird, den Augen der Welt entzogen, weshalb denn auch ökonomische Bäuerinnen

oft ein glattes Blatt aus ordinärerem Stoff vorn in den Rock ein-
setzen. Sie pflegen sogar manchmal die Schürze und die Strümpfe
selbst dunkelblau zu färben; wie? sei mit Gunst verschwiegen.

Vervollständigt wird der Anzug durch ausgeschnittene Lederschuhe und einen respectablen Regenschirm, dessen rother, baum-
wollener Ueberzug an der oberen und unteren Einfassung gelbe
Blumenverzierungen trägt. Wird das messingbeschlagene Holz-
gestell mit den fast fingerdicken Stangen aufgespannt, so gewährt
das breite Dach leicht einem verträglichen Menschenpaare Schutz;
der Tiroler freilich, versorglich wie er ist, nennt es »Familien-
regendach«.

A. B.

¹⁰⁵⁾ ENGLISCHER HERR

IN VOLLEM ANZUGE. 1814.

Nach BERTUCH'S Journal für Literatur, Kunst,
Luxus und Mode.

Das Consulat und das Kaiserreich Napoleon Bonaparte's
machten, wie in den gesellschaftlichen Sitten und in dem politischen
Leben Frankreichs, so auch in der Welt der Mode den Excentricitäten, welche von der Revolution erzeugt und unter dem Directorium zur höchsten Blüthe gelangt waren, ein Ende. Wie der
erste Consul selbst das langwallende Haar, das er als General
der Republik getragen hatte, kurz schnitt, so kam auch in die
Kleidung der ganzen Welt eine grössere Knappheit und Nüchternheit. Das Wilde, Verwegene, Revolutionär-Renommistische in der
Tracht der Männer musste dem Militärisch-Strengen und dem
Höfisch-Eleganten weichen. Der männlichen Tracht der Kaiserzeit gelang es dabei, in der Geschmacklosigkeit die weibliche
(siehe das folgende Blatt) noch zu überbieten. In der Frisur zeigte
sich freilich eine Rückkehr zur einfachen Natürlichkeit. Puder
und Haarbeutel erscheinen, abgesehen von der ceremoniösen
Tracht gewisser Hofämter und der Lakaien, einzig auf den Köpfen
der treu gebliebenen Anhänger des legitimen Königthums, der

Emigrirten, gleichsam als stummer Protest gegen den Usurpator und die neue Ordnung der Dinge. Die beliebteste und allgemeinste Haartracht der Männer wird der kurze, krause, scheitellose, sogenannte ›Tituskopf‹. Diesen bedeckt entweder der runde Hut, der Cylinder, von häufig variirender Form, Höhe und Krämpenbreite, bald der ›französische Hut‹, d. h. der vorn und hinten hoch aufgeklappte, in der Richtung der Schultern, also quer getragene, flache Dreimaster von grotesker Grösse. Die weiche, faltige, enorme Cravate der Revolutionsjahre wird zur hohen, steifen, glatten weissen Halsbinde, von deren unterem Rande abwärts das gefältelte und gekrauste ›Jabot‹ den Ausschnitt der Weste füllt.

Die Kragen der Fracks, sowie der Röcke, der ›Redingotes‹, reichen, wie bei den militärischen Uniformen, bis zum Ohre und über dasselbe hinaus; sie werden immer steifer und hässlicher. Die Taille und der Saum des horizontalen unteren Ausschnittes bleiben noch immer ziemlich hoch. Die breit zurückgeklappten Rabatten der Röcke und Westen kommen mehr und mehr ausser Gebrauch. Die Frackschösse werden kürzer und schmaler als die der neunziger Jahre. Die Aermel bleiben eng und gehen bis über die Mitte der Hand hinab. Nur in der Hoftracht herrschen die mässig breiten Aufschläge mit gestickten Rändern und Knöpfen. Das Beinkleid bewahrt in der Tracht der höheren Stände die kurze Form der Kniehose. Das bis auf den Stiefel reichende Beinkleid, militärischen Schnittes, wird in das bürgerliche Kostüm, der oberen Stände wenigstens, noch nicht aufgenommen. Die tuchene, seidene oder aus Nanking gefertigte Kniehose zu weissen Strümpfen und Schuhen, oder die gelbledernen Hosen zu den Stulpen- oder mit Quasten gezierten Suwarow-Stiefeln bleiben während der ganzen Kaiserzeit auf diesem unteren Gebiete der Tracht herrschend.

In den anderen Ländern Europa's machte unter dem altgewohnten, durch die napoleonische Invasion noch verdoppelten Einflusse Frankreichs die Gesellschaft alle von diesem Lande ausgehenden Moden mit. Nur in England befleissigte man sich einer demonstrativen Abweichung von diesen allbeherrschenden Vorbildern. Freilich beschränkte sich dieselbe mehr auf Einzelheiten und Nebensächliches, und im grossen Ganzen vermochte man sich nicht von den französischen Mustern zu emancipiren. Aber es scheint, dass schon diese Abweichungen genügten, um z. B. in Wien zur Zeit des Congresses den Söhnen Albions, welche sie zur Schau trugen, die Aufmerksamkeit und Verwunderung der Menge in besonderem Maasse zuzuwenden. Dort, wo im October 1814 alle Eleganz und Pracht der Welt in den Salons und auf den Promenaden zusammenzuströmen schien, erregten englische Dandys, wie diejenigen, deren Gestalten unsere Textfigur und unser Kostümbild zeigen, allgemeines Aufsehen. Die erstgenannte Figur zeigt sich in dem damals beliebten Morgenkostüm der Engländer: einem langen ›polnischen‹ Rock aus dunkelgrünem Tuch, mit steifem Stehkragen, über

Englisches Morgenkostüm. 1814.

der Brust mit Schnüren, ›brandebourgs‹, dicht besetzt; dazu ein hoher, runder Cylinderhut mit schmaler, nicht aufgebogener Krämpe, sowie eine den Hals umhüllende, bis unter das Kinn ansteigende weisse Cravate, in eine Schleife geknüpft. Die gelbe, auf der Brust nur schmal geöffnete Weste mit Stehkragen und ohne Brustklappen lässt das einfach quergefältelte Jabot sehen. Lichtgraue, bis zum Ansatz des Spannes reichende Reithosen, die durch lange Sprungriemen unter der Sohle der Stiefel festgehalten werden, vollenden die Tracht; die Hände sind mit gelben, hirschledernen Handschuhen bekleidet.

Der auf dem colorirten Kostümbilde dargestellte Dandy trägt statt des grossen, aufgeklappten französischen Hutes den niederen ›Wellington-Hut‹, und zwar in einer, der bisher gewohnten entgegengesetzten Richtung, so dass die Stellung der beiden Hutspitzen dem Rücken und der Brust entspricht. Dieser Hut zeigt an jedem der beiden Enden, zwischen den hier zusammenstossenden, aufsteigenden Krämpen oder Klappen, eine goldene Quaste. Die Klappen sind wiederholt mit breitem Atlasband besetzt, über welches sich eine goldene Schnur spannt. Der Kragen des Fracks aus braunem Tuch ist bedeutend niedriger geworden, so dass die nur bis zum Kinn gehende, steife weisse Cravate allseitig über ihn hinaus ragt; die Taille reicht tief auf den Rücken hinab; die schmalen Schösse fallen bis auf die Mitte der Wade. Die Aermel sind unten am Handgelenk offen und mit drei bis vier kleinen silbernen Knöpfchen besetzt. Dazu werden chamoisfarbene Kniehosen, weisse Seidenstrümpfe und bis zum Spann reichende Schuhe mit Bandschleifen getragen.

Ludwig Pietsch.

(106) ENGLISCHE DAME

IN VOLLEM ANZUGE. 1814.

Nach BERTUCH'S Journal für Literatur, Kunst, Luxus und Mode.

Die weibliche Kleidung hatte im Anfange unseres Jahrhunderts ähnliche Wandlungen erfahren, wie die männliche. Das griechische Statuen-Kostüm der Madame Tallien und ihrer Nachfolgerinnen unter dem Directorium, mit seinen klassischen Nuditäten und seinen weich fliessenden Falten, erfuhr eine empfindliche Einschränkung, obwohl in demselben nicht etwa eine Umkehr zum Rococo eintrat. Durch jene ›antikisirende‹ Gewandung waren die Frauen alles Wulstigen und Gepufften in der Tracht, wie der langen Schnürleiber und ›Wespentaillen‹ so gründlich entwöhnt worden, dass sich die einstige Liebhaberei in einen Abscheu verwandelt hatte, welcher noch fast ein Vierteljahrhundert nachwirkte und das Wiedereindringen jener alten Formen in die weibliche Mode verhinderte.

Was aber unter dem Kaiserreiche an Stelle des missliebig Gewordenen trat, war noch viel geschmackloser und künstlerisch noch verwerflicher. Die antiken Gewand-Statuen zeigten den neuen

96

›Römerinnen‹ keine ›Taille‹. Damit war aus deren Herzen auch
der Wunsch getilgt, eine solche in ihrer Tracht zur Schau zu
stellen. Sie gürteten ihre Roben höher und immer höher, bis
dicht unterhalb der Achselgrube, und drängten somit die Brust
bis fast unter das Kinn hinauf. An Stelle des reich fliessenden
Faltenrockes à *la grecque* aber liessen sie nun von dem so hoch
angebrachten Gürtel die Robe glatt und eng am Körper hernieder-
fallen. Vorn wurde die Länge des Kleides so gekürzt, dass der
Fuss bis zum Knöchel sich vollständig frei zeigen konnte. Aber
das neue Hofleben mit seinem Ceremoniel und seinem kaiserlichen
Prachtbedürfniss verlangte für den unmöglich gewordenen Reifrock einen Ersatz, welcher den in solchen ›Säcken‹ dahergehen-
den weiblichen Gestalten wenigstens nach Einer Seite hin die Ent-
faltung von Pomp, Fülle und Stoffverschwendung ermöglichen
musste. Dieser Ersatz wurde in der Schleppe gefunden.

Für Büste und Nacken wurde bei dieser Tracht die äusserste
Entblössung Gebrauch. Die Coiffure verlor mehr und mehr von
der bisherigen Freiheit ihrer Behandlung. Die Locken, die sich
eng um den Kopf wickelten, wurden fester und steifer; aber auch
ihr Arrangement blieb im strengen Gegensatz zu den ungeheuerlichen Haargebäuden des Rococo-Geschmacks. Um so grotesker
wirkten freilich die grossen Federhüte und Turbane, welche zum
schmückenden Aufsatz der so frisirten Köpfe dienten. Der Turban
war durch die ägyptische Expedition Bonaparte's bei den Pariserinnen
Mode geworden. Auch der, erst unter dem Kaiserthum bei der
eleganten Damenwelt zur allgemeinen Beliebtheit gelangte Kaschmir-
Shawl dankt seine Einführung demselben kühnen und politisch so
verfehlten Unternehmen.

Neben ihm behauptet sich als leichtere Schulterumhüllung die
schmälere Schärpe aus Crêpe de Chine, von der sich Damen mit
poetischen Neigungen gern umflattert zeigten, um an die ›Corinna‹
der Frau von Staël zu erinnern. Politischen Sympathien dagegen
dankte die Kopfbedeckung ›à *la polonaise*‹ ihre Aufnahme: ein
Toque mit viereckigem Deckel, den ›Krakusen-Mützen‹ nach-

gebildet und hässlich wie fast jedes Stück von den Trachten dieser
Periode, in denen sich der im Rococo noch lebendig gewesene Rest
von künstlerischem Geschmack offenbarte. Als Decoration traten
zur Stickerei, den Falbalas und den Edelsteinbesätzen an den
Kleidern, wie zu den Diademen, Schleiertüchern, Toques und
Turbanen im Haar, mehr und mehr die künstlichen Blumen, deren
Fabrikation um die Mitte des vorigen Jahrhunderts in Frankreich
entstanden, aber erst unter dem ersten Kaiserthum in rechten
Schwung gekommen war. Nun wurden sie vollständig Mode
und gelangten zur massenhaften Verwendung bei den weiblichen
Toiletten.

Die grosse Gesellschafts-Toilette einer englischen Dame, wie
sie unser Bild zeigt, dürfte sich kaum wesentlich durch nationale
Besonderheiten von den Anzügen unterscheiden, welche damals auf
den glanzvollen Festen des Wiener Congresses von den Königinnen
der Mode getragen wurden. Das Haar, welches in der Mitte zur
Stirn hin gescheitelt ist, umgiebt den Kopf mit dicht aufliegenden,
vollen, kurzen Locken und ist unmittelbar über der Stirn und an den
Schläfen mit Rosenbouquets geschmückt. Die Gürtung des an Brust
und Nacken ausgeschnittenen Kleides ist wie in der Frauentracht
der Kaiserzeit bis hoch unter die Achsel hinaufgerückt. Der Rest
eines Leibchens, der so noch übrig bleibt, besteht aus Silberstoff,
ist am Ausschnitt mit Silberspitzen besetzt und hat kurze Bausch-
ärmel von weissen Blonden oder Tüll (Petinet), die mit einer
Silberverzierung eingezogen sind. Ueber den noch immer sack-
artig und nur bis auf die Knöchel herabfallenden Rock aus blassrosa Atlas ist ein zweiter Rock von Tüll oder Blonden gezogen,
der in seiner ganzen Ausdehnung mit einzelnen silbernen Blüthchen
und am Saum breit herauf mit silbernen Verzierungen durchstickt
ist. Die Robe ist unter der Brust mit einer mehrfachen, langen
Silberschnur gegürtet, an deren von der rechten Seite lang herab-
hangenden Enden starke ›Bouillon‹-Quasten haften. Der Ballschuh,
ganz ohne Absätze, ist aus weissem Atlas und vorn auf dem Fuss
mit silbernen Blumen bestickt. Die Arme zeigen sich bis zum

98

Ellenbogen von langen, anscheinend etwas faltig und bequem sitzenden weissen Leder-Handschuhen bekleidet. Die Ohren sind mit goldenen Ohrgehängen, der Hals ist mit einer Schnur grosser Brillanten geschmückt. Die Hand hält den Elfenbeinfächer.

Ludwig Pietsch.

⁽¹⁰⁷⁾ THÜRINGER BAUERNBURSCHE.

Von W. HASEMANN.

In den Ortschaften des Thüringer Flachlandes sowohl wie in denen des Waldes herrscht zur Zeit der Kirmes ein flottes, ausgelassenes Treiben, und wohl nirgend giebt es einen grösseren Gegensatz zu der sonstigen soliden Lebensweise der Leute, als bei dieser Gelegenheit. Drei bis vier Tage lang, auch wohl eine ganze Woche hindurch wird getanzt, gezecht und überhaupt gut gelebt; freilich tobt sich das junge Blut oft so sehr dabei aus, dass es keine Grenzen mehr kennt, und gar zu häufig artet das Tanzvergnügen in eine tüchtige Schlägerei aus. Wir bringen hier einen der sonst recht gutmüthigen Burschen zur Darstellung, der uns als einer der Wenigen, die der alten Volkstracht treu geblieben sind, besonders interessirt.

Im Gegensatz zu der Tracht des älteren Mannes, die in einem langen Rocke besteht, trägt er eine kurze blaue, auch braune oder grüne Tuchjacke, deren Schnitt aber jenem Rocke gleich ist. Zu beiden Seiten des kurzen Schösschens an dieser Jacke befinden sich zwei Taschen, deren Klappen zierlich ausgeschnitten und mit je drei blanken Knöpfen besetzt sind; ebenso ist der Aufschlag der Aermel mit Knöpfen verziert, während vorn jede Seite der Jacke eine

Reihe derselben, dicht nebeneinander stehend und in der Schooss-gegend endend, zeigt. Die häufig bunte Weste hat eine dichte Reihe kleiner Knöpfe und geht bis hoch an den Hals hinauf. Der Hemdkragen wird über die Weste gelegt, und das bunte Halstuch, in einen Knoten geschlungen, hängt mit seinen Zipfeln über die-selbe hinab. Die aus dauerhaftem, naturfarbigem Hirschleder ge-fertigten Kniehosen haben eine breite Klappe, die mit Knöpfen an den oberen Rand der Hose befestigt wird; unten ist die Hose mit ledernen Bändern gebunden. In die blauen Strümpfe sind gewöhn-lich bunte Zwickel genäht, und die schweren Lederschuhe werden auf dem Spann mit grossen Schnallen von Messing geschlossen. Sommer und Winter deckt den Kopf eine Pelzmütze, mit Hasen-, Fuchs- oder anderem Fell besetzt; der Deckel derselben besteht aus schwarzem Sammet. Schliesslich sei noch die kurze Pfeife, ein Fabrikat der Ruhlaer Meerschaum-Industrie, erwähnt, ver-mittelst deren unser Bursch bemüht ist, möglichst grosse Quanti-täten des nur einer bescheidenen Güte sich erfreuenden Werra-thaler Tabaks zu verdampfen.

W. H.

¹⁰⁸ FRAU IN ÄLTERER TRACHT

AUS BROTTERODE IN THÜRINGEN.

Von W. HASEMANN.

In Brotterode, dem ehemals hessischen, jetzt zu Preussen gehörenden Marktflecken am Fusse des Inselsberges, wird noch hie
und da eine hochinteressante, malerische Frauentracht aufbewahrt,
die, früher allgemein getragen, seit einigen Jahrzehnten gänzlich
von der Strasse verschwunden ist. Im Gegensatz zu dem heutigen Anzuge, dem die dunklen Farben ein ernstes Gepräge verleihen, macht jener durch hauptsächliche Anwendung von Weiss
und von lebendigen, aber harmonischen Farben einen freundlicheren
Eindruck.

Von den Kleidungstücken, welche auf unserem Bilde sichtbar
sind, wird zuerst das Leibchen von feinem, weissen Linnenstoff,
an dem die langen, weiten Aermel und der wunderschön gearbeitete Spitzenkragen sich befinden, angezogen. Der untere Theil
der Aermel wird hinaufgeschoben, so dass er noch handbreit unter
den dadurch entstandenen Bauschen sichtbar ist, an welchen die
von baumwollenem, weissem Garn gestrickten »Muffen«, die bis
zur halben Hand hinabreichen, mit einem Bändchen befestigt werden.

Das Leibstück, auf hellfarbigem, seidenem Grunde mit Blumen aus Seide und mit Flittergold bestickt und mit breitem, seidenem Bande eingefasst, ist nur wenig sichtbar. Das Rückenstück, das mit dem ›Falten- oder Zackenrocke‹ zusammenhängt und in ähnlich prächtiger Weise ausgeführt. meist aber mit Silbertressen eingefasst ist, hat an der vorderen Seite der Aermellöcher sechs Oesen, durch die ein orangefarbenes, seidenes Band mit reizendem Goldmuster über die Brust geschnürt wird. Eine Brosche hält den oberen Theil dieses geschnürten Bandes mit dem Spitzenkragen zusammen. Ein buntseidenes Halstuch wird, vom Spitzenkragen theilweise verdeckt, um die Schultern gelegt und fällt mit seinen Zipfeln einfach herab.

Der weite Rock, der, wie noch heute, in unendlich viele, künstlich gebildete, nur fingerbreite Falten gelegt ist, wird ziemlich weit oben, dicht unter der Brust, mit einem breiten Schurzbande festgeschnürt. Den unteren Rand des Rockes ziert ein hellblauer Besatz, der bei festlichen Gelegenheiten verdoppelt wird. Die weissleinene Schürze, deren Bund der Breite des Schurzbandes am Rocke entspricht, reicht bis an den oberen Rand des unteren Besatzes hinab und greift sehr weit um den Rock herum. Die Füsse stecken in weissen Zwickelstrümpfen, zu denen kleine, tiefausgeschnittene Lederschuhe, ›Kommoden‹ genannt, sehr gut passen.

Das aus schwarzem Atlasstoff bestehende Mützchen erinnert an das bekannte hessische Käppchen, ist aber oben breiter geformt; der Deckel, das ›Mützestückchen‹, wird von dem umschliessenden Rande weit überragt und ist besonders schön mit Gold-, Silber- und Glasperlen auf buntseidenem Grunde verziert; mitunter wird diese Verzierung auch aus den verschiedenartigsten Fäden gearbeitet. Vier schwarze Atlasbänder hängen am hinteren Theile des Mützchens so herab, dass die oberen beiden im zweiten Drittel wieder hochgenommen und festgesteckt werden und somit drei gleiche Theile bilden; die beiden unteren werden am Ende hochgesteckt. Zu bemerken ist jedoch, dass diese Bänder bei Kirchgängen ganz auf den schwarzen Mantel von schwerem Stoff herabfallen, um das feierliche Aussehen hervorzuheben. An feinen, silbernen Kettchen hängt ein Halsschmuck, bestehend aus einer goldenen Platte in beliebiger Form, über die sich silberne Ornamente legen; unten sind mit bunten Bändchen verschiedene Gold- und Denkmünzen befestigt. Dieser Schmuck erhöht den Reiz des originellen Kostüms, das merkwürdigerweise bis jetzt noch wenig beachtet worden ist.

W. H.

104) BURGUNDISCHER FÜRST.

Um 1450.

Von JULIUS EHRENTRAUT.

Zu den grössten Schätzen der Berliner Gemäldegallerie gehören drei Bilder Rogiers van der Weyden, der, 1399 zu Tournai
geboren, bis 1464 lebte. Für die Trachtenkunde sind alle Darstellungen der niederländischen Künstler ihrer Treue und sorgfältigen Ausführung aller Details halber von höchster Wichtigkeit;
Rogier van der Weyden steht in dieser Hinsicht neben den beiden
van Eyck obenan. Von seiner Hand finden wir auf dem Flügel-
altar (Nr. 535 des Berliner Museums) im Mittelbilde eine Anbetung
des Kindes, der sich auf dem rechten Flügel eine Darstellung der
Anbetung der Könige, auf dem linken Flügel die der Sibylle von
Tibur anschliesst. Die Sibylle (siehe das nächstfolgende Blatt) zeigt
dem Kaiser Augustus die Erscheinung der Jungfrau Maria mit dem
Kinde, nach einer alten Legende, welche sich auf die Gründung
der Kirche Santa Maria Araceli auf dem Capitol zu Rom bezieht.

Unser Kostümbild giebt aus dem letzterwähnten Gemälde die
Gestalt des Kaisers Augustus wieder. Der Kaiser ist mit der
höchst eleganten burgundischen Tracht zur Zeit des Künstlers
angethan. Eine weite, ärmellose Hoike von violettem Sammet

bedeckt die ganze Figur. Am Halse und am Arme tief ausgeschnitten, ist sie beiderseits von der Hüfte abwärts weit geöffnet,
um das reiche Unterkleid und das Bein zu zeigen. Alle Säume
der Hoike sind mit reichen perlen- und edelsteinbesetzten Borten
geziert; am Rücken und wahrscheinlich auch vorn auf der Brust
schliesst ein breites, reich verziertes Stück Goldstoff den weiten
Ausschnitt.

Unter der Hoike wird ein Trappert von Goldbrocat mit ein-
gewebtem, rothem Sammet-Ornament sichtbar, ein herrliches Klei-
dungsstück von königlicher Pracht. Dasselbe reicht bis an das
Knie, hat weite, kurze Aermel und ist mit braunem Pelz verbrämt;
es dürfte dem Körper nicht ganz glatt anliegend, wohl aber mit
Taillen-Einschnitt und auch vorn und hinten mit einigen festen
Falten zu denken sein. Das Muster des Stoffes ist von unserem
Künstler so genau als möglich wiedergegeben worden.

Unter dem Trappert muss, nur durch die engen, rothen
Aermel gekennzeichnet, noch ein ziemlich knappes Wamms (die
Schecke) von einfarbigem, rothem Stoffe getragen worden sein,
mit der gleichzeitigen Bestimmung, die Beinkleider, welche zu
diesem Zwecke am oberen Rande Nestel oder Oesen hatten*),
durch am unteren Saume befindliche Bänder zu halten. Von
gleicher Farbe (roth) sind die Beinkleider und die spitzen Schnabelschuhe, deren schwarze Sohle wir sehen, wenn wir nicht vielleicht
hier überhaupt keinen Schuh, sondern nur das mit Ledersohle am
Fuss-Ende versehene Beinkleid vor uns haben. Ein besonders
reiches Schmuckstück bildet der die Hoike zusammenfassende
Gürtel, aus goldenen, vertieften Schildern bestehend, zwischen
denen je sechs Goldperlen die Verbindung herstellen. Der Kaiser
schwingt in der Hand ein gothisches Rauchfass von schönster
Form; in der linken aber hält er einen blauen Sammet-Hut, mit
Marderpelz besetzt, dessen Schmuck eine aus vier Bügeln bestehende, sehr zierliche Krone bildet. A. v. H.

---

*) Die jetzt gebräuchlichen Hosenträger sind eine Erfindung der ersten Tage dieses Jahr-
hunderts.

[110] BURGUNDISCHE FRAU.

Um 1450.

Von JULIUS EHRENTRAUT.

Der im 109. Blatte gegebenen Darstellung des Kaisers Augustus aus dem herrlichen Altarbilde Rogiers van der Weyden lassen wir nun die Gestalt der Sibylle von Tibur folgen. Auf dem Originalgemälde legt dieselbe eine Hand auf die Schulter des Kaisers, während sie mit der anderen auf die himmlische Erscheinung weist.

Die Gestalt ist sehr einfach angethan. Ueber ein dunkelblaues Kleid, das allein durch die knappen Aermel und einen schmalen Streif am Halse wahrnehmbar wird, ist ein weiter, grünbrauner Rock ohne Taille gezogen, dessen reiche Falten sich auf den Boden legen und eine mässig lange Schleppe bilden. Der Rock ist vorn am Halssaume, welcher ebenso wie der untere Saum und die kurzen, engen Aermel mit weissem Pelz verbrämt ist, in zwei bis drei Falten angeheftet, wahrscheinlich auch in gleicher Weise auf dem Rücken; er dürfte übrigens ganz mit Pelz gefüttert sein, — eine damals viel häufiger als heute vorkommende Sitte, weil die schlechtere Erwärmung der Zimmer und der unzu-

reichende Verschluss der Wohnräume gegen Wind und Wetter
wärmere Kleider nöthig machten.

Auf den Schultern, durch je ein aus Perlen und Rubinen
gebildetes Kleinod festgehalten, liegt ein grüner Mantel von derselben Farbe wie das Kleid, nur mit einem schmäleren Goldbesatz
geziert, der am unteren Rande aus gothischen Buchstaben, scheinbar ohne Bedeutung und Zusammenhang, gebildet ist.

Auf dem Kopfe der Sibylle sehen wir einen turbanartigen
Aufsatz, der die Haare vollständig verdeckt. Ueber einer festen,
vorn an der Stirn durch eine goldgestickte Schnebbe allein erkennbaren Haube ist eine Wulst aus feinen, weissen, langen Tüchern
gebildet, welche, vom Nacken her mehrfach kreuzweis übereinander gelegt, bei der letzten Wendung einen Nackenschleier bilden.
Von einem Ohr zum anderen, durch eine auf dem Original erkenn-
bare Stecknadel an dem Kopfsputze befestigt, hängt dann ein feines
Kinntuch, welches wohl der, im dreizehnten bis sechzehnten Jahrhundert in Deutschland immer wiederkehrenden Rise entspricht,
nur dass letztere das ganze Kinn, selbst den Mund umhüllt. Auf
dem vierten Finger der rechten Hand trägt die Sibylle einen einfachen Goldreif.

A. v. H.

(111) SLOVAKE

AUS DER GEGEND VON KASCHAU.

Von PAUL THUMANN.

Das Land der Slovaken nimmt den nordwestlichen Theil Ungarns am Südabhange der Karpathen ein und reicht von Mähren im Westen bis über die Städte Eperies und Kaschau im Osten hinaus. Der sanfte, schmiegsame, arbeitsame Volksstamm der Slovaken wohnte schon vor Ankunft der Ungarn im Lande und besteht wahrscheinlich aus Resten der Bewohner des alten grossmährischen Reiches. Aber auch im übrigen Ungarn wohnen zerstreut einige Gruppen von ihnen, so bei Gödöllö, dem Lieblingsaufenthalte der Kaiserin von Oesterreich, bei Stuhlweissenburg, ferner jenseits der Theiss bei Nyeregyhaza, dann südöstlich an der Körösch und zwischen Theiss und Marosch, sowie sehr vereinzelt an der Militärgrenze.

Das Haus der Slovaken ist ein Blockhaus aus unbehauenen Fichtenstämmen, mit Stroh gedeckt. Die kleinen Gebäude sind mit der Giebelseite, an der sich nebeneinander zwei kleine Fenster befinden, den breiten Strassen zugekehrt; sie gleichen sich wie ein Ei dem anderen und sind charakteristisch für die slovakischen Ortschaften.

Die Slovaken sind Eines Stammes mit den Czechen und Mähren, deren Sprache sie auch reden, wenngleich dialektisch verschieden. Man findet unter ihnen, trotz des elenden Lebens, das sie führen, viele kräftige und schön gewachsene Männer mit breiter Brust und stämmigen Gliedern; doch fehlt es auch nicht an kleinen, zierlichen Gestalten.

Das Wandern ist des Slovaken Lust; alljährlich ziehen Tausende und aber Tausende in die weite Welt hinaus, um hauptsächlich dem Hausirhandel obzuliegen. Namentlich lernen wir sie als Drahtbinder kennen, die mit ihren Mäusefallen ganz Europa durchwandern und in Wien und Berlin, ebenso wie in Paris und London angetroffen werden, ja selbst bis nach Asien hinein sich verirren. Bei ihrer Genügsamkeit kehren sie meist nach Jahresfrist, »mit fremden Schätzen reich beladen«, in die Heimath zurück.

Die Kleidung dieser Topfstricker besteht in einem kurzen, groben Hemde von ziemlich grauem Leinen und grauweissen Beinkleidern aus einem derben, filzähnlichen Tuche, welche an den Waden und Knöcheln eng anliegen und daselbst durch messingene Heftchen zusammengehalten werden. Ein grosser, runder Filzhut mit breiter Krämpe, gegen Regen wie Ungeziefer durch eine Kruste von Schmutz und Fett in gleicher Weise gefeit, bedeckt den Kopf; derselbe hat in der Kaschauer Gegend die eigenthümliche, sonst nirgends anzutreffende Form, wie auf unserem Bilde zu sehen. Die Vorliebe der slavischen Völker für grellen Putz spricht sich auch in dem aus vielen bunten Bändern, Federn und künstlichen Blumen bestehenden Schmucke des Hutes aus. Die slavischen Bundschuhe, Botschkor oder Opanken genannt, dienen als Fussbekleidung. Oft sind die Tuchbeinkleider mit schwarzwollenen Schnüren besetzt, wie unsere Abbildung zeigt, welche einen jungen Burschen vorstellt, der schon etwas von der Cultur der grösseren Städte beleckt ist. Derselbe gestattet sich denn auch den Luxus einer blauen, roth eingefassten und mit Metall-Knöpfen besetzten Tuchweste und hoher Stiefeln; ja selbst das

Taschentuch ist vorhanden, aber wohl mehr zur Zierde, denn zum Gebrauch.

Bei den wohlhabenden Bauern ist der kurze Mantel, Gunia genannt, welcher gewöhnlich aus braunem Filztuche besteht, von dunkelgrüner Farbe und mit Schnüren besetzt. Ein dicker, harter Ledergürtel, wohl einen Fuss breit, fehlt auch bei dem slovaki-schen Bauer selten. Dieser kann den Gürtel nicht entbehren und hat sich so an ihn gewöhnt, dass er sich ohne ihn nicht behaglich fühlt. An dem Gürtel hängen Stahl und Stein, eine hölzerne Tabakspfeife und ein Tabaksbeutel. Zugleich dient der Gürtel als Tasche, in welcher der Slovake Messer und Gabel, sowie sonstige kleine Habseligkeiten unterbringt. Eine eiserne Axt an langem Stiele, Valaska genannt, dient ihm als Wehr und Waffe, wie als Wanderstab. Nur selten trifft man ihn ohne diese Waffe, die er sehr geschickt gegen Menschen wie gegen Thiere zu hand-haben versteht.

H. Obst.

[112] SLOVAKIN

AUS DER GEGEND VON KASCHAU.

Von PAUL THUMANN.

Die Frauen der Slovaken können sich im Allgemeinen nicht die schönere Hälfte des Geschlechtes nennen, obgleich es auch unter ihnen recht hübsche Gestalten giebt. In ihrem ganzen Wesen sind die slovakischen Frauen aber sehr angenehm und hinterlassen einen guten Eindruck. Sie sind stets freundlich und gegen Fremde artig und zuvorkommend; dabei halten sie streng auf gute Sitte und Zucht. Aus ihren Zügen spricht eine gewisse Gutmüthigkeit, die zwar auch den Männern eigen, jedoch in deren Physiognomie weniger ausgeprägt ist.

Während die Tracht der Männer sich überall gleicht, ist die Kleidung der Weiber fast an jedem Orte eine andere.*) Ueber-einstimmend ist fast nur das weisse Hemd, über dem ein eng an-liegendes Mieder getragen wird, welches in dem einen Dorfe von

---

*) Es ist fraglich, ob dieses Kostüm aus dem Norden von Ungarn, ebenso wie die auf dem vorigen Blatte dargestellte Männertracht, nicht als von deutscher Tracht beeinflusst zu be-zeichnen wäre. Das slovakische Gebiet zwischen der Tatra und Kaschau ist eine Art Insel, im Norden durch ausgesprochen polnisches Kostüm, im Süden durch slovakisches und ungarisches Kostüm begrenzt, welche unverkennbar deutschen Einfluss zeigt.

P. Th.

rother, in dem anderen von grüner Farbe ist, bald mit einem
schwarzen, weissgeränderten Bande, bald mit Tressen besetzt.

In vorliegendem Falle ist das grüne, wollene Mieder derart
mit breiter Goldtresse besetzt, dass von dem Stoffe nur noch
ebenso breite Streifen sichtbar bleiben; die äusseren Ränder, wie
auch die Schulterlinie, zeigen eine schmale, rothe Einfassung. Auf
der Brust wird das Mieder durch ein grün und goldenes Band
verschnürt.

An das Mieder schliesst sich ein wollener Rock an, meist
von dunkler Farbe, über welchem in der Kaschauer Gegend eine
grosse, breite Schürze aus schwarzem Glanzkattun getragen wird,
zierlich in Falten gelegt und fast den ganzen Rock bedeckend,
so dass dieser nur hinten sichtbar ist. In anderen Theilen der
Slovakei sind jedoch die Schürzen von weisser Leinewand.

Auch die eng anliegenden Beinkleider
der Männer findet man oft bei den Weibern,
dazu ausnahmsweise Stiefeln und nicht Bundschuhe, wie bei den Männern.

Das Haar wird von den Jungfrauen
glatt gekämmt und in zwei Zöpfe geflochten
getragen, welche nach hinten herabhängen.
Bei feierlichen Gelegenheiten schmückt ein
Kopfputz das Haupt, bestehend aus einem
Zopf von rothem Tuche, der, von einem
bunten, über die Stirn gehenden Bande gehalten, auf den Haaren liegt. An diesem
Tuchzopfe ist oben eine Art Krone von
Metallfäden befestigt, während an der Seite
Schleifen von Silberzindel, mit farbigen
Streifen untermischt, angebracht sind. Nach
hinten hängen von dem Kopfputze eine Anzahl verschiedenfarbiger breiter Bänder herunter, welche von dem Schürzengurt ein-
gebunden werden und bis über die Knie-

Slovakin
aus der Gegend von Kaschau
Rückansicht.

kehlen herabreichen, so dass der wollene Rock, welcher vorn und an der Seite unter der Schürze verborgen ist, auch hinten von diesen Bändern fast ganz bedeckt wird und nur unten ein wenig sichtbar ist.

Unsere Slovakin hat ein Taschentuch in der Hand, wohl eine Segnung der grösseren Stadt, mit deren Sitten und Gebräuchen die Slovaken der Umgegend nach und nach bekannt werden, wenn sie auch sonst ziemlich schwerfällig sind und den Fortschritten der Civilisation nur langsam Eingang gewähren.

H. Obst.

113) DEUTSCHER FÜRST.

Um 1480.

Von A. von HEYDEN.

Das vorliegende Kostüm und eine ganze Reihe nachfolgender ist, wie auch schon das auf dem 66. Blatte gebrachte, den Bildern Michael Wohlgemuth's († 1519) entlehnt, welche den Huldigungssaal des Rathhauses von Goslar schmücken. Die Gestalt stellt einen römischen Kaiser dar, den Meister Wohlgemuth sich nur in Tracht und Gestalt seiner Zeitgenossen denken konnte. So unhistorisch solche Auffassung ist, so bleiben diese Schöpfungen für die Kostümkunde doch um so werthvoller.

Unsere Figur trägt eine hohe Krone mit rothem Hut, für welche dem Künstler jedes Vorbild gefehlt hat; sie ist eine Ideal-Schöpfung. Die Haare haben den Schnitt, wie er von Kaiser Max getragen wurde. Eine lange, pelzverbrämte Schaube von gelbem, roth schillerndem, schwerem Seidenstoffe verdeckt die ganze Figur, so dass nur die mit hohen, schwarzen, vorn rund abschliessenden Schuhen bekleideten Füsse sichtbar bleiben. Ueber der Schaube liegt auf den Schultern wie ein Kragen ein kürzerer Mantel, der auf der Brust mit einem Fürspann von Gold geschlossen ist. Dieser Mantel scheint, als Rad geschnitten, in Falten an das Halsstück geheftet zu sein, und hat unterhalb der Schulter eine durch goldene Schnüre festgebundene Klappe, welche vielleicht einen Armschlitz decken soll; aber auch auf der Brust scheint ein durch drei goldene Knöpfe geschlossener Handschlitz vorhanden zu sein.

Der Mantel ist von braunem Stoff und grün gefüttert; während ihn durchgehend etwa acht Centimeter vom Rande ein breiter schwarzer Besatz ziert, der auch den Handschlitz umgiebt, hat die grosse Armklappe einen doppelten Besatz, und zwar den breiteren Streifen dicht am Rande.

Das Scepter hat die Form des späteren goldenen Scepters der deutschen Reichskleinodien,*) bemerkenswerth durch die in einander geschobenen Eichenblätter, welche den Knopf bilden.

A. v. H.

*) Siehe: Bock, Die Reichskleinodien (Wien 1864), Tafel II. Fig. 4.

(14) VORNEHME DEUTSCHE FRAU.

Um 1480.

Von A. von HEYDEN.

Neben den Kaisern (siehe das vorige Kostüm) hat Michael
Wohlgemuth im Huldigungssaale zu Goslar die Sibyllen gemalt,
denen bereits das auf dem 66. Blatte gebrachte Kostümbild angehört. Die vorliegende Figur ist wieder eine dieser Sibyllen,
und einige weitere derselben werden wir gelegentlich nachfolgen
lassen. Wir haben den Gestalten nur die breiten Spruchbänder
genommen, welche den Namen der Sibyllen tragen, im Uebrigen
aber uns keine Aenderung erlaubt.

Die schöne Frau auf unserem Bilde trägt eine hohe, gold-
verzierte Haube mit einem schleierartigen Ansatze,*) welcher das
Gesicht und die breiten, bis unter das Ohr reichenden Flechten

---

*) Es ist dieser sichtbare Schleier wahrscheinlich eine gestärkte Unterhaube, welche im
XIV. und XV. Jahrhundert eine allgemeine Kostümform bildete; sie diente in Frankreich und
Burgund zur Befestigung des abenteuerlichen Kopfputzes, des Hennin, um dessentwillen z. B.
die Thüren des Schlosses von Blois erweitert werden mussten. An sich sind diese feinen Stirnschleier, welche einen leichten Halbschatten auf den oberen Theil des Gesichtes werfen, in
dem der Glanz des Auges um so wirkungsvoller erscheint, nicht unkleidsam.

                                                        A. v. H.

beschattet. Wo die letzteren aufgesteckt sind, ist ein Kleinod an den Schläfen angebracht.

Das weit ausgeschnittene Oberkleid ist von brauner Farbe, Brusttheil und Rock getrennt; letzterer, unter einem goldenen Gürtel faltig an das Leibchen geheftet, hat eine lange Schleppe. Die Aermel sind weit und reichen mit breitem Aufschlage bis an das Handgelenk.

Der grüne Stoff, mit welchem der Rock gefüttert ist, tritt an den Aufschlägen des Halsausschnittes und an den Handgelenken hervor. Ein Besatz von schwarzem Sammet läuft am unteren Saume des Rockes hin und umfasst den Brustausschnitt. Wohl-gemuth's Original·Gemälde hat diesen Besatz auch auf der inne-ren Seite der Schleppe, von der man nur das grüne Futter sieht. Es ist dies eine künstlerische Licenz, welche ihren Grund in dem Wunsche hat, dem Faltenwurfe der Schleppe auf dem Bilde einen dunklen Abschluss zu geben. Der Besatz, wenn er in der That auch auf die Innenseite übergriffe, müsste auch in den Falten zu sehen sein, was aber nicht der Fall ist.

Unter dem braunen Gewande trägt unsere Dame ein rothes, faltiges Kleid, welches über dem Brustausschnitte und unter den zierlich gehobenen Falten des Oberkleides hervortritt und einen goldenen Besatz zeigt. Ein reicher Schmuck von Halsketten, von denen die schwerere sich merkwürdigerweise in dem Brustaus-schnitte des Obergewandes verbirgt, ziert den Hals.

Die Schuhe sind roth und haben die runde Form, deren wir noch bei den weiteren männlichen Kostümen dieser Reihe Er-wähnung thun werden.

A. v. H.

(115) BAUER AUS HITTERDAL

IN THELEMARKEN, NORWEGEN.

Von VINCENZ ST.-LERCHE.

Thelemarken ist eine ausgedehnte Gebirgslandschaft des südlichen Norwegens, im Stift Christiansand gelegen, von ca. hundert
norwegischen Quadratmeilen Flächenraum und mit ungefähr fünfzig-
tausend Einwohnern, die in den tiefer gelegenen Gegenden sich
von Ackerbau und dem Ertrage der Forsten, in den höheren von
Viehzucht, Jagd auf der Hochebene und Fischerei in den fisch-
reichen Gebirgsseen ernähren.

Es ist ein ungewöhnlich schöner Menschenschlag, welcher
Thelemarken, besonders die Gebirgstheile desselben, bewohnt. In
der Nähe der Städte hat natürlich die Cultur, wie überall, sowohl
den ursprünglichen Charakter als auch die äussere Erscheinung der
Leute entstellt. Die alten Trachten haben sich sonst in Thelemarken zum grossen Theile erhalten. Sie zeichnen sich, bei son-
stiger Verschiedenheit in Schnitt und Farbe, im Allgemeinen
durch die kurze Taille, — ohne Zweifel eine Reminiscenz aus
dem XVI. und XVII. Jahrhundert, — und die reiche Buntstickerei aus.

Unser Bild stellt einen älteren Mann aus Hitterdal in seiner Wohnstube dar. Die sehr kurze Jacke, die im Rücken, wie aus der Text-Illustration zu ersehen, in zwei Falten heraussteht, ist aus weissem, dickem Wollenstoff, den die Bauern selbst weben, gefertigt und grün eingefasst. Der grüne Kragen und die gleichfarbigen Aermelvorstösse sind mit zierlich aufgenähter Stickerei besetzt, ebenso die breiten und spitzen Aufschläge an der Brust und die hoch unter den Achseln sitzenden Taschen. Beide Vordertheile der Jacke haben eine dichte Reihe silberner Knöpfe von reicher Filigran-Arbeit; auch die Weste wird mit solchen Knöpfen, aber in kleinerer Form und aus Gold gefertigt, geschlossen. Eine uralte, heimische Industrie der norwegischen Bauern, hat sich diese Filigran-Kunst durch das Mittelalter hindurch in den Gebirgsthälern erhalten, bis sie in den fünfziger Jahren von speculativen Köpfen aus der Hauptstadt »entdeckt«

Bauer aus Hitterdal in Thelemarken, Norwegen.
Rückansicht.

und zu einem lucrativen Mode-Artikel erhoben wurde. Die kurzen Kniehosen von dunklem Tuche, schwarz oder grau, die mitunter auch, den Nähten entlang, bunte Wollen-Stickerei haben, zeichnen sich nicht gerade durch guten Sitz aus. Am Knie sind zwei Schnallen und eine Reihe Knöpfe zum Schluss bestimmt. Neben

diesen Kniehosen werden jetzt aber auch lange, unmässig weite
Beinkleider getragen. Die Strümpfe von dicker Wolle, weiss und
blau, sind in schönen Zwickeln gestrickt. Schwere Lederschuhe
bedecken die Füsse.

Die ganze Ausstattung der Wohnstube ist eine durchaus
national · norwegische. Die aus einem Baumstamm ausgehöhlten
Sessel, der Eckschrank mit der Bibel, mit dem ererbten silbernen
Humpen und der Schnupftabak·Flasche, der massive Tisch und die
hübsch geschnitzte ›Tine‹, — ein hölzernes Gefäss mit abhebbarem
Deckel, zum Verwahren von allen möglichen Dingen, — Alles
deutet auf den Wohlstand des Besitzers.

V. St.·L.

¹¹⁶ MÄDCHEN AUS HITTERDAL

IN THELEMARKEN, NORWEGEN.

Von VINCENZ ST.-LERCHE.

Im Herbst, wenn in Christiania die grossen landwirthschaftlichen oder Vieh-Ausstellungen abgehalten werden, begegnet man in den Strassen nicht selten einem höchst sonderbaren Aufzuge: vier, fünf Mädchen in einer Reihe, die sich bei den Händen gefasst haben und so die ganze Strasse einnehmen. Es sind dies Mädchen aus Hallingdal oder Hitterdal in Thelemarken, durch ihre kurze Taille, ihre steifen, abstehenden Röcke und wunderbaren Strümpfe ein Gegenstand des Staunens für Jeden, dem diese Tracht neu ist, das sich jedoch meist in Bewunderung verwandelt, wenn man die reizenden Gesichter gewahr wird, die oft aus diesem monströsen Kleidergebäude herausblicken.

Die Tracht bedarf keiner Erklärung; sie ist eigentlich nur ein Rock, der über den Schultern mit Bändern getragen und unter der Brust mit der sogenannten ›Linde‹, einem selbstgewebten bunten Bande, zusammengehalten wird. Darunter noch ein Rock mit buntem Besatz, noch ein dritter, — wie viele ferner noch, kann ich nicht genau angeben; aber, dem Umfange nach zu urtheilen, folgen noch verschiedene. Die Schürze ist in der Regel von Seide, mit einem bunten Besatz nach unten. Die Strümpfe werden von Tuch genäht und mit Buntstickerei, oft in den feinsten, stilvollsten Mustern verziert; der niedliche Fuss steckt in schweren, aber gut gearbeiteten Schuhen, deren Form noch aus

Frau aus Hitterdal in Thelemarken, Norwegen.

der Zopfzeit stammen mag. Jetzt werden dieselben leider verdrängt durch moderne Zugstiefel, die von den häufigen Stadtbesuchen mitgebracht werden und zu den dicken Strümpfen äusserst komisch aussehen. Ueber das Hemd, das vorn mit der nationalen ›Sölje‹, einer Brosche aus Silber-Filigran, zusammengehalten wird, und dessen lange, bauschige Aermel das Handgelenk fest umschliessen, kommt bei kaltem Wetter noch eine kurze Jacke, die gerade bis unter die Brust reicht, oft von rother Farbe und mit buntem oder schwarzem Besatz, auch mit langen Aermeln ausgestattet. Die verheiratheten Frauen tragen statt des mit rothen Bändern durchflochtenen unbedeckten Haares eine seidene dunkle Mütze, mit buntem Seidenband besetzt. Diese Mützen erinnern in der Form an die sogenannten ›Flatusen‹ unserer Urgrossmütter, von denen sie wohl auch ihren Ursprung herleiten.

Die Kirche im Hintergrunde unseres Kostümbildes ist die von Ryjen in Hitterdal, ein höchst interessantes Beispiel norwegischer Holzarchitektur aus der ersten christlichen Periode im elften und zwölften Jahrhundert.

V. St.-L.

[17)] INCROYABLE.

ZEIT DES DIRECTORIUMS (1795—1799).

Von FRANZ SKARBINA.

Eine Revolution, welche, wie die grosse französische, das Königthum und den alten Feudalstaat zertrümmerte und das ganze sociale Gebäude, die Zustände, Anschauungen, Sitten und Lebensformen der Gesellschaft von Grund aus umgestaltete, musste nothwendig auch durchgreifende Veränderungen in den bis dahin herrschenden Geschmacksrichtungen und somit in den Moden und Trachten veranlassen.

Alles, was dem, unter dem Königthum im achtzehnten Jahrhundert dominirenden, französischen Kostüm eigenthümlich gewesen war, wurde von den Vernichtern der legitimen Monarchie in den Bann gethan. Indem man der angeblichen ›Unnatur‹, wie der Zustände, so auch der Trachten, den Krieg erklärte, entäusserte man sich zugleich des graziösen Geschmacks und des auf den feineren Anstand im Benehmen nicht einflusslosen Zwanges, den jene Moden mit sich brachten. Eine Verwilderung der nun tendenziös vernachlässigten äusseren Erscheinung, der Männer zumal, war die natürliche Folge. Seltsam bleibt es dabei freilich, dass gerade der blutige Dictator der Schreckenszeit, welcher die Ideale des jacobinischen Sansculottismus zu realisiren schien, dass Robespierre, im Gegensatze zu seinen Parteigenossen und Werkzeugen, nie einer peinlichen Sauberkeit und einfachen Eleganz der Tracht und einem, den abgeschafften Moden wenigstens verwandten Kleiderschnitte untreu werden mochte.

Mit dem Sturze der Schreckensherrschaft, der politischen und socialen Tyrannei der Jacobiner und Sansculotten, tritt auch in den Moden und Trachten die Reaction ein, ohne dass man sich indessen wieder zum alten Regime zurück gewendet hätte. Die Frauen wählten nach dem Vorgange der Madame Tallien das ›griechische Kostüm‹, welches die klassische Nacktheit kaum verbarg und statt der republikanischen Einfachheit die Ueberladung des Haares, der Brüste, der Arme, des Gürtels mit Juwelenschmuck, ja sogar — der Fusszehen mit Ringen, herbeiführte. Bei den männlichen Trachten bleibt zwar noch immer ein Zug von phantastischer Wildheit aus der Sansculotten-Zeit zurück. Aber zu der Tracht des gemeinen Volkes einen scharfen Gegensatz zu bilden, wurde doch das Bestreben der im Kampfe mit dem ›Schrecken‹ siegreich gebliebenen Gesellschaftsklassen. So entstanden die Stutzertypen der ›Muscadins‹ und ›Incroyables‹, mit dem gepuderten langen Haar, das seitwärts als ›Oreilles de chien‹ auf die Schultern herabhing, unter dem meist hoch aufgeklappten, quer über den Kopf getragenen zweikrämpigen, flachen Hute, in welchen sich der niedere dreieckige des Jahrhunderts verwandelt hatte. Die Cravate bleibt noch ziemlich eben so ungeheuerlich, wie sie von den ›Thermidoriens‹*) getragen worden war. Der ›Fraque‹, der durch eckigen Ausschnitt seiner vorderen Schösse beraubte Rock, bewahrt gleichfalls den hohen, aber breit und weich abfallenden Kragen und die breiten zurückgeschlagenen Brustklappen, über welche sich die Klappen der nun wieder ge-

---

*) So genannt von dem 9. Thermidor des Jahres II der Republik (27. Juli 1794), an welchem Tage Robespierre gestürzt wurde.

stickten Weste ebenso, wie vordem, herüberlegen. Beide, Weste und Frack, rücken mit ihrem unteren Saume immer höher hinauf; die Taille des letzteren bedeckt selbst nicht mehr die Weste, während seine Schösse immer länger werden. Wie die phrygische Mütze auf dem langhaarigen Haupte, so sind auch die langen, groben Pantalons und die plumpen Holzschuhe, — welche so lange als Ablenkungsmittel des Verdachtes der aristokratischen Gesinnung selbst bei den besser situirten »Bürgern« im Gebrauch gewesen waren, — wieder der seidenen Kniehose, den feinen gemusterten Strümpfen und spitzen Schnallenschuhen gewichen. Den in der ersten Zeit nach dem 9. Thermidor von den Stutzern der »goldenen Jugend« mit Vorliebe getragenen keulenartigen Stock, mit welchem sie den brutalen kleinen Krieg gegen die Anhänger des Berges, ihre verschüchterten Gegner, in den Strassen führten, legten die Muscadins unter dem Directorium ab, um ihn durch das lange, elegante spanische Rohr zu ersetzen.

Aus solchen Elementen bildet sich die Tracht jener Pariser Elegants unter dem Directorium, die schon durch diese groteske Erscheinung sich ganz als die Söhne einer Zeit charakterisirten, welche den lästigen Zwang erheuchelter republikanischer Tugend und catonischer Sittenstrenge abgeworfen hatte. In der stürmischen Jagd nach Genüssen schienen sie, die in den Tagen der Schreckensherrschaft verlorenen gleichsam nachholen zu wollen, und gelangten so dahin, die Laster und Thorheiten des Rococo mit der fanatischen Wildheit und dem Cynismus der Revolutions-Epoche zu verschmelzen.

Die vorliegende Figur ist grösstentheils nach Original-Kostümstücken aus einer Berliner Privatsammlung gezeichnet.

Ludwig Pietsch.

⁽¹¹⁸⁾ MARIA VON MEDICIS,

KÖNIGIN VON FRANKREICH. Um 1610.

Von JEAN LULVÈS.

Von Margarethe von Valois wird erzählt, dass, als sie im Jahre 1606, zweiundfünfzig Jahre alt, von ihren Schlössern nach Paris zurückkehrte und sich, nach ihrem eigenen, früher überall nachgeahmten Geschmacke gekleidet, öffentlich zeigte, die Franzosen ihre einstige Modegöttin lächerlich fanden, — so hatte der Geschmack sich geändert. Zum mindesten war die Mode von den ausserordentlichen Extravaganzen und bizarren Formen, die sie unter Heinrich III. angenommen hatte, schon durch den Einfluss der Ligue zurückgekommen, die, je weniger sie die Politik des Hofes theilte, desto weniger auch dem Geschmacke der Höflinge zu huldigen sich beflissen zeigte.

Wenn nun auch bei dem Regierungs-Antritt Heinrichs IV. die Tracht der Männer einfachere und zweckmässigere Formen annahm, so lässt sich dasselbe doch nicht von der der Frauen behaupten. Das Bizarre, ja Groteske hat sich hier zum Theil länger conservirt. Die spanische Wespentaille, ergänzt durch hohe

Schnebbenleibchen aus Stahl und Fischbein, ist ebenso bizarr, wie der unglaublich übertriebene, auf der Hüfte sitzende und schwebende, breite Reif, über welchen das Oberkleid steif und gerade hinabfällt, so dass es fast einem Thurme oder einer Glocke gleicht. Die gerafften, wulstig gebauschten, geschlitzten und vielfach gegliederten Aermel, die röhrenförmig gefalteten, steifen Tellerkragen, dazu die aus Natur und Kunst, aus echten und unechten Haaren zusammengesetzten Coiffuren, der überhandnehmende Gebrauch von Schminke, Schönheitswasser und Puder, der Luxus, welcher im Schmucke entfaltet wurde, so dass z. B. Gabriele d'Estrées mit ihren Perlen und Steinen gelegentlich ein schwarzseidenes Kleid in ein weissleuchtendes verwandelte: Alles dies deutet darauf hin, dass man sich eher von der Natur entfernte, statt zu ihr zurückzukehren.

Nach Heinrichs IV. Tode drang die bis dahin fast ausschliesslich höfische Mode auch in die bürgerlichen Kreise. Wenn nun bei diesem Uebergange, also unter der Regentschaft Maria's von Medicis, alle Theile des Kostüms eigenartig sich verkleinern und dies abermals besonders Bezug hat auf die Männertracht, bei welcher Hut, Mantel, Degen, Stiefel, Bart, — selbst die Börse, wie ein Spassvogel der Zeit bemerkt, — gegen früher wesentlich verkürzt erscheinen, so theilen doch auch die Frauen jener Epoche diesen Zug, obschon nicht in ihrer Haupttracht. Doch in Nebendingen, in Kleinigkeiten im eigentlichen Sinne des Wortes zeigt sich die neue Richtung; Etuis und Taschentücher, Messerchen und Scheeren unterliegen auch bei ihnen dem sonderbaren Diminutiv-Geschmack der Zeit.

Stofflich glänzende Fortschritte machte die Mode seit Heinrich IV. zweifellos durch die Ausbreitung der Seiden-Industrie in Frankreich und den häufigen Gebrauch der Seide. Hier war die Mode wiederum von Vortheil für den Aufschwung der Industrie und wurde es namentlich dadurch, dass kein Luxusgesetz den Verbrauch der Seide erschwerte. Erst dem gestrengen Richelieu war es vorbehalten, in dieser Richtung Gesetze zu erlassen.

Einen charakteristischen Modenspiegel jener Epoche gewährt auch das Bild der Königin-Regentin von Frankreich, Maria von Medicis, selbst, welches hier als eine genaue Copie des im Museum zu Madrid befindlichen Originals sich repräsentirt. Franz Porbus d. J. († 1621) hat das Original gemalt, leider ohne bestimmte Angabe des Jahres, so dass auf die Zeit des Entstehens nur aus Vergleichen mit anderen Portraits der Königin und aus der Tracht selbst geschlossen werden kann.

Die Königin erscheint bereits mit dem Witwenschleier; sie hat also die Regentschaft nach der Ermordung Heinrichs IV. (1610) während der Minderjährigkeit des Dauphins angetreten, und jene nicht gerade sehr rühmenswerthe Periode ist hereingebrochen, in welcher, entgegen den Absichten des glorreichen Heinrich, durch die Intriguen der spanischen Partei und durch den Fractionsgeist des Adels, Frankreich nahe daran war, wie ein berühmter Geschichtsschreiber sagt, »einem Handschuh gleich umgestülpt zu werden«. Die schlaue, listige, capriciöse Königin, weder hervorragend durch aussergewöhnliche Schönheit, noch durch besondere Bildung, hatte immer Pomp, Gepränge und Weltlust im Auge, und so darf es nicht Wunder nehmen, dass ihrer Witwentracht der düstere Charakter fehlt, welcher derjenigen ihrer Mutter, Katharina von Medicis, eigen war. Die Tochter wusste auch dem Trauerkostüm Eleganz und Kleidsamkeit zu verleihen. Die Witwenhaube, beibehalten zwar in der Form, aber zierlicher und aus leichtem Drahtgestell gefertigt, ähnelt fast einem Schmucke, der die blonden, gelockten Haare der achtunddreissigjährigen Frau hervorheben soll. Das Leibchen, wespenartig eng geschnürt und in eine lange Schnebbe nach vorn auslaufend, ist mit langem, steif abstehendem, faltigem Schoosse versehen, tief ausgeschnitten, der Ausschnitt aber mit einem Spitzentuche bis zum Halse hinauf verhüllt. Zu den vielgliederig gebauschten und geschlitzten Aermeln, die längs den Oeffnungsrändern mit Litzenwerk besetzt sind, treten zurückgeschlagene und mit Spitzen besetzte Manschetten, wie sie auch bei den Männern üblich waren.

Ueber den kolossalen Hüftkranz (Vertugardien, Vertugalle, auch Vertugadin, d. i. Tugendwächter genannt) fällt starr und schwer der Oberrock herab, der, ohne das Unterkleid irgendwo hervortreten zu lassen, durch Schleifen vorn geschlossen und unten mit einem Bande besetzt ist. Das ganze Kleid, aus schwarzer Seide bestehend, ist durchweg und regelmässig geschlitzt, wahrscheinlich also schon im Gewebe, weil die Schlitzränder mit Zacken und kleinen Mustern versehen sind; die geschlossene dreifache Rundkrause in breiter Ausladung besteht aus feinem Leinen; auch letztere ist, wie die Manschetten, ausgezackt.

Die ganze Figur wird von einem langen Schleier umhüllt, der, ausgehend von dem an den Schultern befestigten Drahtgestell der Witwenhaube, in rundem Bogen über die Krause fällt und mit den Enden vorn an der Taille befestigt ist. Auffallend sparsam zeigt sich die Königin · Regentin in der Verwendung des Schmuckes. Dieser besteht hier nur in einer langen Perlenkette, doppelten Perlenreihen an den Handgelenken und Perlen als Ohrringen. Hier zeigt sie sich am ehesten als Witwe.

Allwill Räder.

(119) MAURISCHE FRAU

AUS MAROKKO.

Von *WILHELM GENTZ.*

Die maurischen Frauen erscheinen auf der Strasse jederzeit auf das Aengstlichste eingehüllt in vielfaltige, weite Mäntel aus lichtem Wollenstoff oder dünnerem weissen Gewebe, sogenannte Haiks, welche den Kopf und den ganzen Körper einhüllen; die Gesichter sind auf's Tiefste verschleiert. Diese Tracht lässt so wenig eine Körperform, wie der Schleier etwas von den Gesichtszügen erkennen. Anders freilich ist das Erscheinen der maurischen Frau im Innern des Hauses; dort zeigt ihre Gestalt sich nach Ablegung der Haiks und Schleier unserem Bilde entsprechend.

Das hauptsächlich Charakteristische dieser Tracht sind die sehr weiten, bauschigen, meist weissen Beinkleider, zu denen die reicheren Frauen gern so viel Stoff verwenden, dass dieses Kleidungsstück einem bis auf die Füsse gehenden Rocke gleicht. Das Hemd aus Rohseide oder Tüll, — dieser wird gern von schwarzer Farbe gewählt, um hellen Teint recht blendend erscheinen zu lassen, während Frauen mit dunklerer Hautfarbe weissen Tüll verwenden, — ist völlig durchsichtig und hat weite, mit rother

Seide am unteren Rande gesäumte Aermel. Ueber dem Hemde wird eine ärmellose, lange Jacke getragen, auf unserem Bilde aus gelbem Brocat mit eingewirkten Blumen bestehend und besetzt mit Goldstickerei und Knöpfen. Gegürtet wird die Jacke mit einer Schärpe von strohgelber, stark mit Gold durchwirkter Seide, welche den schweren, festen Schärpen der reicheren Jüdinnen von Marokko (siehe das folgende Blatt) gleicht. An den Enden hängen lange, feine, seidene Fäden herunter.

Das Haar ist unter einem seidenen, golddurchwirkten Kopftuche versteckt, das nur kleine Zöpfe nach dem Nacken hin hervortreten lässt. Zu diesen Kopftüchern werden meist Stoffe von kräftigen Farben benutzt. Die Stirn ist mit silbernem Behange umwunden. Von der einen Schläfe zur anderen hängen, das Oval des Gesichts umrahmend, goldene und silberne Ketten, mit Münzen reich verziert. Ketten, Münz- und Perlenschnüre der mannigfachsten, oft kostbarsten Art bedecken auch Hals und Brust in verschwenderischer Menge. Die Schuhe ohne Absätze, über den nackten oder mit weissen Strümpfen bekleideten Fuss gezogen, sind vorn abgerundet und aus gelbem oder rothem Leder gefertigt.

Ludwig Pietsch.

[120] JÜDISCHE JUNGFRAU

AUS MAROKKO.

Von WILHELM GENTZ.

Vielleicht in keinem andern Lande hat, auch in unserer Zeit
noch, die unter den Eingeborenen lebende jüdische Bevölkerung
einen solchen Druck zu erdulden, wie im Kaiserreich Marokko.
In allen Städten des Innern sind die Juden auf besondere Stadt-
theile angewiesen, welche hier den Namen ›Mellah‹ führen, und
müssen ausserhalb derselben in ihrer Tracht gewisse Unterschei-
dungszeichen annehmen. Sie dürfen z. B. nur den schwarzen
Turban oder die Kappe auf dem Haupte und keine Schuhe auf
den nackten Füssen tragen. Etwas weniger eingeschränkt in
dieser Hinsicht, wie in Bezug auf den Wohnsitz, sind die Hebräer
Marokko's, — meist Nachkommen der im Mittelalter und später
aus Spanien vertriebenen Juden, — in den Küstenstädten, in
welchen sie sich unter dem Einfluss der europäischen Consuln
und Gesandten gegen die fanatischen Mohamedaner zu schützen
wissen.

Die jüdischen Frauen Marokko's zeigen in ihren Trachten
manche Uebereinstimmung mit den Mohamedanerinnen; die Ver-

schleierung ist aber bei ihnen weniger streng. Ich habe in den Strassen von Tanger, Fez-Mikenäs und El Araisch, in den mohamedanischen Vierteln, wie in den Mellahs dieser Städte, die Jüdinnen viel häufiger ohne Schleier, als mit verhülltem Gesicht gesehen. Nach der altjüdischen Vorschrift dürfen die verheiratheten Frauen ihr Haar nicht blicken lassen, weshalb sie es durch eng um das Haupt gewundene Tücher verbergen. Die Mädchen aber tragen es entweder in Zöpfe geflochten oder frei herabwallend. Ein kleiner, reich mit Goldstickerei geschmückter Fez dient als Kopfbedeckung; über denselben fällt eine dicke, schwarze Seiden-Quaste, welche vom Haare kaum zu unterscheiden ist. An den Ohren hängen kolossale silberne Ohrringe, an diesen wieder kurze Schnüre von rothen Korallen und kleinen Münzen, welche am Kopfe selbst befestigt werden, da die Ohrläppchen die Last nicht zu tragen vermöchten.

Zu diesem Kopfschmuck trägt die junge Jüdin unseres Bildes ein Kleid aus weissem Seidenstoff ohne Aermel und ohne Taille; die Aermel werden durch bis zur Hüfte reichende Ausschnitte ersetzt, die vorn nach dem Halse hin spitz zulaufen und dort mit dem Rückentheile durch seidene Bänder verknüpft sind. Auf der Brust bilden schwere, reiche Goldstickereien in maurischem Arabeskenstil eine Art festen Schildes. Von reicheren jüdischen Frauen wird in diesem Stücke der Toilette ein grosser Luxus entfaltet, der sich ausserdem auch in den Sammet- und Seidenstoffen des Kleides, in der Ueberladung von Kopf und Hals mit Goldschmuck und in der möglichst prachtvollen, breiten, meist steifen Gürtelschärpe aus Seide oder Brocat, mit zierlicher Stickerei in Gold und Farben, kundgiebt. Die junge Jüdin unseres Bildes trägt eine solche Schärpe von weicherem Gewebe und lockerer um Taille und Leib geschlungen, als es in der Regel zu geschehen pflegt. Das Hemd aus meist in Streifen gewebter Rohseide ist durchscheinend, die Armöffnung desselben mit blauem, gelbem oder rothem Seidenbesatz gesäumt. Von den Schuhen gilt das Gleiche, was bei den maurischen Frauen gesagt wurde.

Meist von gelbem oder rothem Leder, oft auch mit Stickerei
reich verziert, werden sie neuerdings auch vielfach von schwarzem
Glanzleder getragen.

Ludwig Pietsch.

[121] HINDU-KRIEGER.

XV. JAHRHUNDERT.

Von ALOIS GREIL.

Dieses Kostümbild ist wieder dem reich illustrirten indischen Roman-Manuscript im k. k. Oesterreichischen Museum für Kunst und Industrie entnommen, aus dem wir bereits vier Blätter (die Nummern 73 bis 76) gebracht haben; ebenso gehören die auf den folgenden drei Blättern dargestellten Figuren jenem prachtvollen Miniaturen-Werke an, welches noch manche interessante Beiträge zur Kostümkunde des Orients enthält, die alle hier zu veröffentlichen indessen leider nicht möglich ist.

Bei diesem, durch seine reiche Armirung auffallenden Krieger ist im Uebrigen nur wenig Prunk auf die Tracht verwandt. Der einfache, kragenlose, rundgeschnittene Rock von dunkelgrünem Zeuge, ziemlich knapp anliegend und am Halse so weit geöffnet, dass ein weisses Leibchen sichtbar wird, reicht bis etwa zu den Knieen und hat enganschliessende Aermel. Am unteren Saume ragt ein hellgelbes Unterkleid in Handbreite hervor und fällt über die weiten, dunkelfarbigen Beinkleider. An die letzteren schliesst sich noch bis zu den, mit weit ausgeschnittenen und blau ein-

gefassten Lederschuhen bedeckten Füssen eine eigenthümlich geformte, gamaschenartige Bekleidung von gefärbtem Leder, an der
Innenseite zur Hälfte aufgeschlitzt und ebenfalls blau eingefasst.

Als Kopfbedeckung trägt der Hindu einen weissen, geflochtenen Turban, mit einer Perlenschnur mehrfach umwunden und
vorn an einer Agraffe eine Marabut-Feder tragend. Haar und
Bart sind kurz geschnitten.

An den Hüften, welche ein langer Shawl mit eingewirkter,
breiter Borte umgürtet, hängen der Pfeilköcher, das Schwert und
eine Perlenschnur mit Schaumünze, während der Bogenköcher an
einem Bande über der Schulter getragen wird. Auf die äussere
Ausstattung der Köcher wurde ein grosser Prunk verwendet. Dieselben waren aus Leder und mit einem Stoffüberzug verkleidet,
der auf's Reichste ornamentirt, bei Vornehmen mit Goldstickereien,
Edelsteinen und Perlen bedeckt war. Der Säbel, dessen Griff,
Stichblatt und Knauf, — sämmtlich wie auch die Zwinge der
Scheide aus Bronze, — echt indischen Charakter tragen, hat eine
schwach gekrümmte Klinge; die Scheide von genarbtem Leder
ist mit niellirten Platten besetzt. In der Rechten hält der Krieger
ein stark gekrümmtes Dolchmesser mit reich ciselirter Scheide,
die, gleich dem eigenthümlich geformten Kugelgriff, vergoldet ist.

Die linke Hand hält eine kräftige Stosslanze. Dieselbe hat
an beiden Enden einen doppelten Knauf und trägt oben eine
ziemlich lange, stählerne Spitze, geformt wie eine Lanzette, und
am entgegengesetzten Ende einen Erdstachel. Ausserdem ist die
Lanze mit einem seidenen, rothen Fähnchen verziert, welches als
Feldzeichen galt. An dem Schafte der Lanze hängt der mit einer
Schnur zum Umhängen eingerichtete, kreisrunde Schild. Dieser
(der türkischen Tartsche ähnlich) ist aus Reifen von übersponnenem
Rohr, welche concentrische Ringe bilden, zusammengesetzt. In der
Mitte ist eine metallene, von schwarzen Franzen verzierte Scheibe
angebracht, und der übrige Raum ist mit regelmässig vertheilten,
stoffüberzogenen Metallplättchen besetzt, die durch einen Stift
festgehalten werden.

Auf dem Pferde und im Kampfe wurde der Schild an der Umhängeschnur so getragen, dass er den linken Arm vollständig schützte.

A. G.

¹²² PERSISCHER BOGENSCHÜTZE.

XV. JAHRHUNDERT.

Von ALOIS GREIL.

Dieser persische Krieger ist dargestellt in dem Momente, in welchem er den Pfeil auf das festgenommene Ziel losschnellen lässt. Als Perser bezeichnet ihn die Art der Darstellung auf dem betreffenden Blatte in dem Miniaturen-Werke, dem alle diese Kostüme entnommen sind. Auf diesem Blatte streiten ähnlich gekleidete Kämpfer zu Pferde gegen andere Krieger, deren Tracht und Kopfbedeckung sie als Indier erkennen lässt. Kleidung und Ausrüstung gleichen in vielen Beziehungen der Tracht des auf dem 73. Blatte dargestellten persischen Heerführers mit Kolben und Schild.

Der kurze, hellviolette Rock mit halblangen, weiten Aermeln ist armirt und zugleich geschmückt durch kleine, ornamentirte Metallscheiben. Am unteren Rande und an den Aermeln weiss eingefasst, scheint er vorn einen dunkelfarbigen Einsatz zu haben, ähnlich dem Rocke des erwähnten Heerführers. Die sehr weiten Beinkleider sind in der vorderen Hälfte von schwarzer Farbe, während die andere Hälfte hellgrau mit eingewebtem, blauem

Stoffmuster ist. Die Vorderschenkel bis unter das Knie schützt ein metallener, sogenannter beschildeter Panzer; die einzelnen Metallplatten desselben waren auf einer Unterlage von Zeug oder Leder rautenförmig zusammengesetzt, wodurch der Panzer schmiegsam wurde.

Der topfförmige, mit zierlichen Ornamenten ciselirte Helm entbehrt des Nackenschutzes und hat nur runde Wangenklappen; er trägt an der Spitze in einem Knopf statt eines Federschmuckes ein buntseidenes, als Feldzeichen geltendes Fähnchen. Unter dem Helm fällt ein feingearbeiteter Maschen-Panzer aus Stahldraht kapuzenartig über die Schultern und den halben Rücken, gewiss auch über die Brust. Ein gleicher Panzerärmel, welcher die Arme deckt, lässt unter dem Rocke ein Panzerhemd errathen, durch welches der ganze Oberkörper geschützt wird. Ueber den Vorderarm sind ausserdem noch Stahlschienen gezogen. Diese Panzerstücke (Korazins) bildeten bei den Persern, Indiern, Chinesen, Japanern, Mongolen, Tscherkessen etc. ein äusserst verbreitetes Rüstzeug.

Ungemein reich ist die Ausstattung des Bogenköchers, dessen aus Blumen und Ranken in stilvollen Verschlingungen gebildetes Ornament auf purpurrothem Grunde, — der blaue Rand mit weissen Metallverzierungen eingefasst, — ihn zu einem Prunkstück ersten Ranges macht. Auch der Pfeilköcher, — auf der rechten Seite getragen, während der Bogenköcher auf der linken an einem dunkelrothen, um die Hüften geschlungenen Shawl hing, — entbehrt nicht dieser reichen Verzierung. Ein Schwert mit einfachem Bronzegriff und gerader Klinge, in blauer Lederscheide mit Zwinge und Beschlag aus Bronze und an einer Kette aus runden Gliedern hängend, vervollständigt die Ausrüstung des Kriegers, der an den blossen Füssen die gelben, weichen Lederschuhe trägt, welche wir schon an den früher dargestellten Kostümen dieser Reihe erwähnten.

A. G.

(123) INDISCHER LANZENTRÄGER.

XV. JAHRHUNDERT.

Von ALOIS GREIL.

Vorliegende Darstellung eines Hindu-Kriegers, ebenfalls dem beim 121. Blatte beschriebenen indischen Manuscript entlehnt, hat sowohl in der ganzen Erscheinung, als auch in verschiedenen Einzelheiten etwas Amazonenhaftes. Der lange, hochrothe Rock ohne Aermel, von dem bekannten offenen Schnitt ohne Schlussvorrichtung, ist hoch aufgeschürzt, wodurch das gelbe Futter sichtbar wird; er wird durch einen shawlartigen Leibgürtel zusammengehalten. Bis zum Knie gehen weite, faltige, weisse Beinkleider, an die sich eine blaugefärbte, eng anliegende Fussbekleidung mit brauner Stulpe schliesst. In dem Gürtel steckt ausser dem indischen Khuttar*) noch eine zweite Art Dolchmesser, der Kandjar. Auch die grosse Perlenschnur, die wir bei allen indischen Kostümen dieser Reihe bemerkten, ist am Gürtel befestigt; die Enden der Schnur hängen, mit mehreren Quasten verziert, lang herunter. Den Hals schützt ein kleiner Maschen-Panzerkragen, unter dem

---

*) Dolch mit sehr breiter, sogenannter Ochsenzungen-Klinge, dessen viereckiges Gefäss, in das die Hand vollständig hineingreift, dieser gewissermassen als Schutz und Stichblatt dient.

das weisse Leibchen hervorsieht. Als Kopfbedeckung dient eine rothe, mit einer Perlenschnur umschlungene Kirbasia. Grosse, scheibenförmige Ohrringe vollenden den Kopfputz.

Um das Handgelenk des ganz entblössten, kräftigen Armes trägt der junge Krieger mehrere verschiedenfarbig emaillirte Ringe. Die rechte Hand führt die mit doppelter Spitze versehene Stosslanze (vergl. Blatt 121), während der linke Arm den an einem Riemen über der Schulter hängenden, konisch gewölbten Rundschild zur Deckung erhebt. Die schöne Zeichnung der prächtigen, farbigen Verzierungen dieses Waffenstückes verdient besondere Hervorhebung.

A. G.

¹²⁴ PERSISCHER KRIEGER.

XV. JAHRHUNDERT.

Von ALOIS GREIL.

Wir beschliessen mit dieser Figur die Reihe orientalischer
Kostüme aus dem mehrerwähnten indischen Manuscript, welcher
ausser den drei vorhergehenden Blättern auch die früher publicirten
Nummern 73 bis 76 der »Blätter für Kostümkunde« angehören.

Bei diesem Perser ist die Bekleidung selbst in ihren Haupt-
theilen einigen jener früheren Kostümbilder sehr ähnlich; in der
Ausrüstung und Bewaffnung ist jedoch ein erheblicher Unterschied
ersichtlich. Die Kleidung besteht aus einem ärmellosen, dunkelrothen Waffenrocke, der auf der Brust einen herzförmigen Einsatz
von hellrothem Stoff hat. Vom Halsrande herab fällt ein kurzer,
ausgezackter, wie es scheint, geschwärzter Maschenpanzer. Die
weiten, dunklen Beinkleider haben an den Knieen ornamentirte
Metallscheiben. Die bequemen Schuhe sind etwas reicher ausgestattet, als bei den übrigen Persern dieser Reihe.

Das eigenthümliche Rüstzeug, welches die Arme schützt, besteht aus einer Reihenfolge von sehr breiten Metallringen, welche,
der eine immer den nächsten zur Hälfte deckend, eine vielgeglie-

derte Armschiene bilden. Die einzelnen Reifen scheinen aus Stahl gefertigt zu sein und sind abwechselnd mit bandartigen Streifen in Gold, Weiss und Schwarz ornamentirt. Der topfförmige Helm mit Wangen-Schutzklappen ist uns in ganz ähnlicher Form schon von den übrigen persischen Kostümbildern dieser Zeit her bekannt; charakteristisch ist an demselben das Vorhandensein eines beweglichen Nasenberges, der in seinem oberen Theile in einer Hülse einen Reiherstutz hält *).

In dem Gürtel, einem um die Hüfte geknoteten Shawl von hellgelber, röthlich schimmernder Seide, steckt ein schön geformter Khuttar; das etwas gekrümmte Schwert in rother Sammetscheide mit Metallbeschlägen hängt an einer festen Lederschnur. Die prächtige Kriegsaxt von Bronze, auf welche der Krieger die Rechte stützt, — mit langem Stiel, also für den Fusskampf bestimmt, — ist in ihrer Form äusserst interessant. Von dem Rundschild, welchen die linke Hand hält, ist die volle Innenseite und die Art und Weise, in welcher die Umhänge-Schnur befestigt war, ersichtlich. Der Schild selbst ist mit Leder bekleidet und mit einer stählernen Herzplatte, sowie einem Aussenrande von gleichem Material besetzt. Die sternförmigen Metallplättchen dienen zum Theil zur Befestigung der mit vielen Knoten und Schlingen versehenen Trage-Schnur.

A. G.

*) Dieser bewegliche Nasenberge findet sich nicht allein an den persischen Helmen dieser Zeit, sondern auch an den Helmen der Mongolen, Türken, Russen und Magyaren. Bei den Völkern des Abendlandes begegnen wir dem Nasenschutz bereits im zehnten und elften Jahrhundert, so an normannischen, deutschen, angelsächsischen Helmen. Zuletzt wohl fand die, auch Gesichtsstange genannte Vorrichtung Anwendung bei den Sturmhauben der Pappenheimer und anderen berittenen Kriegsvölker im dreissigjährigen Kriege.

[125] MÄDCHEN AUS LEKSAND

IN DALEKARLIEN, SCHWEDEN.

Von B. NORDENBERG.

In Dalekarlien haben die Bewohner der einzelnen Gemeinden dieser Landschaft ganz verschiedene Trachten. Auch ist ihre Kleidung je nach der Jahreszeit eine andere, während sie in Bezug auf Werktag und Feiertag den sonst üblichen Unterschied nicht machen, sondern alle Tage die gleichen Kleidungsstücke tragen. So kommt es, dass man in Dalekarlien auf eine Menge der verschiedensten Kostüme stösst.

Die Mädchen von Leksand, von denen wir eine Vertreterin hier vor uns sehen, tragen auf dem Kopfe eine rothe, mit grünen, weissen und schwarzen Streifen gewebte, wollene Mütze. Das aus feinem Leinen bestehende Halstuch wird von zwei Spangen gehalten. Das Mieder, welches aus fast demselben Gewebe, wie die Mütze, besteht, wird vorn auf der Brust mit einem Bande zusammengeschnürt, welches durch zinnerne Oesen gezogen ist. Die leinene Schürze ist mit blauen und rothen Längsstreifen besetzt. Der Rock, aus schwarzgefärbtem wollenen Tuche, wird in kleine, kaum fingerbreite Falten gelegt, mit einem Bande fest umwunden und in siedendem Wasser so bearbeitet, dass die Falten stehen bleiben und den Rock so elastisch machen, dass er den Körper immer eng umschliesst. Die weissen Strümpfe und die hohen Absätze an den Schuhen sind wohl am Ende des vorigen Jahrhunderts von Süden her eingeführt worden; ebenso die gestickten ledernen Halbhandschuhe. Hiervon abgesehen, sind alle diese Volkstrachten ziemlich alt und haben sich, namentlich bei den Frauen, im Schnitt wenig verändert.

B. N.

[126] MÄDCHEN AUS BLEKINGE,

SCHWEDEN.

Von B. NORDENBERG.

Die südlichste Spitze von Schweden theilt sich in die beiden Landschaften Schonen und Blekinge. Die letztere, mehr östlich gelegen, mit der starken Festung Karlskrona als Hauptstadt, ist der lieblichste Theil von Schweden.

Die geschmackvolle Kleidung der Bewohner dieser Gegend war schon vor zweihundert Jahren ganz dieselbe, wie sie hier dargestellt ist; seit etwa vierzig Jahren verschwindet sie jedoch allmälig und findet sich jetzt nur noch in den Kleiderstuben der reicheren und conservativen Bauern.

Auf dem Kopfe trug das Blekinger Mädchen einen Schirm (Walk) von grüner oder rother Seide, den sie um das Haar mit einem Bande, welches in den innersten Rand eingezogen war, festschnürte. Dieser Schirm war am äussersten Rande, in welchen ein Ring von Fischbein oder Rohr eingenäht wurde, mit Spitze besetzt. Ueber den Schirm wurde ein Stück Musselin oder ein anderer durchsichtiger Stoff gespannt, der zu beiden Seiten steif abstand. Die Bluse, welche den Oberkörper deckte, zeigte an den bauschigen, langen Aermeln und an der Brust Stickereien von ungebleichtem Garn. Das Mieder aus schwarzem Sammet hatte einen Besatz von zollbreiten, echt silbernen Bändern und wurde mit einer silbernen Kette, welche durch silberne Oesen vorn am Mieder gezogen war, zugeschnürt. Der Rock aus hochrothem Wollenstoff war unten am Saum mit einem hellgrünen Seidenbande besetzt und eine Spanne darüber mit einem schwarzen Sammetstreifen. Die Schürze war weiss oder blau, im letzteren Falle mit reicher Stickerei von unten bis zu den Knieen, im ersteren nur mit einer durchbrochenen Stickerei quer über die Kniee geschmückt. Um die Hüften wurde ein drei bis vier Ellen langer Gürtel, mit grünem Seidenbande eingefasst und an den mit Silberfranzen besetzten Enden reich mit Silberzindel gestickt, eine Art Schärpe, geschlungen. Hellgrüne oder rothe Bänder an den Schuhen, ein silberner Schmuck um den Hals und silberne Ohrringe vollendeten die Tracht, welche König Gustav III. von Schweden, ein grosser Freund der volksthümlichen Kostüme, als eine der schönsten Frauentrachten bezeichnete, die er je gesehen. Der geschmackvolle Silberschmuck ist eine nationale Eigenthümlichkeit der nordischen Völker, welche in den ältesten Zeiten wurzelt.

B. N.

127 KRAUTSCHNEIDER

AUS MONTAFUN, VORARLBERG.

Von JOH. MAKLOTH.

Es ist ein wanderlustig Völklein, das die langgestreckte Thal-
schaft des Montafun bewohnt. Zwar die Frauen kommen selten
in die Welt hinaus, und nur vereinzelt als Aehrenleserinnen suchen
sie in der Schweiz und am Bodensee einen kleinen Verdienst;
umsomehr aber gewinnen die Männer eine gewisse »Weltläufigkeit«.
Schon die Knaben ziehen schaarenweise im Frühjahr zum grossen
Schwabenmarkte in Ravensburg, um sich als Viehhüter zu ver-
miethen, und kehren dann im Spätherbste, mit einem vom Brod-
herrn contractmässig gelieferten neuen Gewande ausgestattet, zwei
Hüte auf dem Kopf und das zweite Paar Stiefel auf dem Rücken,
stolz zur Heimath und zur Schule zurück. Der erwachsene Bursche
aber findet sein Brod in der guten Jahreszeit als geschickter
Maurer oder Gips-Arbeiter in der Fremde. Den weitverbreitetsten
Ruf jedoch hat der Montafuner als »Krautschneider«. Die Kunst
des Einmachens von Sauerkohl und Rüben vererbt sich dort vom
Vater auf den Sohn, gleichwie die Kundschaft in den weiten
Landen bis an's Meer, und solch ein Vermächtniss wird thatsäch-

lich ebenso als ein werthvolles Erbe geschätzt und angerechnet, wie Gut und klingend Geld.

Gegen Ende des Septembers hin macht sich der Krautschneider auf den Weg. Eine besondere Reise-Toilette braucht er sich dazu nicht zu beschaffen. Unter dem Filze mit der kecken Feder baumelt, wie daheim, die Troddel der Schlafmütze auf's Ohr. Lodenrock und Weste, die lederne Kniehose zu den blauen Strümpfen und festen Bundschuhen, sind die gewöhnliche Kleidung der nicht sonderlich kräftigen Gestalten. Wie auch anderwärts, wiederholt sich hier das Naturspiel, dass die beiden Geschlechter bei der Geburt mit den Feengaben gar ungleich bedacht werden. Die Frauen haben die Schönheit fast ausschliesslich für sich allein erhalten; den Männern ist blos Klugheit, reger Erwerbssinn und frischer Lebensmuth geblieben.

Singend wirft sich denn auch der auf die Fahrt Ausziehende den Krauthobel über die Schulter, greift nach dem mit spitzem Eisenschuh beschlagenen Reisestecken, der bei der Arbeit dem Hobel zur Stütze dient, schlingt das blaue Vortuch hinauf, zündet sich den Pfeifenstummel an und nimmt dann Abschied von Weib und Kind oder von der Mutter und dem Schätzle. Gar schwer fällt das kaum, denn über drei Monate währt die Reise nicht. Zu Weihnachten ist er wieder daheim. Rheinab, rheinauf ist er gezogen; gar manchen Kohlkopf hat er kleingeschnitten und bedächtig mit Wachholderbeeren und Pfeffer eingestampft; gar manchen »Batzen« aber bringt er im ledernen Beutelchen heim, denn er ist ein sparsamer Tourist und kehrt nicht gern in Hotels erster Klasse ein.

In der Spinnstube des Heimathdorfes erzählt er an den langen Winterabenden von seinen Abenteuern oder irgend eine gruselige Geschichte von den »Fenggen« (»wildi Lüt«), die von der immer mehr anwachsenden Colonie von Sommerfrischlern doch noch nicht ganz vertrieben sein müssen; denn zuweilen soll noch so ein uraltes »Fengga-Mäntschi« den einsamen Holzhauer antreten:

KRAUTSCHNEIDER AUS MONTAFUN.

›Ich bin grad nett jezt sö vel Johr scho alt,
Ass Nodla hot dia Tanna do im Wald;
Drom sind so guot ond thuat miar sie nett sella,
Sos könnt' ich jo mi Alter nümma zella.‹

                                                    B.

128. KRANZJUNGFER

(SCHÄPPELMEIGGI)

AUS MONTAFUN, VORARLBERG.

Von JOH. MAKLOTH.

Wer zur Sommerszeit einmal von Schruns, dem stattlichen
Hauptorte des Montafun, hinüber nach Tschagguns mit seiner
weitleuchtenden Wallfahrtskirche oder thalaufwärts wandert gegen
Sankt Gallenkirch oder Gaschurn, wo die Schroffen näher zu-
sammenrücken und manchen malerischen Engpass bilden, dem
kann es geschehen, dass er, um eine Wegbiege schreitend, sich
einer Schaar weissgekleideter Gestalten gegenüber sieht, die ihn
nöthigen, seinen Schritt anzuhalten. Schmal ist das Strässlein,
und es bleibt ihm zunächst nichts übrig, als abseits auf ein Fels-
stück zu treten und zu warten, bis der lange Zug vorüber ist.

Wer aber thäte es nicht gern? Ist es doch eine Ohren- und
Augenweide zugleich. Man lauscht auf den wohllautenden Gesang
der gutgeschulten Kehlen und mustert, indem man gar manchen
ehrsam schüchternen Blick aus neugierigen, dunklen Augen auf-
fängt, die hübschen Theilnehmerinnen an dem ›Bittgange‹: die
in der Mehrheit feingeschnittenen Gesichter mit dem auffallend
zarten Teint scheinen weit eher zierlichen, vor jedem Sonnenstrahl

behüteten Städterinnen anzugehören, als derben, arbeitsgewohnten Bauernmädchen, welche Sichel und Rechen auf der Wiese eben so emsig handhaben, wie auf der Schattenseite des Hauses oder im winterlichen Stübchen die Tambourir-Nadel.

Und wie schmuck sie gekleidet sind! Nur von vorn macht es den Eindruck, als trügen sie weisse Gewänder; es sind dies aber die weiten, bauschigen Hemdärmel und die feingestickten Schürzen, durch welch letztere der schwarze Kurer-Rock zum Theil verdeckt wird. Es ist sonst dieselbe Tracht, wie wir sie schon beim 88. Blatte beschrieben haben, nur dass die dunkle ›Tschopa‹ (Kamisol) zu Hause blieb und an die Stelle des ›Mässle's‹ das ›Schäpple‹ gesetzt ist, ein niedliches Krönlein aus Gold- und Silberflittern, mit Drähten und kunstvoll geordneten, fast einen Strauss bildenden bunten Glasperlen; dasselbe wird mitten auf dem Scheitel durch ein rothes Band festgehalten, welches sich leuchtend um die vollen, schwarzen Haarflechten schlingt und rückwärts als lange Schleife niederhängt. Der rothe Strumpf, der rothe Saum des Rockes, die rothe Schürzenschleife und der bunte ›Vorstecker‹ hinter den ›Prüsnestlen‹ des ›Müders‹ fügen, mit dem im Sonnenlichte gar hell glitzernden Hauptschmucke, das farbige Element zu der sonst so schlicht gehaltenen Gewandung und bilden zusammen ein anmuthiges, geschmackvoll ansprechendes Ganze.

Es ist dies die von Alters her erhaltene Ehrentracht der Jungfrau, die sie bei grossen kirchlichen Festlichkeiten, Prozessionen oder auch bei Hochzeiten als ›Schäpplerin‹ trägt, zum letzten Male aber dann, wenn sie als Braut selbst an den Altar tritt. Da wandert darnach das ›Schäpple‹ in den Schrank, bis die älteste Tochter für das Erbstück herangewachsen.

B.

129) HOLLÄNDISCHER LAUTEN-SPIELER.

Um 1635.

Von *FRANZ MEYERHEIM.*

Die vorliegende Zeichnung verdankt ihre Entstehung der kunstgeübten Hand des leider so früh verstorbenen Franz Meyerheim. Es mögen dieser Arbeit mannigfaltige Studien des fleissigen Künstlers nach Gemälden, Handzeichnungen und Stichen zu Grunde gelegen haben, ohne dass es bei der Fülle des Materials für Kostüme dieser Zeit möglich wäre, eine bestimmte Quelle anzugeben. Auch stellt das Bild keineswegs einen gewerbsmässigen Musiker, sondern einen stutzerhaften jungen Mann der bürgerlichen Mittelklasse Hollands dar, dem vielleicht ein galantes Abenteuer die Laute in die Hand gedrückt. Die dunkle Kleidung weist auf Holland als die Heimath des Lautenspielers hin, denn ausser Frankreich, das sich nach der Ermordung Heinrichs IV. sehr ostensibel eine Zeit lang in Trauer warf, machten nur die Niederlande mit ihrer Vorliebe für ernste, dunkle Tracht eine Ausnahme von dem übrigen Europa, welches in seiner Kleidung einer reichen Farbenpracht huldigte.

Der weiche, breitkrämpige Hut und das freie Haar sind die

charakteristischen Erscheinungen des siebzehnten Jahrhunderts,
denen sich bald der Schuh mit hohem, farbigem Absatz, hauptsächlich aber, nachdem das Soldatenwesen durch den dreissigjährigen Krieg die fast ausschliessliche Herrschaft über die Kultur-
formen von Europa gewonnen, der hohe Stiefel zugesellt. Das
freie Haar, das noch nicht lange die kurz geschorene Frisur der
Zeit Heinrichs III. verdrängt hatte, musste freilich bald genug der
lächerlichen Perrücke weichen, jener einstmals als ehrwürdig
bewunderten Nachbildung eines Pudelkopfes, welche noch heute
die würdigen Häupter der hohen und höchsten Richter des freien
Albion ziert.

Unter irgend einer Locke des mässig langen Haares unseres
Sängers dürfen wir vielleicht einen versteckten Ring oder irgend
ein anderes, an einem Haarsträhn befestigtes Andenken einer
Schönen, ein sogenanntes *faveur*, vermuthen. Man trug dergleichen in der ersten Hälfte dieses Jahrhunderts allgemein, und
selbst auf dem Portrait Gustav Adolfs von Sandrat finden wir
an seinem freien, langen Haare eine mächtige Perle als *faveur*.
Aber auch an den Bandschleifen und Nesteln von Wamms, Hose
und Knie zeigen sich in jener Zeit solche Schmuckstückchen angeheftet. Das zierliche Bärtchen an Kinn und Oberlippe entspricht
der Form, welche man damals *belle royale* nannte, und welche,
in dem rauhen Kriegerleben an Grösse zunehmend, allmälig zum
sogenannten *Wallensteiner* wurde.

Das bis zur Hüfte herabreichende Wamms unseres Lauten-
schlägers ist vorn offen und würde das Hemd zeigen, wenn die
Laute dasselbe nicht verdeckte. Es hat weite, vorn geschlitzte
Aermel, welche hier ausnahmsweise violett unterfüttert sind, sonst
aber gewöhnlich den weissen Hemdärmel durchblicken lassen. Ein
Spitzen-Kragen schliesst gegen den Hals, eine Spitzen-Manschette
gegen die Hand ab. Die stehende Krause ist abgethan und hat
der kleidsamen Form, welche wir in einfachster Weise in dem
Wallonen-Kragen des dreissigjährigen Krieges wiederfinden, Platz
gemacht.

Auch das steife, gepolsterte Beinkleid, in welchem die Zeit Heinrichs IV. einherging, ist verschwunden und an seine Stelle eine weite Hose ohne steife Fütterung und ohne irgend welche Schlitzung, — von den Franzosen *rhein-grave* genannt, — getreten. Die Hose ist unter dem Knie durch ein Band mit einer Schleife geschlossen und zeigt an den Seitennähten, zu dreien geordnet, kleine Schmuckknöpfe. Der dunkelblaue Strumpf, der nun schon öfters von Seide ist, hat auf beiden Seiten farbige Zwickel, während den Fuss Lederschuhe, gleichfalls mit Band-schleifen geziert, bedecken. Der Schuh hat noch nicht den scharf-kantigen, stumpfen Abschluss, welcher in dieser Zeit allgemein zu werden beginnt; doch zeigt er bereits den Anfang des hohen, meist roth gefärbten Absatzes, welcher bald weit und breit Mode wurde.

Ueber den Schultern liegt ein Mantel, der wahrscheinlich kurze, aufgeschlagene Aermel hat. Man pflegte den Mantel damals kaum anders, als schräg über die Schulter geworfen, zu tragen. Dass das seidene, gestickte Wehrgehänge den in der Zeichnung verdeckten Stossdegen trägt, bedarf kaum der Erwähnung.

A. v. H.

'30' LÜBECKER PATRIZIER-FRAU.

ENDE DES XV. JAHRHUNDERTS.

Von A. von HEYDEN.

Die Brömser Kapelle in der Jacobi-Kirche zu Lübeck enthält
einen Altar mit einem vortrefflichen, höchst merkwürdigen Bilde,
auf dessen Flügeln in der üblichen Weise die Familien der Dona-
toren abgebildet sind. Der Maler dieses Gemäldes ist leider unbekannt. Während auf dem linken Flügel der Mann die einfache
Tracht der Geschlechter vom Ende des fünfzehnten Jahrhunderts
zeigt, entfaltet der Künstler auf dem rechten Flügel in den Portraits der Frau und der Töchter die grösste Fülle patrizischer
Pracht des stolzen, reichen Lübeck, dessen Orlog-Schiffe den
ganzen Norden Europa's im Bann zu halten strebten, und dessen
übermüthige Jugend ihre Speere nicht auf dem Pflaster des Mark-
tes, sondern auf dem Parquet eines Prachtsaales im ersten Stocke
ihres Rathhauses unter vergoldetem, löwengezierten Gebälk ver-
stachen.

Das Kostüm der Frau, dessen Copie wir geben, ist so originell
wie möglich und um so merkwürdiger, als wir in einzelnen Stücken,
z. B. in der Garnitur des Mantels, in der Art der Kopfbedeckung

und dem Arrangement des Schmuckes, Aehnlichkeit mit nachweisbaren Kostümformen der friesischen Inseln Sylt, Föhr etc. finden.

Die Dame trägt ein Kleid von Sammet oder Damast ohne eigentlichen Taillen-Abschnitt; vorn und wahrscheinlich auch hinten sind dicht unter Busen und Schulterblatt vier grosse Falten abgenäht, welche bei der grossen Länge des mit weissem Pelz gefütterten Rockes eine reiche Fülle von Drapirungs-Motiven zu entwickeln geeignet sind.

Auf dem Bilde stehen zwei Gestalten von gleichem Schnitte der Gewänder nebeneinander: eine ältere Frau, wahrscheinlich die Mutter, resp. Grossmutter, in einem ganz weissen Kleide; neben ihr die Tochter in einem schweren, rothen Stoffkleide. Wir bemerken an dem letzteren, dass die Taille bis zur Hüfte von weissem Stoffe gefertigt ist, und dass dieser weisse Stoff sich auch als spitz zulaufender Einsatz im Rocke nach der rechten Seite zu fortsetzt. Das neben der jugendlichen Mutter stehende Kind trägt ein blaues Kleid, mit Taille und spitzem Rockeinsatze von gleichfalls weisser Farbe. Die Aermel der Grossmutter sind weiss, bei der Tochter dunkelrother Sammet, bei der Enkelin dunkelblauer
Sammet. Der Aermel ist so eng wie möglich, aber er lässt an der äusseren Seite noch einen Unter-Aermel von feinstem weissen Leinenstoff hervortreten, der vielleicht mit dem goldgesäumten und mit Goldknöpfchen und Goldschnur geschlossenen, durch-

sichtigen Unterhemdchen zusammenhängt. Das Letztere wird über dem Halsausschnitt des Rockes sichtbar.

Der farbige Aermel reicht kaum bis an das Handgelenk und ist an der offenen Aussenseite durch die reiche Garnirung der Schnürlöcher geziert, welche letztere bestimmt sind, die goldenen  Bändchen aufzunehmen, die den Aermel schliessen. Es ist dies, wie ich hervorhebe, nicht nur ein einziges langes Band, sondern die beiden Rosetten an der Innen- und Aussenseite des Aermels sind, paarweise für sich, durch doppelte Schnürchen verbunden. Am Handgelenk zieren den Aermel kleinere, ähnlich geformte goldene Rosetten.

Merkwürdig ist der Schulterschmuck, welcher ohne das Bild des Kindes, das keinen Mantel trägt, unverständlich geblieben wäre. Es liegen über den Schultern Flügel von weissem, resp. rothem und blauem Stoff, den Aermeln entsprechend, welche eine Stickerei von Gold und Perlen in reichem gothischen Muster zeigen. Ich glaube annehmen zu dürfen, dass diese, vorn bis auf den Busen reichenden Theile die Enden eines kragenartigen Stoffstückes sind, welches in gleich reicher Ausstattung den oberen Theil des Rückens deckt.

Bei den beiden verheiratheten Frauen liegt ein Mantel über den Schultern, welcher bei der Grossmutter im weissen Kleide roth, bei der Mutter im rothen Kleide weiss ist; derselbe ist mit Hermelin gefüttert und trägt breite Besätze von demselben Pelzwerk. Der Mantel selbst, sehr lang und auf der Schulter an ein besonderes Schulterstück in Falten angesetzt, wird durch eine über der Brust laufende Kette gehalten. Dieses Schulterstück aber giebt Gelegenheit, reichsten Schmuck anzubringen. Es ist mit einem Netzwerk von Gold und Perlen bei der älteren Frau und von Goldflittern bei der jüngeren bedeckt, jedoch so, dass der Hermelinbesatz unterhalb des Schulterstückes an Breite gewinnt.

Ganz dieselbe Art, den Mantel zu schmücken, finden wir im siebzehnten und achtzehnten Jahrhundert bei den Friesinnen auf der
Insel Sylt, wie ein später zu publicirendes Kostüm darthun wird.
Nur ist hier der Mantel kurz, den Unterschenkel kaum er-
reichend.

Auf dem Kopfe tragen die Frauen eine hohe, spitze Leine-
wandhaube, deren Flügel durch ein weisses Bändchen, unter
dem Kinn hindurchlaufend, an das Gesicht gebogen werden. Ein
solcher Kopfputz ist aus einem stark gesteiften, rechtwinkeligen
Leinenstück gebildet, dessen Länge etwa sechzig bis fünfundsechzig
Centimeter bei einer Breite von fünfzig Centimeter beträgt, und
das wie eine Papierdüte zu einer Spitze zusammengedreht wird;
die hinteren Flügel werden durch Nadeln aneinandergeheftet; der
ganze Apparat wird auf den Kopf gestülpt, und darauf werden
die freien Enden unter dem Kinn entweder ebenfalls durch Nadeln
oder durch ein an diese Enden angeheftetes Band vereinigt. Die
Erweiterung des Bogens an den Wangen gestattet dem doppelten, dreisträhnigen Zopfe, sich zu zeigen*).

Besondere Beachtung verdient der überaus reiche Schmuck.
Während die Hüfte durch einen mit mächtigem Schlosse zusammen-
gehaltenen Gold-Gürtel in gothischem Stile geschmückt wird und
eine reiche Rosenkranz-Kette aus rothen und goldenen Kugeln
über die, durch die oben beschriebenen, reich gestickten Flügel
ausgestatteten Schultern hängt, trägt das Hemdchen am Hals-
ausschnitte einen feinen, goldgestickten Saum und die Schnürbänder dieses Hemdchens sind durch kleine Goldrosettchen gezogen. Jene starke Goldkette aus starken, eckigen Gliedern
hält den Mantel auf den Schultern fest, und die Hände schmücken
zahlreiche Ringe. Vor allen diesen Dingen aber bleibt ein Kleinod
von ungewöhnlichen Dimensionen beachtenswerth, ein Viereck von

---

* Eine weisse, spitze, ganz ähnliche Mütze fand ich auf einem alten Kupferstiche im
Besitze des nunmehr leider verstorbenen Herrn Hansen zu Keitum an dem Kostüm einer Sylterin
im sechzehnten Jahrhundert.

etwa dreizehn Centimeter Länge zu sechs Centimeter Breite, welches über der Brust an einer Kette vom Halse herabhängt.

Gothisches Laubgewinde, aus einer mit zwei Rubinen und vier Perlen gezierten Platte sich erhebend, umfasst als Rahmen ein goldenes Relief, das bei der jungen Frau einen Putto darzustellen scheint, während das andere, an der Brust der älteren Frau, ein Heiligenbild sein dürfte. Am Unterrande jedes dieser Kleinode befindet sich ein Behang von neun langen Goldquasten, bestehend aus je zwei schmal-ovalen und zwei runden Plattengliedern. Der Schmuck ist mehr originell, als schön, und mir nur auf diesen Bildern entgegengetreten, trägt aber wesentlich dazu bei, den eigenartigen, pomphaften Eindruck der Erscheinung dieser vornehmen Frauen zu erhöhen.

A. v. H.

(31) BAUER

AUS DER GEGEND DES ETTERSBERGES, THÜRINGEN.

Von W. HASEMANN.

Wie überall, so variirt auch in Thüringen bei den Männern die Tracht weit weniger, als bei den Frauen. Während mitunter schon zwei Nachbar-Orte sich durch die Eigenthümlichkeiten ihrer Frauentrachten unterscheiden, bleibt die Kleidung der Männer auch in weiteren Entfernungen im Wesentlichen gleich. Der Bauer, den unser Kostümbild darstellt, stammt aus einer der kleinen Ortschaften nördlich des Ettersberges, des langgestreckten Höhenzuges, an dessen südlichem Fusse die Stadt Weimar liegt.

Der lange, bis zur Hälfte des Unterschenkels reichende, meist dunkelblaue, auch grüne und braune Rock des thüringer Landmannes ist aus sogenanntem Petermannstuch gefertigt, einem halb wollenen, halb baumwollenen Stoff. Der Kragen geht im Rücken hoch hinauf, und die an der Schulter etwas weiten Aermel sind mit vielen kleinen Fältchen eingenäht, sodass der Ansatz eine nicht unbedeutende Wölbung erhält; am Handgelenk befinden sich breite Aufschläge daran. Der Schnitt des Rockes ist überhaupt derselbe, wie er bis in die vierziger Jahre auch in den Städten üblich war; eine Reihe silberner Knöpfe ist die einzige, aber stattliche Verzierung desselben.

Die Weste ist derjenige Theil des Anzuges, der sich im Schnitt sowohl als in der Farbe am meisten nach dem besonderen Geschmack des Trägers richtet. Die Stoffe hierzu werden sehr verschieden gewählt; mitunter findet man die Westen sogar aus Leder gefertigt. Das Halstuch, gleichfalls verschieden in Farbe und Stoff, wird mit seinen Zipfeln unter die Weste geknöpft. Auf der linken Seite der schwarzsammtenen Kniehose befindet sich, von der Weste verdeckt, eine Tasche zur Aufnahme der plump-geformten Uhr mit ihrer massigen Kette, welche letztere sammt den schweren Anhängseln aus dieser Tasche heraushängt und so unterhalb der Weste bemerkbar wird. Die Hose wird unter dem Knie entweder mit einer Schnalle geschlossen, oder sie wird zu-geknöpft; die Knöpfe dienen dann zugleich als Verzierung. Die Unterschenkel decken weisse Strümpfe, die vermittelst farbiger Strumpfbänder mit Quasten mit der Hose verbunden sind, und an den Füssen hat der Mann ein Paar derbe, oberhalb der Knöchel endigende Schnallenschuhe, die natürlich einen leichten Gang nicht ermöglichen. Der ebenfalls schwere, breitkrämpige Hut aus dickem schwarzen Filz ist auf drei Stellen der Krämpe mit je zwei Bändern versehen; dieselben werden zweimal durch, im Kopftheil des Hutes befindliche Löcher gezogen und dort zusammengebunden. Dadurch legen sich die Krämpen näher an den Kopf, und es entsteht eine Art Dreimaster. Von den drei Krämpentheilen ist der eine, ge-wöhnlich auf der linken Seite, mit einer Gold- oder Silbertresse verziert, und um den Kopftheil liegt ein schwarzes Sammetband mit Schnalle; ebenso ist der Rand der Krämpe mit schwarzem Sammet eingefasst.

Bei der Arbeit trägt der thüringer Landmann zumeist die gestrickte Zipfelmütze, ferner eine blaue Bluse mit gewöhnlich schwarzen Stickereien auf dem Achseltheil und um den Hals herum, und die schwarze Sammethose wird durch eine Leder-hose ersetzt.

W. H.

132 BÄUERIN IN WERKTAGS-KLEIDUNG

AUS DER GEGEND DES ETTERSBERGES, THÜRINGEN.

Von W. HASEMANN.

Die Alltags-Kleidung der thüringer Bauerfrau ist von der Sonn- und Festtagstracht durchaus verschieden, bleibt sich aber in grösseren Landstrichen ziemlich gleich, sodass unsere vorliegende Darstellung als typisch gelten kann. Das Wesentlichste an der ganzen Erscheinung ist der weite Faltenmantel, der durch ganz Thüringen und bis in den Harz hinein verbreitet ist. Aus den verschiedenfarbigsten Kattun- und anderen Stoffen gefertigt, vom hellsten Rosa, Gelb, Blau bis in die tiefsten Schattirungen hinab, einfarbig, gemustert und geblümt, unterliegt der Schnitt fast gar keiner Aenderung: nur sind diejenigen Mäntel, in denen die Kinder getragen werden, kürzer und noch faltenreicher. Der Mantel besteht aus zwei grossen Theilen, von denen der untere etwa bis zu den Knieen hinabreicht und von dem oberen zu zwei Dritteln überdeckt ist; beide sind ringsherum bis oben hinauf mit einer breiten Falbel eingefasst; diese, sowie die den Kragen bildende Krause sind aus gleichem Stoff, wie der Mantel selbst. Er ist übrigens sehr verschieden gefüttert, je nachdem er seinen Zweck im Sommer oder Winter erfüllen soll.

Das bunte Halstuch, mit Fransen an den Rändern, wird dreieckig zusammen und um die Schultern gelegt, auf der Brust gekreuzt, und die Zipfel werden unter den Bund des Oberrockes gesteckt; Zeichnung und Farben dieser Busentücher sind oft von grosser Schönheit, meist Blumen auf dunkelbraunem Grunde. Wenn die Frau den Mantel trägt, so hat sie gewöhnlich keine Jacke an, sondern geht in Hemdärmeln. Schürze und Rock sind sehr verschieden in Stoff und Farbe; mitunter tragen sie eine Verzierung von einem oder zwei Finger breiten Sammetstreifen; die ziemlich weite Schürze hat ausserdem noch eine breite, faltenreiche Falbel. Verschiedenfarbige Strümpfe und derbe Schnürschuhe oder niedere Tuchschuhe bekleiden die Füsse.

Mit der Art und Weise, wie das dunkelfarbige, baumwollene Kopftuch gebunden wird, sucht man in den Gegenden, in denen die Bändermütze mit der grossen Schleife*) getragen wird, einen ähnlichen Eindruck hervorzubringen, wie diese ihn macht. Das Tuch wird einmal um den Kopf gebunden und vorn in einen Knoten verschlungen, worauf die ziemlich langen Zipfel so gelegt und gesteckt werden, dass sie zu beiden Seiten des Kopfes wie grosse Ohren, scherzweise auch ›Elephanten-Ohren‹ genannt, herabhängen. Um den Hals wird häufig eine Glasperlen- oder Bernsteinkette getragen.

W. H.

*) Wir werden diese Tracht in einiger Zeit ebenfalls veröffentlichen.

D. Red.

(33) VORNEHMER DEUTSCHER MANN.

Um 1480.

Von A. von HEYDEN.

Das Trachtenbild, welches hier vorliegt, gehört ebenfalls zu den Bildern Michael Wohlgemuth's im Rathhause von Goslar und stellt einen römischen Kaiser dar. Was wir in der Beschreibung des 113. Blattes (siehe Seite 115) über jene werthvollen Denkmale der Kostüm-Geschichte gesagt, gilt auch hier; wir haben die vorliegende Gestalt jedoch der kaiserlichen Insignien entkleidet, im Uebrigen aber die Tracht mit grösster Treue copirt.

Der Kopf des Originals zeigt dieselbe lockige Haartracht, wie unser Bild. Die Kleidung besteht aus einem rothen, bis zum Halse reichenden knappen Wams, der »Schecke«, über welches eine kurze, überaus weite Schaube von weissem Wollenstoff gezogen ist. Die sehr weiten, lang herabhängenden Aermel der letzteren haben an den Oberarmen Schlitze, aus denen in der Form von dreieckigen Klappen, ebenso wie auf den breiten Handaufschlägen und dem grossen Ueberfallkragen, welcher die Schultern deckt, das braune Futter der Schaube hervortritt. Ein Besatz von gleicher Farbe ziert den unteren Rand der Schaube, von deren

Flügeln der eine malerisch unter den rechten Arm geschoben ist. Das rothe Wams tritt nur an der Brust, hier einen helleren breiten Rand zeigend, und in den Schlitzen der Schaubenärmel hervor.

Das Bein ist mit einer enganliegenden, rothen Hose bekleidet, während ein hoher Laschenschuh von feinem Leder den Fuss deckt, zu dessen Schutz im Uebrigen eine Art Pantoffel von dunklerem, derbem Leder mit starker Sohle getragen wird; in Zweck und Form dürfte der letztere ziemlich unseren modernen Ueberschuhen entsprechen. Wir finden im XV. Jahrhundert diesen Ueberschuh übrigens häufig auch ohne den Unterschuh, wie es scheint, jedoch nur auf der Strasse, um die auch den Fuss bekleidende und zu dem Zwecke mit Ledersohle versehene Hose vor Verunreinigung zu schützen.

Eine zweifache goldene Kette ziert den Hals und die Brust; die eine, unter der Schaube, ist zweimal um den Hals geschlungen; an der anderen, über dem Kragen der Schaube, hängt ein goldenes Schaustück. In der Hand trägt die Figur einen kurzen, keulenartig am oberen Ende verdickten, goldenen Stab.

A. v. H.

(134) VORNEHME DEUTSCHE FRAU.

Um 1480.

Von A. von HEYDEN.

Das vorliegende Blatt bringt, in überaus origineller deutscher Frauentracht, eine der berühmten »Sibyllen« von der Hand Michael Wohlgemuth's im Huldigungs-Saale zu Goslar, von denen zwei uns bereits als werthvolle Beiträge zur Kostümkunde jener Tage gedient haben.*)

Die phantastische Mütze aus Goldstoff, welche sich vorn mit einer Schnebbe über das Haar legt, hat, wie das auf dem 114. Blatt gebrachte Kostüm, einen Stirnschleier. Allein an der jedenfalls flachen Rückseite des Kopfaufsatzes ist noch ein sehr langer Rückenschleier befestigt. Die Zöpfe sind nicht, wie bei dem eben genannten Kostüm dieser Zeit, dreitheilig geflochten, sondern zeigen ein kunstvolles, dünnes Geflecht, welches nur aus vielen Haarsträhnen herzustellen ist. Als Stoff des Kleides ist weisse Wolle anzunehmen; der Rock mit langer Schleppe ist in wenigen Falten an das knappe Mieder angesetzt, das einen ziemlich tiefen Aus-

*) Das 66. und 114. Blatt.

schnitt zeigt. Die ganze mittlere Hälfte des Rockes, von den Hüften bis über das Knie, wird durch einen Einsatz von Goldstoff gebildet. Die engen Aermel sind sehr lang und decken, sich etwas an der Hand erweiternd, diese bis an die Finger. An Schulter und Ellenbogen zieren den Aermel sehr regelmässige, weisse Puffen, welche anscheinend einzeln aufgenäht sind. Um die Taille ist ein dicker, vorn eine Schleife bildender Shawl von grünem Stoff geschlungen, während den Brustausschnitt theilweise ein im Bogen aufsteigender Latz von derselben Farbe ausfüllt.

Zwei Ketten zieren den Hals. Die eine als breites Band, anscheinend aus mehreren feinen Kettchen bestehend, schliesst sich mit viereckigem Schlosse über der Halsgrube; die andere aus grossen Gliedern trägt ein Schildchen mit einem Rubin, über welchem sich ein geflügelter Kopf erhebt.

Die breiten Schuhe, welche fast ganz von dem faltigen Gewande bedeckt werden, sind weiss.

A. v. H.

135) GORALE

AUS DEM TATRA-GEBIRGE, UNGARN.

Von PAUL THUMANN.

Wenn man, von Krakau kommend, nach Süden dem Gebirge zueilt, gelangt man durch anmuthige Vorberge zu dem nord-ungarischen Alpenlande, den Karpathen, welche die Grenze gegen Galizien zu bilden. An den nordwestlichen Abhängen und Aus-läufern dieses Gebirgszuges, den Beskiden, sowie an der Nord-seite der Central-Karpathen wohnt ein eigenthümlicher polnischer Volksstamm, die Goralen, der sich aber wesentlich von seinen Nachbarn und Blutsverwandten, den Polen, unterscheidet, nament-lich nach Westen hin, in den Beskiden.

Die Goralen sind von kräftigem Körperbau; ihre Knochen sind stark und von den scharf hervortretenden Muskeln wie von ehernen Strängen umgeben. Der Wuchs ist nicht gross, und in Allem drückt sich Ausdauer und Zähigkeit aus, verbunden mit der Kraft, zu entsagen, an welche dieser Volksstamm durch die Un-wirthlichkeit seiner Heimath und die Dürftigkeit, in welcher er lebt, gewöhnt ist. Deshalb lagert ein melancholischer Zug auf dem Antlitz des Goralen, der merkwürdig der Stimmung der Um-gebung entspricht.

Die Kleidung ist überaus einfach. Sie besteht aus einem grauen, grobleinenen, kurzen Hemde, das knapp bis zum Gürtel reicht, und eng anliegenden Beinkleidern aus weissem, dickem, filzähnlichem Tuche. Das Hemd wird an den Rändern gewöhnlich mit schmaler, rother Stickerei eingefasst und auf der Brust durch eine Metall-Agraffe, — Messing oder Zinn, — zusammengehalten. Die bis zu den Knöcheln herabreichenden Hosen, welche das zweite Hauptbekleidungsstück bilden, sind meistens mit rothen Schnüren besetzt. Der Raum zwischen dem Hemde und den Hosen wird durch den »Pass«, einen breiten Ledergürtel, der vorn durch grosse Messingschnallen zusammengehalten wird, ausgefüllt. An diesem Gürtel, der auch als Tasche dient, hängt das unentbehrliche Messer, sowie die nie fehlende Tabakspfeife nebst Feuerstahl. Manche Männer tragen über dem Hemde noch eine lange, enganliegende Pelzjacke, die sie selbst im heissesten Sommer nicht ablegen. Zu keiner Jahreszeit fehlt auch der »Gunia«, ein kurzer, brauner Mantel aus groben Ziegenhaaren, der über die Schultern geworfen wird. Derselbe dient zugleich Nachts zum Zudecken, da der Gorale kein Bett kennt, im Sommer grösstentheils unter freiem Himmel übernachtet und im Winter, die Arme unter dem Kopfe als Kopfkissen, auf der Ofenbank oder auf dem ungedielten Fussboden seiner Hütte schläft, zunächst dem Feuerherde, dessen Rauch zur Erwärmung des engen Raumes vorsätzlich zurückgehalten wird. Die Füsse umwickelt der Gorale mit Lappen, über welchen eine Art von Sandalen, »Skirpse«*), befestigt wird. Die Skirpse, aus rohen Schaf-, Ziegen- oder Rinderfellen in länglichviereckige Stricke geschnitten, werden durch Riemen um die Knöchel geschlungen. Ein breitkrämpiger Hut, mit farbigen oder aus Metallflittern hergestellten Schnüren umwunden, bedeckt den

---

*) Diese eigenthümliche Form der Fussbekleidung gehört der ganzen slavischen Bevölkerung und allen mit ihnen in Berührung befindlichen Stämmen an; sie findet sich in fast gleicher Form, aber unter verschiedenen Namen, von der Wolga bis an die Quellen der Oder, am Ägäischen und an der Westküste des adriatischen Meeres, und reicht in längstvergangene, nicht zu bestimmende Zeit hinauf.

A. v. H.

Kopf, von welchem das Haar, stark mit Fett oder Oel getränkt, schlicht auf die Schultern herabhängt. Als Stecken und Stab, zugleich aber auch als Waffe, dient eine Streitaxt, deren langer Stiel, meistens kunstvoll mit eingelegten Metallstücken verziert, der Stolz des Goralen ist.

H. O.

[136) WALACHIN AUS ORSOVA.

Von PAUL THUMANN.

Die ebenso einfache, wie malerische Kleidung der walachischen Frauen steht den zum Theil klassischen Schönheiten, so lange sich dieselben noch in der ersten Jugend befinden, ausserordentlich anmuthig. Ein weisses, leinenes Hemd, »Camasia« genannt, das vom Halse bis zu den Knöcheln hinabreicht, und dessen lange Aermel namentlich vorn sehr weit sind, bildet das Hauptkleidungsstück der Frauen, an welchem sie ihre Kunstfertigkeit zeigen. Die Ränder um den Hals, die Brustseite, die Aermel vorn um die Hand, wie auch in der ganzen Länge, werden mehr oder weniger reich gestickt, und zwar bei Mädchen und Frauen bis zum vierzigsten Jahre in rothem Garn oder gelber Seide, bei älteren Frauen in Blau. In Rumänien werden diese gestickten Figuren noch mit einer Unzahl von äusserst dünnen, vollkommen runden, münzartigen, jedoch ganz kleinen Flittern aus Gold oder Silber, sogenannten »Fluturei«, untermischt; auch Glasperlen findet man mit eingenäht.

Während der wärmeren Jahreszeit ist das Hemd das Hauptkleidungsstück, alles Uebrige mehr oder weniger nur Zierde. Einen Unterrock kennen die Walachinnen nicht. Dafür sind bei ihnen zwei breite, bis an die Knöchel reichende, künstlich gewebte, farbige Schürzen aus rother, gelber und blauer Schafwolle in Gebrauch, deren eine vorn, die andere hinten in der Weise herabhängt, dass sie an der Seite beinahe zusammentreffen. Die Schürzen, in den meisten Gegenden ›Catrintia‹, in einigen ›Fota‹ oder ›Zade‹ genannt, sind in ihrer Farbenpracht von malerischer Wirkung. In manchen Gegenden aus einem festen Stück Wollenstoff gefertigt, bestehen diese Schürzen in anderen Landstrichen aus langen Fransen, die von einem ungefähr handbreiten Gewebe von den Hüften bis zu den Füssen herabhängen. Ueber dem Hemde trägt die Walachin zur Winterszeit ein ärmelloses Wams aus weissgegerbtem Lammfell, welches der Weste des Mannes entspricht und auch, wie diese, ›Peptarin‹ genannt wird. Geht die Frau im Winter aus, so zieht sie einen wollenen, bequemen und ziemlich langen Gehrock, ›Suman‹, an, der gleichfalls dem des Mannes sehr ähnlich ist. Auch der weissgegerbte Schafpelz ist im Winter ein sehr beliebtes Kleidungsstück der Frauen. Wie von den Männern, wird auch von letzteren in den meisten Gegenden ein rother oder dreifarbiger wollener Gürtel, ›Cingatória‹ oder ›Brin‹ genannt, wie eine Art Shawl um die Hüften geschlungen.

Die am häufigsten vorkommende Kopfbedeckung bei den Frauen der walachischen Landbevölkerung bildet ein Leinen-, Mousselin- oder Seidentuch, rein weiss, zwei bis drei Meter lang und bis fünfzig Centimeter breit. Dieses Tuch wird in der verschiedenartigsten Weise verwendet; bald schlingt es sich nachlässig um den Kopf, bald ist letzterer ganz damit umwickelt, wie es eben die Jahreszeit oder sonstige Verhältnisse verlangen. Oefters hängt der grössere Theil des Tuches bis zu den Hüften herab, den Körper malerisch drapirend. Die heirathsfähigen jungen Mädchen pflegen den Kopf nicht zu bedecken, ausgenommen bei Arbeiten, deren Verrichtung Staub erzeugt, oder bei strenger Kälte. Die Haare werden in Zöpfe geflochten, um den Kopf geschlungen und mit Bändern und Blumen geschmückt. In einigen Gegenden werden auch, wie unsere Abbildung zeigt, drei bis vier Centimeter breite Borten in das Haar gewunden.

Junge Frauen tragen mit besonderer Vorliebe um den Hals Korallenschnüre, Perlen und Flittergold. Ein Lieblingsputz der Wohlhabenderen sind jedoch an Schnüren aufgereihte Gold- und Silbermünzen, welche bei festlichen Gelegenheiten als Hals- und Ohrschmuck dienen. Trägt eine Frau, sagt Henke in seinem Werke über Rumänien, eine dreifache Reihe von Goldmünzen um den Hals, so ist sie nach dortigen Begriffen reich, arm aber, wenn sie nur eine Reihe Silbermünzen umgehängt hat. Ein richtiges Halsband hat in der Mitte als Medaillon ein türkisches Fünf-Lira-Stück von der Grösse eines Thalers, etwas über hundert Mark an Werth; an dieses reihen sich dann zu beiden Seiten erst grosse, dünne Drei-Ducaten-Stücke und endlich Fünf-Franken- und türkische Viertel-Lira-Stücke. Eine einfache Schnur hat somit einen ungefähren Werth von vierhundertfünfzig bis fünfhundert, eine dreifache dagegen einen solchen von tausend bis zwölfhundert Mark.

Ein anderer Lieblingsschmuck der Walachinnen ist der silberne Gürtel, aber auch Ohrgehänge dürfen bei den jungen Weibern nie fehlen.

Die Fussbekleidung der Walachinnen besteht meist aus langen, bis unter das Knie reichenden Stiefeln, »Cisme« oder »Ciobóte«, bei den älteren Frauen aus schwarzem, bei jungen in Siebenbürgen aus rothem, in Rumänien aus gelbem Saffian. In der milderen Jahreszeit gehen viele Frauen und Mädchen, namentlich auf dem Lande, während der Arbeit im Felde sowohl, wie zu Hause, barfuss.

Alle hier erwähnten Bekleidungs-Gegenstände sind das Product der eigenen Haus-Industrie, welche einzig und allein von den Frauen ausgeübt wird. Nur das Kopftuch kaufen sie in den Städten. Auch die Männerkleidung wird von den Walachinnen gefertigt.

H. O.

¹³⁷⁾ NIEDERLÄNDISCHER CAVALIER.

MITTE DES XVII. JAHRHUNDERTS.

Von OTTO BRAUSEWETTER.

Das Original dieses Bildes ist von dem niederländischen Maler Peter Quast, einem Schüler Adrian Brouwer's, gemalt und befindet sich im Besitze des Herrn Professor L. Knaus in Berlin. Die Kleidung des Niederländers, — schoossloser, nur bis an die Hüften reichender Rock und Mantel von gleicher Länge, kurze, knapp über das Knie reichende Hosen, seidene Strümpfe, alles bis auf das rothseidene Mantelfutter in lichten Farben, — ist im Schnitt überaus einfach und zeigt weder Puffen noch Schlitzen. Diese Einfachheit, verbunden mit der stark selbstbewussten Stellung, giebt der Figur etwas Soldatisches, worauf auch das von der rechten Schulter über die Brust gehende breite, reich verzierte Bandelier hindeutet.

Was aber auch der Beruf des dargestellten Mannes gewesen sein mag, ein eigentlich militärisches Kostüm haben wir kaum vor uns. Die nach unten zu offene, auf das Tragen des langen Reiterstiefels nicht berechnete Hose, die seidenen Strümpfe und die kostbaren, lang herabhängenden Knieschleifen, die Schuhe mit den für damalige Zeit recht hohen Absätzen und den reichen Spitzen-Rosetten gehören offenbar einer friedlichen Staatskleidung an, während die breite Feder, die silberne Hutschnur, der kostbare Spitzenkragen und das seidene Futter des ärmellosen Mantels sehr wohl auch zum militärischen Luxus passen können. Der breitkrämpige Schlapphut wurde gegen die Mitte des siebzehnten Jahrhunderts allgemein getragen, vielfach auch von Frauen.

O. B.

138) KÖNIG KARL I. VON ENGLAND.

1624.

Von FRANZ SKARBINA.

Vorliegendes Portrait ist einem lebensgrossen Oelbilde der Gemälde-Gallerie des königlichen Residenz-Schlosses Christiansborg zu Kopenhagen entnommen. Karl I. ist nach der im Bilde befindlichen Inschrift:

Carolus magnus
Britannia (sic!) Princeps
anno D. 1624,

als Prinz von Wales, im Alter von vierundzwanzig Jahren, dargestellt.

Das Kostüm zeigt die Ungeheuerlichkeit der ausgearteten spanischen Mode. Ein eng anliegendes, nach vorn herunter spitz geschnittenes Wams mit angesetzten Schoossklappen umschliesst knapp den Oberkörper. Der Schooss geht an den Hüften hoch unter die Arme hinauf und fällt nach vorn scharf ab, sodass das Wams einer Schnürbrust für Frauen ähnelt. Die eng anschliessenden Aermel werden am Schulter-Ansatz durch grosse, gepolsterte Kappen überdeckt. Das Wams nebst Aermel und

Schulterblatt besteht aus dunkelviolettem, feingemustertem Atlas und ist vorn vom Halse herunter, an den Schössen, auf den Schulterkappen und der vorderen Aermelnaht, mit einer hellgrünen, ornamentirten Borte doppelt besetzt, während die Taille von einer Reihe gleichfarbiger Schleifen mit metallenen Röhren-Enden umgeben wird. Die tonnenartig gesteifte Hose von der Farbe und dem Muster des Wamses endet über dem Knie und ist unten ebenfalls mit hellgrüner Borte besetzt. Die grauvioletten Seiden-Tricots, welche die Beine bekleiden, haben unter dem Knie ein hellgrünes Knieband mit gleichfarbiger, golddurchwirkter, in der Mitte mit einem goldenen Knopfe geschmückter Bandrose. Die schwarzen Lederschuhe sind vorn abgestumpft und an den Seitentheilen weit ausgeschnitten. Ueber dem Spann werden sie durch einen Riemen, welcher die Seitenflügel vertritt, zusammengehalten und sind mit einer grossen, grünen, goldbefranzten Schleife verziert. Die starken Sohlen nebst Absatz sind von lichtgrauem Leder.

Den Hals des Prinzen umgiebt eine schüsselartige, eng gefaltete Spitzenkrause, während hohe Spitzenstulpen die Handgelenke umschliessen. Der lange, spanische Degen mit vergoldetem, einfachem Gefässe hängt an einem schmalen Leibgurte schräg nach hinten. Das Haupthaar, welches der Prinz lang und frei herabhängend trägt, lässt die Stirn offen; ein schmaler Bart mit emporgestrichenen Enden bedeckt die Oberlippe, ein Zwickelbart das Kinn. Das linke Knie wird von dem blauen Bande des Hosenband-Ordens umschlungen. Das ebenfalls blaue Band am Halse, mit daranhängendem runden Schilde, entspricht indessen nicht den Insignien, welche die Ritter dieses Ordens auf der Brust zu tragen pflegten, dürfte also ein anderes Ehrenzeichen oder eine Schaumünze, einen Gnadenpfennig, tragen. Gelbe Stulpenhandschuhe mit langen Fingerspitzen vervollständigen das Kostüm.

F. Sk.

¹³⁹⁾ BAUERNMÄDCHEN

AUS NEULAND BEI NEISSE, SCHLESIEN.

Von PAUL SEMBTNER.

So übereinstimmend die Volkstrachten der schlesischen Bäuerinnen im Allgemeinen auch erscheinen, so giebt es für die einzelnen Kreise doch feste charakteristische Unterschiede. Dieselben liegen zumeist darin, dass der Kopfputz verschiedenfarbig besetzt und arrangirt wird.

Das Original des vorliegenden Bildes gehört Oberschlesien an, und zwar speciell dem eine Viertelstunde von der alten Festung Neisse entfernten Dorfe Neuland, dessen Bewohner durchweg Gemüsebau treiben. Es ist Sonntag, und unsere Bäuerin hat grossen Staat angelegt. Der reich gefaltete Rock besteht aus dunkelblau und schwarz carrirtem wollenen Stoff, der öfters auch dunkelviolett carrirtem Stoffe Platz macht und gerade kurz genug ist, um die Füsse mit Schuhen aus schwarzem Leder oder buntem Zeug und, wenn letztere ausgeschnitten, auch die weissen, wollenen Strümpfe sichtbar werden zu lassen. Eine meterweite, glatt anliegende Schürze aus einfarbigem grünen Tibet, unten mit schwarzem Sammet besetzt, hinten mit schmaler, kurzer Bandschleife von

gleicher Farbe versehen, deckt die Vorderseite des Rockes bis
nahe zum unteren Rande; doch werden auch leinene oder helle
Kattunschürzen getragen.

Als drittes Hauptstück der charakteristischen Tracht zeigt sich
ein vorn westenartig ausgeschnittener, in ein Schösschen endender
Spenzer von dunkelbraunem, bunt geblümtem Chaly. Die Puff-
ärmel dieses, bei Frauen und Mädchen gleichen, mit einem Ueber-
schlagkragen versehenen Spenzers sind an der Achsel bauschig, am
Handgelenk eng; die Taille umschlingt ein auf der Rückseite be-
festigter Gürtel von demselben Stoffe. Wie der Kopfputz, so ist
auch der Spenzer von verschiedenartigen Farben: olivengrün,
schwarz, aber immer aus buntdurchwirkter Seide oder klein geblümtem Chaly. Der Ausschnitt auf der Brust lässt ein rothes,
mit kleinen, grünlichen Blättern bestreutes Tuch sehen, welches
den Hals fast bedeckt und mit einer Nadel vorn zusammengesteckt
ist. Dieses aus Wolle oder Seide gefertigte Tuch wird derartig
um den Hals geschlungen, dass auf dem letzteren der Schmuck, —
ein ziemlich tiefhängender, geränderter oder geöhrter Ducaten,
eine an schwarzem Sammetbande oder an schwarzer Schnur
hängende silberne Schaumünze oder eine Perlenschnur aus Bern-
stein, — zu sehen ist. Auch goldene Ketten werden zu dem
Schaustück getragen.

Das auffallendste Stück der Garderobe bleibt die Haube, die,
aus weissem, mit Blumen besticktem Tüll bestehend und mit
schmalen, weissen Spitzen besetzt, lose auf dem Kopf sitzt und
die Haare bis auf einen schmalen Streif völlig bedeckt. An den
unteren beiden Seiten der Haube sind durchwirkte, 10 Cent.
breite Spitzenkrausen befestigt, die fast bis zum Gürtel hinabreichen und mit einander durch ein rothseidenes, an jeder Seite
der Krause schleifenartig angebrachtes Band verbunden sind.
Hinten hängen mehrere 5—7 Cent. breite, über einen halben
Meter lange, mit Blumen oder Arabesken bestickte seidene
Bänder herab, die, mit der Haube gleichfarbig, an einer rück-
seitigen Schleife der letzteren befestigt sind. Die Hauben der

Frauen unterscheiden sich von denen der Mädchen durch eine bis in die Stirn hineinreichende Schnebbe, welche das Haar ganz bedeckt; sie bestehen aus Tüll, Taffet oder Seide, sind mit farbigen Blumen, Gold und Silber durchwirkt und mit Gold und Silber eingefasst.

Im Winter, wenn die Hauben anstatt der Spitzen auch grauen Pelzbesatz zeigen, tritt als charakteristische Hülle der weite, aus dunkelblauem Tuch gefertigte Radmantel in seine Rechte. In seinen Vordertheilen scharlachroth gefüttert, und mit einem Kragen versehen, der bis an die Schultern reicht, ist dieser Mantel mit drei Finger breiten, echten Goldborten besetzt und am Halse mit vergoldeter Agraffe zu schliessen. An Werk- und Wochentagen bescheiden sich die oberschlesischen Bäuerinnen allerdings mit ihren selbstgesponnenen, dunkelblauen Leinenröcken und weissen, baumwollenen Bändern an der Haube, während die Mädchen einfach ein buntes Tuch um den Kopf knüpfen. Dass unsere Neuländerin zu den Wohlhabenderen des Dorfes gehört, beweist im Besonderen noch das feine, spitzenbesetzte Taschentuch, das sie zwischen den Händen trägt. Auf dem Kirchgange würden sich dazu Gebetbuch und Rosenkranz gesellen.

P. S.

(40) BAUERNMÄDCHEN

AUS OCKERSHAUSEN BEI MARBURG, KURHESSEN.

Von FRANZ MEYERHEIM (†).

Unser Bild zeigt ein junges Bauernmädchen aus dem, der kleinen oberhessischen Universitäts-Stadt Marburg zunächst gelegenen Dorfe Ockershausen, wie es, in seiner Hand den Feldblumenstrauss, unserem Künstler zum willkommenen Vorwurf sich geboten hat. Dem neuesten Stande der Tracht entspricht das Bild freilich nicht ganz; die heutigen Ockershäuserinnen mögen es sogar als ›altmodisch‹ bezeichnen, denn auch in den Volkstrachten fehlt es nicht an den, wenn auch langsameren Wandlungen der Mode. Es ist schon eine Reihe von Jahren her, dass Franz Meyerheim, der im vorigen Jahre verstorbene älteste Sohn Eduard Meyerheim's, in der Umgegend von Marburg die Studien gemacht hat, von denen wir ein Blatt vor uns haben. —

Die Landbevölkerung der Marburger Umgegend conservirt noch eine der anmuthigsten Landestrachten; namentlich herrscht eine solche im ›Ebsdorfer und Seelheimer Grund‹, südlich und südöstlich von Marburg. In einigen katholischen Dörfern, die sich um den kolossalen Bergkegel ›Amöneberg‹ lagern, weicht die

Kopfbedeckung und der Besatz an den Röcken merklich von der Tracht der evangelischen Bevölkerung ab.

Die oberhessische evangelische Bäuerin verwendet ganz besondere Sorgfalt auf Kopf- und Fuss-Bekleidung. Unter dem faltenreichen, mittelkurzen Rocke treten die meist schön geformten Beine, — von gezwickelten weissen Wollstrümpfen und zierlich ausgeschnittenen, schwarzen Lederschuhen bekleidet, — besonders hervor. Die in lebhafter Farbe gehaltenen, hübschen Zwickel werden in die Strümpfe eingestrickt und erhöhen durch ihre Ausläufer bis fast zur Spitze des Strumpfes wesentlich die Zierlichkeit des Fusses. Die Kopfbedeckung, eine dreitheilige Kappe, »Stülpchen« genannt, besteht aus Glanz-Kattun und mehrfach geschichteter Leinwand; fest und dicht zur Herstellung einer steifen Form durchsteppt, reich mit bunter, dicker Seide in den originellsten Mustern gestickt, mit breitem, farbigem Seidenbande ringsherum eingefasst, lässt sie das glatt zum Wirbel des Kopfes emporgestrichene, in zwei lange Zöpfe geflochtene und schneckenförmig gewickelte Haar nach hinten etwas neugierig hervorgucken, während lange, breite, schwarzseidene Bindebänder das Gesicht anmuthig umrahmen. Die Grundfarbe des Stülpchens ist gewöhnlich unter der reichen Stickerei in grellfarbiger Seide oder auch in Perlen wenig sichtbar.

Bei feierlichem Kirchgange trägt die oberhessische evangelische Bäuerin zu einem völlig schwarzen Anzuge das sogenannte Schleierhäubchen mit der darüber gelegten »Stirnbetzel« aus feinem weissen Mull mit gestickten, glatt gefalteten Rändern und Spitzenbesatz, der, hinten etwas eingebogen, die schwarze Seidenschleife des Häubchens hervortreten lässt, während aus dem Mieder über Schultern und Rücken die reich gestickten Zipfel eines weissen Mulltuches hervorfallen.

Das weit ausgeschnittene Mieder aus buntem Kattun oder gemustertem Wollstoff, mit Bandeinfassung und doppelreihigen Knöpfen versehen, birgt sonst die Zipfel des um den Nacken geschlungenen bunten Woll- oder Seiden-Tuches, hinter welchem

mehrere Reihen dicker Perlenschnüre dicht am Halse hervor-
blicken, die durch bunte Seidenbänder zusammengebunden sind,
während Schleifen und Enden über den Rücken herabfallen. Bei
warmer Jahreszeit bedecken den Oberarm nur die weiten, breit
umgeschlagenen, weissen Hemdärmel; sonst wird meistens die
aus buntgeblümtem Kattun, mit weissem Wollfutter und Halskrause versehene langärmelige Jacke, ›Motze‹ oder auch ›Hans-
peter‹ genannt, getragen. Das Wollfutter muss, damit man
seine Reinheit erkennen möge, strohhalmbreit am Rande vor-
stehen.

Der überaus weite Rock, aus gestreiftem Beiderwand oder
glattfarbigem Biber, liegt in dichten Falten, — von oben bis etwa
zur Mitte der Länge auf der inneren Seite festgeheftet, — und
fällt nach unten fessellos auseinander; mehrere bunte Band- und
Sammet-Streifen verzieren den äusseren und inneren Rand acht
bis zehn Centimeter hoch. Je nach Wohlstand, werden drei, sechs
und oft noch mehr Röcke so übereinander getragen, dass die
bunten, oft grell von einander abstechenden Ränder untereinander
hervorsehen, sodass sie gezählt werden können. Ueber den Hüften
ruhen sämmtliche Röcke wiederum auf einem dicken Polsterwulst[*]),
welcher, an einem Unterleibchen befestigt, die eigentliche Traglast
den Schultern mittheilt, eine Vorkehrung, welche die Bewegungen
des Unterkörpers erleichtern hilft, sodass der Gang der Bäuerinnen
immer zierlich erscheint.

Eine weite, bis zum Saume des Rockes reichende Schürze,
deren breite, zu Schleifen gebundene Seidenbänder lang herabfallen, vervollständigt den schmucken Anzug.

Gewöhnlich wird diese buntfarbige Kleidung von den jungen
Frauen so lange getragen, bis der erste Trauerfall ihrer Leibes-
erben eintritt, um dann für immer den schwarz und weiss gemusterten Stoffen zu weichen. Bei etwaigen Gängen in die Stadt

---

[*]) Der Polsterwulst findet sich überall, wo schwere Röcke getragen werden: in Hessen,
Oberbaiern, Tirol u. s. w.

A. v. H.

dient ein zierlicher, mit buntgefärbten Weiden reichlich durch-
musterter Korb zur Aufnahme von Handelsartikeln; wer nichts zu
tragen hat, klemmt wenigstens eine buntgebänderte, fein gestickte
»Züge« länglich zusammengelegt, unter den Arm, sodass die
schönen Seidenbänder immer nach hinten fallen. In neuester Zeit
hat die Alles beherrschende »Mode« ihre Fühlhörner auch
über diese, sonst so sehr am Altherkömmlichen festhaltende Landbevölkerung ausgestreckt und mit ihrer magnetischen Kraft
zunächst die Reichen und Wohlhabenden, durch einige kleine
Abänderungen in Stoff und Muster, gewonnen. Bei festlichen
Gelegenheiten verdrängt an den Jacken feiner Wollstoff oder gar
Atlas den sonst herrschenden Kattun, während an den Röcken
der bisher beliebte blaustreifige Beiderwand durch feines Tuch ersetzt wird.

Die katholische Oberhessin erscheint im Allgemeinen in ihrer
Tracht opulenter, als die evangelische. Zwar sind die weissen
Strümpfe zwickellos, aber die schwarze Schürze trägt reiche Silber-
band-Verzierungen, das Mieder ist ärmellos, die weissen weiten
umgeschlagenen Hemdsärmel haben Spitzenbesatz, das Stülpchen
erscheint flacher und bedeckt den Hinterkopf.

Eigenartig kühn nach hinten zu aufsteigend und den ganzen
Kopf bedeckend ist das Stülpchen der oberhessischen Hinter-
landerin. Es besteht aus schwarzem Sammet, die Mittelfläche mit
schwarzen Spitzen besetzt; über Schultern und Brust fallen die
breiten schwarzseidenen Bänder lang herab; eine schwarze Schleife
mit langen Bändern befindet sich hinten am rothen Busentuch,
vorn am Hals ein weisses Schleifchen. Grünseidene Bänder sind
durch die langen Zöpfe geflochten. Die weissen Strümpfe der
oberhessischen Hinterländerin sind zwickellos, die Schürze schwarz,
weit und ziemlich lang (sodass die weiten Röcke nur hinten sichtbar sind), überdies mit einem silbergestickten schwarzen Sammetstreifen besetzt. Das schwarze, vorn mit silberartigen Kreuz-
schnüren versehene Sammetmieder hat einen mit Silber und Perlen
gestickten westenartigen Brusteinsatz aus schwarzen Sammet; die

Aermel sind bis zum Ellenbogen breit aufgeschlagen und tragen am Rande grünseidene Borte.

Bei der Schwälmerin, deren weisse Strümpfe durchwirkt sind, fällt auf den schwarzen Oberrock die saubere weisse, mit Spitzenrand versehene Schürze, dazu rothseidene Hüftenbänder mit langer Schleife. Das Mieder zeigt vorn breiten Silberbesatz und rothen perlengestickten Brusteinsatz. Ein grosser weisser Spitzenkragen deckt Hals und Busen; die Hemdsärmel sind einfach umgeschlagen, und das kleine rothe Stülpchen ist oben mit Perlen gestickt. Die Röcke werden noch kürzer getragen, wie von den oberhessischen Frauen.

M. M.

⁽⁴¹⁾ MITGLIED DES FRANZÖSISCHEN DIRECTORIUMS.

1795—1799.

Von JEAN LULVÈS.

Obwohl dieses Kostüm eines ›Membre du Directoire exécutif‹ die gewöhnliche Amtstracht repräsentirt, so bietet es doch selbst für genauere Kenner der Moden und Trachten viel Ueberraschendes und Befremdendes. So wenig es an die Trachten im Ausgange des XVIII. Jahrhunderts erinnert, so fern hält es sich von der Antike, der doch die Revolutions-Zeit zu huldigen liebte; vielmehr streiten in Pomp. Schnitt und buntem Farbenreichthum dieses sonderbaren theatralischen Gewandes Mittelalter und Neuzeit miteinander. Einen Vertreter der grossen Nation vom Jahre 1796 vor sich zu sehen, möchte Niemand glauben; man räth vielmehr auf eine stillose Komödienfigur. Dennoch hat dieses Kostüm eine geschichtliche Rolle gespielt und eine Zeit lang sich behauptet; die Stürme der Zeit haben es, wie so Vieles, hinweggefegt. Bevor wir aber dieses Kostüm besonders in's Auge fassen, scheint es nicht überflüssig, die Geschmacksrichtungen der damaligen Zeit bezüglich der Moden näher zu charakterisiren.

Als Frankreich von den Directoren regiert wurde, hatte die Revolution, zumal das Schreckensregiment, alle Erinnerungen an Versailles, an das Königthum und an das Rococo zertreten und über Bord geworfen; man war zur Natur zurückgekehrt und wendete sich der Antike zu, dies freilich gewissermassen im stürmischen, revolutionären Sinne, in ungebundener, freier Weise. Die neue Republik betrachtete sich als Erbe der antiken Republik, und so liegt in dem Umstande, dass man auch die alten Moden mit Hülfe der Antike vom französischen Boden und hierdurch fast aus der Welt vertrieb, nichts Auffallendes, wie es ebenso natürlich erscheint, dass der antike Geschmack, da die neue Republik sich auch als die Schwester des amerikanischen Freistaates gerirte und Lafayette, Washington und Franklin in geistiger Verbindung gedacht wurden, die neue Herrschaft mit einem Rivalen zu theilen hatte: mit der, dem Umsturz der Revolution weit mehr noch entsprechenden anglo-amerikanischen Mode, mit der Mode grosser Stiefel und breiter Pantalons, der langen hochkragigen Röcke und derben Knotenstöcke, der runden Jacken und bunten Halstücher u. s. w. Bei genauerer Besichtigung des Terrains, welches beide Richtungen erobert hatten, wird man finden, dass die Männermode, insoweit sie nicht mit den Sansculotten im antiken Sinne auf die Hosen verzichtete und den starr antiken Republikanerkopf durch die rothe phrygische Mütze verrieth, der anglo-amerikanischen Richtung huldigte, während die Frauen ihren schönen Nacken lieber unter dem Joche der Antikomanie zu beugen vorzogen.

Letzteres giebt manches zu denken auf, wenn wir auch das Gedachte erst an anderer Stelle mitzutheilen die Absicht haben. Was veranlasste gerade die Frauenwelt, der Antike mehr Concessionen zu machen, als es die Männer thaten? Vielleicht beantworten die Damen diese Frage am besten selbst. Jedenfalls waren es zwei Frauennamen, in welchen sich der Untergang der alten Mode des *ancien régime* und der Höhepunkt der neuen Antikomanie, also fast die ganze Kostümgeschichte der Revolutions-Zeit in ihrer Entwicklung am schärfsten charakterisirt: Mademoiselle Bertin und Madame Tallien.

Der antike Geschmack hat, so ausserordentlich er sich auch Bahn brach, doch weit mehr den Charakter des Decretirten und künstlich Aufgepfropften, während der anglo-amerikanische freier und natürlicher sich dem öffentlichen Bedürfnisse der Masse anschmiegte. Bei dieser Richtung konnte man in der Wahl seiner Kleidung viel mehr nach Belieben schalten und walten, und thatsächlich stellt sich die anglo-amerikanische Mode als eine Tracht dar, bei der man die Einzelheiten aus aller Herrn Länder entnahm und nur die relativ grösste Anleihe jenseits des Canals oder Oceans machte. Ueberdies wurde sie mit derber Faust angepackt und plump getragen; man konnte bemerken, dass die modische Dictatur nicht mehr aus höfischen Kreisen, sondern aus dem Volke selbst hervorging. Indessen, was ist von langer Dauer? Auch das Wilde musste bald der Wohlanständigkeit weichen, aus tausend Ursachen und Gründen, unter denen der feinere Geschmack der Frauen nicht die geringere Zwangsursache ist. Es ist wenigstens bemerkenswerth, dass, namentlich bei der Wiedergeburt des Anstandes, guter Sitten und feinerer Modeformen unter dem Directorium, in den Tanzsälen Anschläge erschienen, auf welchen die *Citoyens dansans* von den *Citoyennes dansantes* freundlichst ersucht wurden, nicht in Stiefeln zu tanzen, wodurch ihr Anzug zu Grunde gerichtet sei, auch nicht in Pantalons, kurzen Westen und in ähnlichen Kleidungen der *ci-devant* Sansculotten aufzutreten, sowie im Tanzsaale den Hut abzunehmen.

Der Hauptvorfechter der Antike in Kunst und Leben war Louis David, der berühmte Maler oder, wie ihn seine aristokratischen Feinde nannten, das »*monstre hideux*«. Was ihm die französische Kunst verdankt, gehört nicht hierher; aber wie er dort der schönen Natur und Rückkehr zur Antike eine Wiedergeburt anstrebte, so vertrat er auch dieselbe Richtung in den Lebensformen, Volkssitten und Trachten. Als Conventsmitglied, als glühender Anhänger Robespierre's entwickelte er kolossale Pro-

jekte, öffentliche Denkmäler betreffend, oder grossartige National-
feste und neue Trachten, die sich der Antike anschliessen sollten,
für beide Geschlechter gleichmässig, u. s. w. Diese Vorschläge
fanden ebensoviel Anhänger, wie Gegner. Der Maire von Paris
selbst sah darin nur ein Affenspiel; für manche Clubs, z. B. für
die *Société républicaine des arts* und für den *Club révolutionnaire des
arts*, wurden im Jahre 1793 die Kostümfragen sogar persönliche
Angelegenheiten, die tumultuarischen Ausgang nahmen. Aber
griechische oder römische Tracht, das war nun einmal die Tages-
parole! Ein voller Sieg wurde für sie zwar noch nicht erfochten;
nur für die Abschaffung der Beinkleider (daher *Sans-culottes*) und
für die rothe phrygische Mütze entschieden sich die Republikaner;
dagegen gelangten aus Frauenkreisen dringliche Wünsche an die
Clubs, sich antik kostümiren zu wollen. Die Garderobe-Inspektoren
des Theaters der Republik erhielten auch offizielle Aufträge, bei der
Herstellung antiker Trachten behülflich zu sein, und ein Künstler,
Namens Garnerey, unterstützte die An- und Aufträge dadurch,
dass er gegen die geschmacklosen Buntscheckigkeiten der bisherigen weiblichen Kleider losdonnerte. Jetzt wagten sich ›antike‹
Damen immer mehr hervor, man traf sie in Concerten und Thea-
tern, und auf den Bällen machten sie Propaganda, namentlich, seitdem bei den republikanischen Festen die Chöre der Jungfrauen auf
Anordnung David's in Statuenkostümen (Sandalen, Tunica, Ueber-
wurfsgewand) erschienen waren und — ausserordentlich gefallen
hatten. Die mächtigste Anregung gab aber später entschieden
Madame Tallien, die einflussreichste Dame von Paris, die in fast
verwegener Weise der Antikomanie huldigte, in ihrem Kostüm
aber die antike Einfachheit und Zucht zu Gunsten eines schon
mehr imperatorischen Juwelen- und Goldspangen-Luxus fallen liess
und den Anstoss zu einer Zwanglosigkeit gab, die immer mehr
ausartete. An den Schaufenstern der grossen Modemagazine
sah man nur Roben *à la Diana*, Tuniken *à la Cérès*, *à la Mi-
nerva*, Ueberwürfe *à la Galatéa*. Die Frisuren gehören der Antike
an, der Kothurn wird Mode, der Olymp erwacht zu neuem Leben.

Die merkwürdigen Trachten, welche die Republik als Amts-
garderobe für ihre eigenen Beamten festsetzte, fallen in die Zeit
des neuen Gräco-Romanismus, als die französische Nation sich
capricirte, die Formen der antiken Republiken auf allen Gebieten
wieder in's Leben rufen zu wollen.

In getreuester Wiedergabe nach dem in dieser Beziehung
maassgebendsten (vom Jahre 1795 stammenden) Werke: *Collection
des nouveaux costumes des autorités constitués civiles et militaires*
liegt ein Muster solcher Staatskleider unseren Lesern vor. Die
Zeichnungen in jenem officiellen Werke sind von dem berühmten
Garnerey, die Stiche von Alix ausgeführt. Das Bedürfniss, die
neuen Staats- und Galaroben der Herren des ausübenden Directoriums und ihrer Minister, Secretäre, Botschafter, Departements-
Chefs, Anwälte, Friedensrichter u. s. w. kennen zu lernen, muss sich
damals sehr geltend gemacht haben, denn fast gleichzeitig erschien
bei Deroy in Paris ein kleineres, handliches, volksthümlicheres
Kostümbuch: *Costumes des représentans du peuple français*,
dessen Zeichnungen, wie der Titel mittheilt, vom Minister des
Innern dem Bürger Grasset S. Sauveur übertragen waren, während Bürger Labrousse, Künstler aus Bordeaux, von bekanntem
Talent, den Stich besorgte und nach der Natur die sorgfältigen
Farben ausführte. Auf dem Titelblatte bei Grasset S. Sauveur,
— der sich, wie erwähnt, zu Garnerey wie eine Volksausgabe zur
Luxus-Ausgabe verhält, im Wesentlichen aber mit ihm übereinstimmt,
nur dass der Letztere die Figurinen womöglich noch theatralischer
markirt, — sehen wir sogar den Rath der Fünfhundert in feier-
licher Sitzung tagen. Nur Weiss, Blau und Roth, die Farben der
Tricolore, fallen bei den Gewändern der sitzenden Statuen in's
Auge. Jeder der Deputirten trägt eine lange, weisse, baumwollene
Robe mit blauer Schärpe, einen scharlachrothen Ueberwurf und
ein blausammtnes Barett.

Der Herausgeber ist stolz auf seine Publication, die den
Augen gefallen und zum Herzen reden soll, besonders stolz aber
auf die Ehre, der Erste zu sein, der ein solches nationales Werk

unternommen habe. Neben den Kostümen schildert er auch in emphatischer Weise die Functionen der öffentlichen Beamten und sieht schon, wie die neuen Cicero und Demosthenes im Rathe der Fünfhundert nur durch den Anblick ihrer eigenen würdevollen Toga zu Wunder und Thaten patriotischer Beredtsamkeit inspirirt werden. Feierlich charakterisirt er die Freiheitsliebe, durch welche die Republik in's Leben gerufen sei. In den Zeiten der Wirrnisse und der Anarchie, — fährt er dann fort, — glaubte man es nicht nöthig zu haben, den öffentlichen Beamten ein ›Kostüm‹ zu geben. Die Gesetzgeber von 1791 vernachlässigten sogar diesen Theil, der gerade deshalb so wichtig ist, weil der Regierung durch das Staatskleid jener grosse und majestätische Charakter aufgeprägt wird, der ihr Respect erwirbt. In diesem Punkte muss er den Luxus und das Genie der alten Republiken bewundern, nun aber auch die Väter der französischen Constitution preisen, die den Gesetzgebern, dem ausübenden Directorium und allen öffentlichen Beamten ein neues ›constitutionelles Kleid‹ gegeben, welches würdig sei eines Volkes, das sie regiere und repräsentire, und auch Zeugniss ablege von dem Geschmack, dem Genie und dem Reichthum einer wohlhabenden Nation.

Es wird versichert, dass man alle Denkmäler des Alterthums zur genauen Herstellung der neuen Staatstracht durchforscht habe, und allenfalls mag dies bei dem Amtskleide für den Rath der Fünfhundert oder den Rath der Alten gelten. Wenigstens hat jener, in langen weissen Kleidern und rother Toga, dieser in blauen Roben und weisser Toga erscheinend, etwas Klassisches, obwohl die sammtene barettartige Kopfbedeckung und die stereotype Schärpe dem widerspricht. Aber bei den Mitgliedern des ausübenden Directoriums sind wir schon in eine undefinirbare Zeit gerathen; nur das Schwert erinnert bei ihnen an Rom, im Uebrigen haben sie, gleichviel, ob im Amte oder bei festlichen Gelegenheiten, ihr Kostüm aus dem Mittelalter und der neuen Zeit unterschiedlos zusammengeborgt.

Den Kopf, dessen Haare frei herabwallend das Gesicht einrahmen, deckt ein grosser, schwarzer, einseitig aufgeklappter

Rundhut mit Cocarde und mächtigen Schwungfedern in den Farben der Tricolore; den Hals umgiebt ein breit aufliegender Kragen mit Gold; bis zur Mitte der Oberschenkel reicht ein weisses, vorn herab offenes, oberwärts blau und kragenartig umgeschlagenes, längs den Rändern mit Gold verbrämtes Unterkleid (*veste longue et croisée, blanche et brodée en or*). Die Beine stecken in engen weissseidenen Tricots, die Füsse in schwarzen Schuhen mit blauen Schleifen; eine blaue Schärpe ist um die Hüfte geschlungen und endet in goldenen Tressen. Zur Seite funkelt ein goldenes römisches Schwert an breitem rothen Bandelier, und ausserdem trägt der regierende Herr des neuen Frankreich ein bis über die Knice reichendes carminrothes (*coleur nacarat*), weiss gefüttertes Uebergewand (*habit-manteau*) mit ganzen, ziemlich engen Aermeln und weissen Aufschlägen, längs der Oeffnung an der Vorderseite breit umgeschlagen und an den Rändern und Umschlägen mit Gold verbrämt. Diese Tracht macht einen ausschliesslich opernhaften Eindruck, und dasselbe erweist sich, je weiter wir in dem Originalwerk blättern und auch die Staatssecretäre (vorwiegend in Schwarz), die Minister (vorwiegend in Roth), die Geschäftsträger in blauen, rothgefütterten Mäntelchen und blauen Pantalons, die Huissiers, Criminalräthe u. s. w. in mehr oder weniger phantastischen Kostümen prunken sehen.

Weder den Herren selbst, noch dem Auslande ist das »Ridicüle« der neuen Tracht entgangen. Die italienische Ausgabe der Kostüme, welche 1799 in London herauskam, verspottet in ihrem Texte jedes der seltsamen Amtskleider; doch scheint diese Publication einen politischen Zweck zu verfolgen und im Sinne der emigrirten Royalisten wirken zu sollen.

Aber wir haben auch deutsche Gewährsmänner. Ernst Moritz Arndt, der 1799 in Paris war und dem aus Anlass des Rastatter Gesandtenmordes veranstalteten Leichenfeste auf dem Marsfelde beiwohnte, spricht in der Beschreibung des feierlichen Zuges von der bunten Harlekins-Tracht des Directoriums und den lächerlichen Ministern in rothen Strümpfen und Hosen.

Ausserdem aber theilt er mit: »Nur bei öffentlichen Aufzügen und bei allgemeinen Audienzen erscheinen sie (die Directoren) in kleinen und grossen Kostümen, das man für die Augen und Köpfe der Schwachen berechnet hat, während es vernünftigen und patriotischen Bürgern ein Greuel ist. Es ist ein Gemisch von orientalischer, altrömischer und neuspanischer Tracht, und im grossen Staat gehört ein breites römisches Schwert dazu, das in einer reichen goldenen Binde hängt. Weiss, roth und blau sind mit Gold und Silber so grell und so dick neben einander angebracht, dass es eher einem Theaterkleide als einem Volke ähnlich sieht, welches alle Tage erklärt, wie es die Völker zur Freiheit und republikanischen Tugend und Einfalt zurückführen wolle. In einem ähnlichen Stil, wie die Directoren, sind die Minister, Staatsboten, Secretäre und manche andere öffentliche Bedienten gekleidet. Allein die Volksrepräsentanten und Administrationen machen hiervon eine ehrenvolle Ausnahme. Abgerechnet, dass man als Republikaner das Gold nicht so auf dem Kleide tragen sollte, ist ihr Kostüm zweckmässig. Sie sind fast ganz in Blau gekleidet, worüber sie einen rothen Mantel werfen, und den Kopf bedeckt eine Mütze, die noch immer an die alte vom Berge erinnert, an welcher ein dreifarbiger Federbusch schimmert.«

Der Hamburger Domherr Fr. Joh. Lorenz Meyer, welcher 1796 in Paris war, hatte sogar, wie aus seinen »Fragmenten aus Paris« hervorgeht, daran gezweifelt, dass die für die Deputirten decretirte Kleidertracht — er nannte sie Brahminentracht, — jemals eingeführt würde, da von allen Seiten Proteste eingelaufen waren. Er täuschte sich. Das Directorial-Kostüm bei öffentlichen Festen, die Staatstracht, fand er aber »gut gewählt, reich, und von einem schönen Manne, wie Barras ist, getragen, wohlkleidend«. Er ist hier wesentlich anderer Meinung, als Arndt. Der sinnliche Eindruck, sagt Meyer, ward bei der Wahl einer glänzenden von unserer gewöhnlichen Tracht sehr verschiedenen Kleidung, richtig für das Volk berechnet, das in Frankreich sowie allenthalben so sehr an der äusseren Form der Dinge haftet, seine vorigen Re-

genten und ihre Gewalthaber bei Feierlichkeiten in schimmerndem
Gewande, in Ordenstrachten und dergl. zu sehen gewöhnt war und
sich auch jetzt wieder an dem Anblick des Glanzes der Directoren-
Toga weidet.

Was half's? Die »Brahminentracht« und die confuse Nach
äfferei der Antike verschwand zugleich mit den Trägern dieser
Ideen nach kurzer Zeit, als der Träger neuer Ideen, Bonaparte,
an's Regiment kam. Nur die militärischen Uniformen bewahrten
sich eine gewisse Stabilität.

A. Raeder.

⁽¹⁴²⁾ DAME IM PARISER STRASSEN-KOSTÜM.

1823—1824.

Von FRANZ SKARBINA.

Die Dame auf unserem Kostümbilde, nach Pariser Moden-kupfern der angegebenen Zeit gezeichnet, erscheint in sommerlicher Strassen-Toilette. Der über dem Vorderhaupt hoch hinauf ge-schwungene, enorme Hut mit rothem Sammetbezuge ist mit grossen Marabout-Federn geschmückt und durch Bindebänder mit grosser Schleife unter dem Kinn befestigt. Die am Halse viereckig aus-geschnittene Robe aus grau oder orange gestreiftem Stoffe zeigt Schulter-Puffärmel, die bis nahe zur Armbeuge reichen. Darüber legt sich ein eigenthümlicher schulterkragenartiger Abfall, und über diesen breiten sich ein Paar zum Gürtelbande niedergehende, mit schmalen Blonden eingefasste Bandeaux von demselben Stoffe wie das Kleid. Der Rock ist unten zwischen grauen »Rouleaux« mit zwei breiten Besätzen des gleichen Stoffes geschmückt. An den untersten derselben fügt sich ein breiter Besatz von grauer Seide, über dessen grossbauschige »Bouillons« wieder in schräger Richtung, nach dem Saum hin, Rouleaux von dem orange und grau gestreiften

Stoff des Kleides laufen. Der von dem Rock nicht bedeckte Fuss ist mit ausgeschnittenen, grauseidenen, mit Kreuzbändern gebundenen Schuhen bekleidet. Ein Shawl von weissem Crêpe de Chine mit langen Franzen an den schmalen, mit buntfarbigen Blümchen durchwirkten Enden, lange, bis zum Ellenbogen hinauf reichende Handschuhe und ein kleiner Sonnenschirm mit rundgebogener Krücke vervollständigen die Toilette.

L. P.

(43) JUNGER BAUER

AUS OBERMAIS BEI MERAN, SÜDTIROL.

Von FRANZ SKARBINA.

Die Bewohner des paradiesischen Thalkessels der Etsch und der in sie mündenden Passer sind von sehniger, kräftiger Gestalt und durchschnittlich mittelgross, doch begegnet man häufig auch hochgewachsenen, stattlichen Erscheinungen. Breitschulterig und elastisch in den Bewegungen und von einem eigenthümlich wiegenden Gange, kennzeichnen sie den echten Gebirgsbewohner, wenngleich ihnen das Scharfe, Falkenartige der Physiognomie abgeht, welches dem Ober-Baiern eigenthümlich ist. Charakteristisch ist der spitze Kopf in seiner deutlich ausgesprochenen Birnenform. Zu dem auffallenden Eindrucke dieser Erscheinung, falls dieselbe nicht auch pathologisch begründet ist, trägt viel die Haartracht bei; denn das Haupthaar wird auf dem Wirbel kurz, kaum zolllang geschoren, während es hinten um den Nacken herum freihängt und einen Kranz von Locken bildet. Ebenso frei hängt es in die Stirn hinein, sodass also der Kopf vom Nacken aus in schräger Richtung, über die Ohren weg zur Stirn hinauf

von einem Lockenkranz umschlossen wird, aus welchem der Oberkopf mit seinem kurzen Haupthaar spitz hervorragt.

Das ›Feiertags-Gewandl‹ des jungen Bauern besteht in
einem rothen, mit Messingknöpfen besetzten Leibchen über
dem kurzkragigen, leinenen Hemde. Ueber dem Leibchen,
dasselbe fast ganz bedeckend, befinden sich die grünen Tragbänder aus festem grünen, gewirkten Stoffe, mit eingewebten
dunklen Rändern. Um den Hals schlingt sich über den Tragbändern lose ein schwarzes, gazeartiges Gewebe, dessen Enden
untergesteckt sind.

Die Kniehose aus sammetartigem schwarzen Wildleder lässt
nicht, wie beim baierischen ›Tiroler‹, das Knie frei, sondern sie geht über dasselbe hinweg, aus welchem Grunde auch
der untere Rand, nach der Kniekehle hinauf, etwas ausgeschnitten ist. Die Hose ist an der Seite herunter roth passe-
poilirt; in einer der zwei Seitentaschen steckt das krumme, mit
kunstvoll geschnitztem Kugelgriffe versehne Messer, ein unent-
behrliches Instrument beim Zerschlagen der harten, flachen Brod-
kuchen, welche der tiroler Bauer auf Monate hinaus in Vor-
rath bäckt.

Um den Leib sitzt, nach unten geschoben, der breite, starke
Leibgurt aus glänzend schwarzem Leder, mit reich ciselirter, mächtiger Messingschnalle versehen. Seine Ränder sind kunstvoll mit

breiten, farbigen Ornamenten aus gefärbten Pfauen-Federkielen
geschmückt, während die Mitte mit dem Namenszuge des Eigen-
thümers, einem Gemsbock oder auch dem kaiserlichen Adler in
gleicher Arbeit verziert ist.

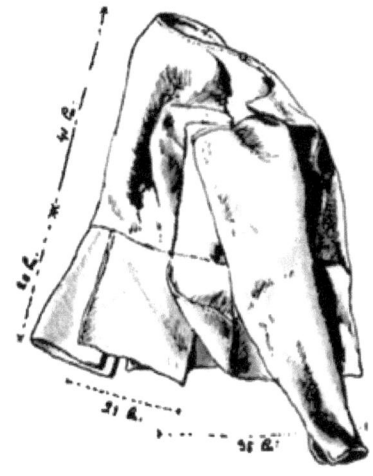

Die Jacke, aus starkem braunem Wollstoffe (Kirsey) bestehend, ist mit vier Schoossklappen versehen und vorn mit Rabatten aus rothem Tuche besetzt.

Statt der Strümpfe trägt der junge Bauer die landesüblichen Stutzeln mit Zwickeln. Sie bedecken nur die Wade, lassen Fuss und Knie frei und werden oben durch farbige Kniebänder von dunkelrother oder violetter Farbe festgehalten. Die Schuhe sind von starkem Leder und schwer benagelt. Ihr oberer Rand ist mit schwarzem Sammet eingefasst, während ein Schlitz das ganze Oberleder bis fast zur Spitze des Schuhes durchläuft und, von Lederriemen durchzogen, zum Festschnüren des Schuhes am Fusse dient.

Der breitkrämpige Hut, meist von schwarzer, seltener von grüner Farbe, hat einen hohen, konisch zulaufenden Kopf. In seiner rothen Schnur, die das Abzeichen des ledigen, jungen Burschen ist, stecken neben dem Bildnisse des Schutzpatrons ein Busch Edelweiss und Alpenblumen.

Das Pfeifchen, der stete Begleiter des Tirolers jeden Alters, — ich sah beispielsweise Knaben von fünf Jahren mit der Pfeife im Munde, — ist von sehr origineller Form. Die ganze Pfeife mitsammt dem Rohr ist kaum fünf Zoll gross; Rohr und Abguss sind aus gedrehtem Horn, während der unten abgerundete Kopf aus hartem Holze besteht und reich mit Metall beschlagen ist, welches nebst dem spitzen, metallenen Deckel stets glänzend zu erhalten, ein eifriges Bemühen des Tirolers ist.

F. Sk.

(44) MÄDCHEN

AUS SCHÖNNA BEI MERAN, SÜDTIROL.

Von FRANZ SKARBINA.

Vorliegende Abbildung zeigt uns ein Kostüm, wie es vor ungefähr zehn Jahren noch getragen wurde, seitdem jedoch in Einzelheiten einige Aenderungen erlitten hat, die dem Geschmack nicht gerade zum Vortheile gereichen.

Die hauptsächliche Aenderung erstreckt sich auf die Bekleidung des Oberkörpers. Ueber dem leinenen, kurzärmeligen Hemd, das an dem breiten Kragen und den bauschigen, über das Ellenbogengelenk hinweggehenden Aermeln mit reicher Leinenstickerei verziert ist, wird heutigen Tages statt des früheren zierlichen, anliegenden Mieders ein bis zum Halse geschlossenes Leibchen getragen, welches, stark gepolstert, den anmuthigen Linien des weiblichen Körpers Hohn spricht und den letzteren wie aus Holz geschnitzt erscheinen lässt.

Unsere Figur trägt noch das ältere gefällige Mieder von dunkelrothem Stoffe, mit blassfarbigem Seidenbande eingefasst und mit ebensolchen Achselbändern versehen. Das Mieder geht bis zur Mitte der Brust hinauf und hat vorn einen stark gesteiften, festen Einsatz, welcher ebenfalls mit farbigem gemustertem Stoffe überzogen ist. Der Einsatz dient zur Unterlage des Mieder-Verschlusses; denn an den Seitenrändern des Mieders sind hervorstehende Ring-Oesen angebracht, durch welche das farbige Schnürband gezogen wird.

Der schwere Rock von eigenthümlich festem Stoffe ist in viele scharf gekniffte Falten gelegt, und zwar läuft um die Hüften herum ein halbmondförmiger, stark gepolsterter Wulst, über welchen hinweg die Falten ihren Ansatz haben.*) Der Rock geht durchschnittlich bis zu den Knöcheln und wird in Form und Farbe gleichmässig von Jung und Alt getragen; nur selten versucht die Besitzerin, ihm durch einige schwarze Sammetstreifen am Saum ein gefälligeres Aussehen zu geben.

Ueber dem Rocke wird die lange, breite, faltige Schürze getragen, welche unten den Rock kaum handbreit sehen lässt. Ihre Farbe wechselt zwischen dunkelviolett und hellblau, doch sieht man die blaue Farbe am häufigsten. Das Schürzenband ist in vorliegendem Falle violett und weiss gemustert.

Die Strümpfe sind roth; indessen findet man diese Farbe, die heute durch das Weiss fast verdrängt ist, nur noch hin und wieder bei älteren Frauen. An Werktagen werden, wie bei den Männern, auch hier kurze Stutzeln getragen, welche nur die Wade bedecken und den Fuss frei lassen.

Auch die Schuhe sind auf unserer Abbildung die nicht mehr gebräuchlichen; sie sind so weit ausgeschnitten, dass sie fast nur die Spitzen der Zehen bedecken. Die Spitze des Schuhes ist abgerundet, der Rand mit schwarzem Sammet eingefasst und vorn mit einer runden, silbernen Schnalle verziert. Zu beiden Seiten der Schnalle ist das schmale Oberleder noch durch eingestickte, quer laufende, weisse Streifchen besonders geschmückt. Heutigen Tages sind die Schuhe, gleich denen der Männer, auf dem Fussblatte mit einem fast bis zur Spitze gehenden Schlitz versehen,

---

*) Siehe die Anmerkung auf Seite 186.

welcher durch ein durchgezogenes Schnürband zusammengehalten wird.

Eine Kopfbedeckung ist beim weiblichen Geschlechte, nur zu seinem Vortheile, nicht gebräuchlich, sondern das Haar wird einfach in Flechten, über Kamm oder Haarpfeil aufgesteckt, getragen.

F. Sk.